KB072363

AMBASSADE DE FRANCE EN CORÉE
Liberté
Égalité
Fraternité

주한
프랑스
대사관

문화과

Cet ouvrage, publié dans le cadre du Programme d'aide à la Publication Sejong, a bénéficié du soutien de l'Institut français de Coreé du Sud-Service culturel de l'Ambassade de France en Corée.

이 책은 주한프랑스대사관 문화과의 세종출판번역지원프로그램의 도움으로 출간되었습니다.

SORCIÈRES

마

남들보다 튀는 여자들의 목을 쳐라

녀

모나 숄레 지음

유정애 옮김

마음
서재

◆ 옮긴이주는 [ ]로 표시했습니다.

Contents

· 4장 ·

세상을 정복하라

자연과의 전쟁, 여성과의 전쟁

"굳이 WITCH에 가입하지 않는다 해도
당신이 여성이고 자신의 내면을
들여다볼 용기가 있다면,
당신은 마녀다."

서론

상속녀들

월트 디즈니의 〈백설공주〉에도 당연히 마녀가 나온다. 그녀의 모습을 묘사해보자. 까만 고깔모자 아래로 빛바랜 잿빛 머리가 보이고, 매부리코엔 사마귀가 나 있으며, 바보같이 입을 삐죽댈 때마다 아랫잇몸에 단 하나 남아 있는 이빨이 드러난다. 광기 어린 눈 위의 짙은 눈썹들 때문에 그녀의 불길한 표정이 한층 두드러진다. 하지만 내 어린 시절에 가장 깊은 인상을 남긴 마녀는 그녀가 아니라 바로 플로피 르 르두Floppy Le Redoux였다.

플로피는 스웨덴 여성 작가 마리아 그리페Maria Gripe(1923~2007)[1]의 아동소설로 상상의 북유럽 지방에서 이야기가 전개되는 《유

---

1.   Maria Gripe, *Le Château des enfants volés*, Görel Bjurströmt이 스웨덴어판을 번역한 Le Livre de poche Jeunesse, Paris(1981).

괴된 아이들의 성Glasblasarns barn》〔한국어판은《유리장이의 아이들》(비룡소, 2006)〕에 등장한다. 그녀의 집은 마을의 언덕 꼭대기, 아주 오래된 사과나무 아래 은신하듯 숨어 있다. 멀리서도 보이는 사과나무는 하늘을 배경 삼아 또렷이 윤곽을 드러낸다. 평화롭고 아름다운 곳이지만 인근 마을 주민들은 그곳을 지날 일이 있으면 멀더라도 빙 돌아간다. 예전에 그곳엔 교수대가 있었으니 그럴 만도 하다. 밤이 내리면 마녀의 집 유리창에 흐릿한 불빛이 어리는데 이 무렵이면 늙은 여성은 베를 짜며 애꾸눈 독수리 솔롱과 대화한다. 솔롱은 몸을 굽혀 지혜의 샘물을 살피다 한쪽 눈을 실명하고 말았다. 나는 그 시절 마녀가 지닌 마법의 위력보다도 그녀의 그윽한 평온함, 신비한 분위기, 통찰력이 한데 어우러져 발하는 아우라에 깊은 인상을 받았다.

책에서 묘사하는 그녀의 차림새는 나를 사로잡았다.

"그녀는 외출할 때면 언제나 짙은 푸른빛 헐렁한 망토를 걸쳤는데 망토의 넓은 칼라는 바람에 펄럭이며 그녀의 머리 주변에서 플롭- 플롭- 소리를 냈다."

그녀에게 '플로피'라는 별명이 붙은 이유였다.

"또한 그녀는 이상한 모자를 썼다. 넓은 보라색 테누리에는 나비 장신구가 있었고 늘어진 꽃들이 모자챙의 둘레를 하늘하늘 수놓았다."

길에서 우연히 그녀와 마주친 사람들은 그녀의 파란 눈이 범상치 않게 반짝거리는 모습에 깜짝 놀라곤 했다. 그녀의 파란 눈은 "쉴 새 없이 변하면서 사람들에게 어떤 강력한 힘을 발휘"하고 있었다. 어쩌면 이런 플로피 르 르두의 모습에 영향받아 나는 훗날 패션에 눈을 뜨는 나이가 되었을 때 요지 야마모토의 뛰어난 창작물들, 즉 헐렁헐렁 여유 있는 품, 넓은 챙모자, 마치 직물로 짠 일종의 은신처 같은 옷을 선호하게 되었는지 모른다. 이는 속살과 체형을 되도록 많이 드러내는[2] 식의 여성의 지배적인 미적 기준과는 정반대다. 마녀 플로피는 내 머릿속에 하나의 부적 또는 호의적인 영혼으로 남아 역량 있는 여성의 모습에 대한 기억을 오롯이 남겨주었다.

나는 또한 그녀가 영위하는 은둔의 삶이 좋았고, 공동체와 거리를 두는 동시에 엮여 있는 그녀의 유대 방식 또한 좋았다. 마리아 그리페는 그녀의 집이 서 있는 언덕은 "마치 마을이 그 옆구리에 웅크리고 있는 것처럼" 마을을 보호하는 듯하다고 썼다.

마녀는 평범하지 않은 양탄자들을 짠다.

"방적기 앞에 앉아 일을 하면서 그녀는 깊은 생각에 잠긴다. 그녀가 숙고하는 대상은 마을 주민들과 그들의 생활이다. 어느 날 아침, 그녀는 자신에게 마을 주민들의 앞날을 미리 아는 예지 능력이 있음을 분명하게 깨닫는다. 즉 짜이는 직물을 들여다보며 자신의 손놀림 아래 아주 자연스럽게 그려지는 무늬에서 그

---

2   Mona Chollet, *Beauté fatale. Les nouveaux visages d'une aliénation féminine* (2012), La Découverte, "La Découverte Poche/Essais", Paris(2015) 참고.

들의 미래를 읽는다.”

길에서 그녀의 존재를 만나는 건 매우 흔치 않은 일이다. 짧은 순간이지만 그녀가 지나가는 모습을 보았다면 사람들에게는 희망의 표시가 된다. 겨우내 결코 모습을 보이지 않던 그녀가 다시 나타나는 것은 틀림없이 봄이 임박했음을 예고한다. 설령 그날의 기온이 여전히 ‘영하 30도’를 가리킨다 해도. 그녀의 별명 플로피 르 르두 중 뒷부분 르두Redoux는 바로 여기서 유래한 것이다〔Redoux는 반복, 다시를 뜻하는 접두사 re-와 날씨가 따뜻하다, 부드럽다라는 뜻의 doux를 합한 단어〕.

헨젤과 그레텔에 나오는 마녀나 무프타르 거리의 마녀〔프랑스 작가 피에르 그리파리Pierre Gripari의 동화집 Contes de la rue Broca에 수록된 “La sorcière de la rue Mouffetard”에 나오는 마녀를 말한다. 무프타르 거리는 파리 5구에 있다〕 또는 암탉 발가락 위에 지은 이즈바〔전나무로 만든 북러시아 농촌의 통나무집〕에 사는 러시아 동화 속 바바야가같이 무서워 보이는 마녀들조차 혐오감스럽기보다는 언제나 나를 들뜨게 했다. 그녀들은 상상력을 자극하고, 짜릿한 공포로 전율을 안기고, 모험에 관한 감각을 일깨우고, 다른 세계로 통하는 문을 열어준다. 초등학교 시절 쉬는 시간에 나는 친구들과 함께 운동장 뒤편 수풀을 거처로 삼은 마녀를 추격한 적이 있다. 그때 선생님들은 이해할 수 없을 정도로 태연했기에 우리 스스로 정신을 바짝 차려야 했다. 위험은 무슨 일이 일어날 거라고 기대하게 해주는 약속과도 같은 법이다. 갑작스레 우리는 무슨 일이라도 할 수 있다고 느꼈다. 아무에게도 해가 되지 않는 예쁨 혹은 나긋나긋한 상냥함 같은 것만이 여성에게 허용된 유일한 운명이 아닐 수도 있다고 생각한 것이다. 이런 아찔함을 느끼지 못했다면 유년기는 재미없는 시절이었을지도 모른다. 어쨌든 플로피 르 르두 덕분에 내겐 마녀가 긍정적 인물이 되었다. 그녀는 결정적 한 방을 먹이며 악당들이 패배를 맛보게 하고, 당신을 얕잡아보던 적수에게 복수하며 쾌감을 안겨준 인물이다.

그녀는 팡토메트Fantômette[조르주 숄레(1931~2012)가 쓴 52권짜리 아동소설 《팡토메트》의 여주인공 프랑수아즈의 별칭. 정의의 수호자인 여주인공은 팡토메트일 때는 가면을 쓰고 이중생활을 한다]와 비슷한 면이 있다. 꼭 끼는 타이츠를 입는 체조선수 같은 재능보다도 그녀의 정신적인 힘이 맘에 들었는데 그건 내가 체육을 싫어해서였기도 하다. 그녀를 보면서 나는 여성으로 존재한다는 것은 어떤 추가적 힘을 가졌음을 뜻할지도 모른다는 생각을 했다. 사실 그때까지 나는 여성에 대해 오히려 그와 반대되는 인상을 막연히 갖고 있었다. 이후 '마녀'라는 단어는 자석처럼 나를 끌어당겼다. 마치 나의 것이 될 수 있는 힘이 무엇인지 알려주려는 것만 같았다. 마녀라는 단어 주변에선 에너지가 들끓는 듯하다. 이 단어는 밑바닥에 있는 어떤 지식, 생명의 힘, 공인된 학문이 무시하고 억압하는 축적된 어떤 경험을 가리킨다. 그리고 마녀의 기술은 오직 열정 하나로 자신의 전부를 바치고, 다른 모든 것으로부터 지키며, 평생 쉼 없이 연마해서 완벽을 향해 나아가는 것이라는 개념 또한 맘에 든다. 마녀는 모든 지배와 제약에 얽매임이 없는 여성을 구현한다. 그러므로 그녀는 나아가야 할 이상과 길을 보여주는 존재다.

고대가 아닌 현대의 희생자들

내 주변에 있는 문화적 창작물들 속에서 마녀와 관련된 초능력을 지닌 여주인공을 형상화하고 환상을 갖게 만들 때 어떤 오해를 불러일으킨다는 사실을 파악하기까지 나에겐 놀라울 만큼 오랜 시간이 필요했다. '마녀'라는 단어가 상상력을 위한 자극제나 명예로운 칭호가 되기 전에는 매우 불명예스러운 낙인이었으며, 지어낸 혐의로 수만 명의 여성이 고문당하고 살해했다는 사실을 이해하는 것도 마찬가지였다. 주로 16~17세기 유럽에서 일어났던 마녀사냥은 집단의식 안에서 이상한 형태로 시행되었다. 기상천외한 고발은 마녀재판이 자행되는 근거가 되었다. 즉 마녀집회에 참여하기 위한 야간비행, 악마와의 결탁, 그와의 계약 따위에 관한 고발이었다. 이후 마녀들의 역사는 뿌리째 뽑히고 마녀는 비현실의 영역으로 밀려난 것으로 보인다.

마르탱 르 프랑Martin Le Franc[프랑스 신부이자 시인(1410~1461)]의 《부인들의 챔피언Le Champion des dames》[여성을 과감하게 옹호하고 변호하는 내용이다] 수사본 여백에는 빗자루를 타고 날아가는 여성을 그려놓았는데 오늘날 우리는 이 익숙한 그림을 보면서 가볍고 익살스런 분위기를 느낀다. 그녀는 마치 팀 버튼의 영화나 시트콤 〈아내는 요술쟁이〉[미국 ABC에서 방영한 시트콤(1964~1972)] 혹은 핼러윈 장식에서 갑작스레 튀어나온 것처럼 보이기도 한다. 하지만 1440년쯤에는 이와는 달리 그녀는 고통의 몇 세기를 예고하며 등장했다. 마녀집회가 꾸며낸 허구라는 사실을 상기시키며 역사가 기 베슈텔은 다음과 같이 인정하기도 했다.

"이 엄청난 이념적 시는 수많은 사람을 죽였다."[3]

성고문도 있었는데 그 실체는 사드적[Sade는 사디즘이라는 용어를 낳게 한 프랑스 작가(1740~1814)] 상상력과 그로 인한 혼란과 충격에 용해되어 비현실적으로 보이기까지 한다.

2016년 브뤼헤[벨기에 플라망 지역에 있는 도시]의 성 요한 박물관은 플랑드르파의 거장[북유럽 르네상스 시대의 대표적인 화가이자 판화가였던 피터르 브뤼헐Pieter Bruegel(1525~1569)을 뜻한다]이 이러한 주제에 천착한 최초의 화가였던 만큼 '브뤼헐의 마녀들'을 위한 전시회를 열었다. 어떤 패널에는 마녀라는 이유로 공공장소에서 화형당한 마을 여성 10여 명의 이름을 적어놓기도 했다. "브뤼헤에는 이 지명을 성으로 가진 주민들이 많은 편입니다. 그들은 아마

---

3   Guy Bechtel(1931~), *La Sorcière et l'Occident. La destruction de la sorcellerie en Europe, des origines aux grands bûcher*. Plon, Paris(1997).

도 전시회에 오기 전까지는 자신의 집안에 마녀로 고발된 조상이 있었으리라곤 생각도 못했을 겁니다"라고 박물관 관장은 설명했다.[4] 그는 미소를 띠고 이 말을 했다. 마치 비상식적 주장을 근거로 학살당한 무고한 여성이 자기 집안의 족보에 있다는 사실이 친구들에게 들려주기에 너무 재미있는 일화라도 되는 것처럼. 그때 이런 의문이 들었다. 아무리 흘러간 과거사라 해도 세상의 어떤 집단적 범죄를 저렇게 입가에 미소를 띠고 말할 수 있을까?

가족 전체를 몰살하고 공포 분위기를 조장하며, 이후 금지된 몇몇 마법을 실행하고 행동하는 것을 가차없이 처벌했던 마녀사냥은 때로 지금 우리가 살고 있는 세계를 만드는 데 기여하기도 했다. 마녀사냥이 일어나지 않았다면 우리는 매우 다른 사회에서 살고 있을지도 모른다. 마녀사냥은 당시 사회가 취한 선택들, 즉 때론 특혜를 주고, 때론 유죄를 선고하기도 했던 족적에 대해 많은 것을 알려준다. 그렇지만 우리는 마녀사냥을 정면으로 똑바로 보기를 거부한다. 이 역사적 사건의 사실성을 받아들일 때조차 우리는 그 사건과 거리를 둘 방법을 찾아낸다. 그런 탓에 이제는 우리와는 아무 상관이 없는 반계몽적이고 매우 오래된 시대처럼 그려지는 중세에 이 사건을 위치시키는 실수를 곧잘 저지르기도 한다. 그런데 사실 마녀 대사냥은 르네상

---

4   "Dans la sillage des sorcières de Bruegel", *Arte Journal*, Arte(2016. 4. 8).

스 시대에 일어났다. 정확히 말하면 1400년경 시작되었고, 특히 1560년부터 규모가 커졌으며, 18세기 말에도 여전히 처형을 실행했다. 1782년 스위스 글라루스〔스위스 동부에 있는 주〕에서 참수형을 당한 안나 골디Anna Göldi가 그 예다. 기 베슈텔은 마녀는 "현대의 희생자들이지 고대의 희생자들이 아니다"[5]라고 쓰고 있다.

마찬가지로 마녀 박해를 타락한 심문관들이 보였던 종교적 광신과 관련짓는 경우도 종종 있다. 하지만 종교재판에서는 무엇보다도 이단자 처벌에 몰두했으며 마녀들을 거의 추격하지 않았다. 즉 마녀에 대한 절대다수의 유죄판결은 민사재판의 결과였다. 민간 재판관들의 마법에 대한 판단은 "로마보다 훨씬 더 잔인하고 과격"[6]했다. 게다가 종교적 믿음 외에 다른 기준이란 존재할 가능성이 없는 세계에서 옳고 그름에 대한 판별은 매우 상대적 의미만 있을 뿐이었다. 박해에 저항하는 몇몇 소신 있는 목소리, 예를 들면 1563년 마녀사냥을 "피가 흥건히 고인 무고한 자들의 살육"이라고 고발했던 의사 장 비어Jean Wier〔마녀사냥에 반대한 네덜란드 의사(1515~1588). 요한 와이어Johann Weyer라고도 한다〕의 비판의 목소리도 악마의 존재를 문제삼지는 않았다. 프로테스탄트들에 대해 말하자면, 그들의 이미지는 조금 더 합리적이었으나 가톨릭교도들만큼이나 악착같이 마녀들을 추격했다. 종교개

---

5   Guy Bechtel, *La Sorcière et l'Occident, op. cit.*
6   위와 같음.

혁으로 인해 성서를 글자 그대로 해석하는 것이 장려되었으나 이는 관용 분위기 조성에 도움이 되기는커녕 그 반대였다. 칼뱅 영향하에 있던 당시 제네바에서는 구약성서 〈출애굽기〉에 실린 어느 문장의 이름으로 35명의 '마녀들'을 처형하는 일이 벌어졌 다. 바로 다음과 같은 문장이다.

"너는 여성 마법사를 살려두지 않는다."

1572년 성 바르텔레미 축일에 파리에서 3,000명의 프로테 스탄트교도들이 살해당하는 등 시대의 분위기였던 불관용과 종 교전쟁의 피비린내 나는 살육은 마녀들에 대한 양쪽 진영의 잔 인성을 부추겼다.

사실, 우리가 마녀사냥을 직시하지 않는 특별한 이유가 있 다면 그건 바로 그 역사가 우리 세계에 대해 말해주기 때문이다. 감히 직시를 한다는 건 가장 절망스러운 인류의 얼굴과 대면한 다는 뜻이다. 마녀사냥은 사회가 그 자체의 불행에 대해 매번 희 생양을 지목하고, 어떤 합리적 논증도 성립되지 않는 불합리성 의 악순환에 갇힌 데다 축적되기까지 한 증오의 담론들과 강박 적 적대감으로 인해 물리적 폭력을 행사하고, 이를 사회 집단의 정당방어라고 정당화하는 사회의 고집스러운 일면을 잘 보여주 는 예다. 프랑수아즈 도본의 말을 빌리면 마녀사냥은, "정신병자 가 내세울 만한 추론을 근거로 학살을 저지를 수 있는"[7] 인간의 능력을 잘 보여준다. 한편 마녀로 규정한 여성을 악마화하는 과 정은 반유대주의와 많은 공통점이 있다. 먼저 '마녀집회'나 마녀

들의 '사원'에 대해 언급한다. 유대인들처럼 마녀들 또한 기독교
도를 파괴하려는 음모를 꾸민다고 의심한다. 또 마녀들을 묘사
할 때는 유대인들처럼 매부리코로 그린다. 1618년 콜마르(프랑스
북동부 알자스주에 있는 도시) 근처에서 처형을 실행할 때 현장에 있던
서기는 지루했는지 보고서 여백에 피고 여성을 그려놓았다. 그는
그녀를 전통적 유대인 머리 스타일을 하고 "다윗의 별 모양 귀고
리를 달고 있는"[8] 모습으로 그렸다.

흔히 그러하듯이 희생양을 지목하는 것은 무지한 하층민
이 아니라 교양 있는 윗계층이었다. 마녀 신화는 인쇄술이 탄생
한 1454년과 거의 같은 시기에 발생했다. 인쇄술은 마녀 신화
의 생성에 중요한 역할을 했다. 베슈텔은 이를 "시대의 모든 정
보 매개물을 이용한 정보매체의 작용"으로 태어난 신화라고 말
한다. 즉 글을 읽을 줄 아는 자들에게는 "엄청난 분량의 권고하
는 말들을 책으로 전하고, 그렇지 않은 이들에게는 설교를" 했
다. 1487년 두 심문관들, 즉 알자스 지방 출신 앙리 엥스티토리
스Henri Institoris(하인리히 크라머Heinrich Kramer라고도 한다)와 바젤 출신
야콥 슈프렝거Jakob Sprenger의 공저 《마녀 잡는 망치》, 즉 《말레우

---

7   Françoise d'Eaubonne, *Le Sexocide des sorcières*, L'Esprit frappeur,
     Paris(1999).

8   Guy Bechtel, *La Sorcière et l'Occident, op. cit.* 다른 예를 들면 반유
     대주의와 단순한 여성혐오의 유사성을 볼 수 있다. 독일에서 떠돌던 소
     문 중에는 유대인 남성들은 할례를 받은 탓에 매달 피를 흘린다는 말도
     있다. Anne L. Barstow, *Witchcraze. A New History of the Europe-
     an Witch Hunts*, HarperCollins, New York(1994).

스 말레피카룸Malleus maleficarum》이 출간되었는데 이는 아돌프 히틀러의 《나의 투쟁》에 비견되던 책이다. 첫 출간 이후 15회에 걸쳐 거듭 재출간된 이 책은 대대적인 마녀사냥 시기 동안 유럽 전역에 3만 권이 유포되었다.

"이 사냥의 시기 동안 모든 마녀재판에서 재판관들은 이 책을 교본으로 이용한다. 그들은 망치의 질문을 던지고 망치의 대답을 듣는다."[9]

인쇄술을 사용했던 초기를 다소 이상적으로 보았던 우리의 역사적 관점이 여지없이 무너지는 지점이다… 《마녀 잡는 망치》는 사회가 예외적 방법을 사용할 수밖에 없을 정도로 위험에 처했다는 위기감을 퍼뜨리며 집단적 환영을 유지시켰다. 이 책의 성공은 악마 연구자들이 저술이라는 새로운 취향에 눈뜨게 하면서 그야말로 출판의 노다지를 만들어낸다. 이러한 책의 저자들, 예를 들어 프랑스 철학자 장 보댕Jean Bodin〔악마 연구에 관심을 가졌던 프랑스 종교개혁기의 법학자이자 사상가(1530~1596)〕 같은 이는 책에서 격노한 미치광이 같은 모습을 보이는데, 사실 그들은 당대의 석학이자 이름 있는 명사들이었다. 베슈텔은 그들의 모습을 이렇게 강조한다.

"악마를 연구한 저술에서 그들 모두가 보여주는 고지식함은 난폭함과 얼마나 대조적인가."

---

9   Guy Bechtel, *La Sorcière et l'Occident, op. cit.*

남들보다 튀는 여자들의 목을 쳐라

이런 마녀들의 이야기를 읽고 나면 오싹 한기를 느낀다. 여성 독자의 경우는 훨씬 더할 것이다. 물론 마법 때문에 처형당한 남성도 많다. 그렇다 해도 박해의 핵심은 여성혐오에 있었다. 《마녀 잡는 망치》는 "마녀들은 하찮은 것들"이라고 단언한다. 저자들은 또한 여성의 '악의'가 없다면 "마녀들에 대해 전혀 거론할 것도 없고 세상은 셀 수도 없는 무한한 부패에서 해방"되리라 생각한다. 그들에 따르면 여성은 신체적·정신적으로 약하며, 호사를 바라고 만족을 모르는 욕망으로 활기를 띠는 존재로서 악마의 손쉬운 먹잇감이 되는 경향이 있다.

여성은 재판 소송 피고인들 가운데 평균 80%에 달하고 유죄 판결 가운데 85%를 차지한다.[10] 또한 그녀들은 법률 기관에 맞서 싸울 아무런 힘이 없다. 프랑스에서 피고인들 중 20%는 남성들이었는데 이들 중 50%는 고등법원에 항소를 했다. 마녀재판 이전에는 법정에서 여성의 증언은 인정받지 못했다. 그러니까 유럽 여성은 마법 때문에 대거 고발되고 나서야 비로소 법 앞에 서 완전한 주체의 신분으로 선 것이다.[11]

스위스와 더불어 마녀사냥이 처음 출현한 곳이자 마녀사

---

10   Anne L. Barstow, *Witchcraze, op. cit.*
11   위와 같음.

냥의 진앙지였던 독일 트리어 지역 인근 스물두 개 마을에서 1587~1593년 실시된 색출 작업은 너무나 가혹했고 그중 두 마을에서는 이후 목숨이 붙어 있는 여성이 단 한 사람도 없을 지경이었다. 모두 368명이 화형당했으니 여성 가계 전체를 제거한 셈이다. 1670년 프랑스 북부 캉브레지에서 화형당한 77세 마들렌느 드나는 고발당할 만한 증거가 석연치 않았는데도 그녀의 어머니와 딸, 숙모는 일찌감치 처형되었다. 당시는 마법을 유전적인 것으로 간주했기 때문이다.[12]

고위층은 오랫동안 마녀사냥 고발 대상에서 면제되었다가 나중에는 그들에게도 영향력이 미쳤다. 그렇다고 해도 소송은 짧은 시간 내에 끝이 났다. 몇몇 명사의 정적들은 이들의 아내나 딸을 마녀로 고발하곤 했는데 그도 그럴 것이 직접적 공격보다 그편이 훨씬 쉬웠기 때문이다. 아무튼 희생자들은 대부분 평민 계급에 속했다. 그녀들은 전체가 남성, 즉 심문관, 사제나 목사, 고문자, 간수, 판사 형리 들로 이뤄진 기관의 손에 맡겨졌다. 고발당한 여성은 대체로 완전히 혼자서 이 시련과 대면해야 했으니 얼마나 큰 공포와 절망을 느꼈을지 가히 짐작할 만하다. 집안 남성들은 고발자에 합세하지는 않더라도 그녀들을 방어하는 경우가 거의 없었다. 고발당한 남성 대부분이 '마녀들' 친족이라는 이유로 그렇게 되었으니 조심성을 두려움 때문이라고 설명할

---

12   Guy Bechtel, *La Sorcière et l'Occident*, op. cit.

수도 있다. 어떤 이들은 마녀로 의심하는 전반적 분위기를 "귀찮은 정부나 아내를 떼어버리거나 혹은 자신들이 유혹하거나 성폭행한 여성의 복수를 막는 데" 써먹었다. 실비아 페데리치는 이렇게 보고한다.

"마녀에 대한 이 선전 활동과 공포의 시기는 남성이 여성에 대한 깊은 심리적 반감의 씨앗을 뿌리는 시간이었다."[13]

고발된 여성 중에는 마법사이자 치료사인 사람도 있었다. 현재의 관점으론 황당한 겸업으로 비칠지 몰라도 당시엔 당연한 일이었다. 그녀들은 주문을 걸기도 하고 걸려 있는 주문에서 풀어주기도 했으며, 치료 물약이나 특별한 효험을 가진 묘약 등을 제공했다. 또한 환자와 부상자를 치료하고 여성의 분만을 도왔다. 그녀들은 평민이 유일하게 기대고 의지할 대상이었고 공동체에서 존경받는 구성원에 속했다. 그녀들의 활동이 악마의 음모와 동일시되기 전까지는. 그러다가 광범하게 남보다 튀는 여성의 등장은 마녀사냥이라는 소명을 불러일으켰다. 이웃 남성에게 말대꾸하거나, 목소리를 높여 말하거나, 성격이 강하거나, 다소 지나치게 자유분방한 성격이거나, 어떤 방식으로든 방해가 되는 행동을 하는 것은 위험을 불러오기에 충분했다. 모든 여성에게 친숙한 논리에 따라 어떤 행동을 해도, 반대로 하지 않아

---

13   Silvia Federici, *Caliban et la sorcière. Femmes, corps et accumulation primitive* (2004). 영어판을 번역한 le collectif Senonevero, Entremonde/Senonevero, Genève/Marseille (2014).

도 해가 될 수 있었다. 예를 들어 미사에 너무 자주 빠지는 건 수상한 일이지만 미사에 결코 빠지지 않는 것 또한 수상한 일이 된다. 친구들과 주기적으로 만나는 건 수상한 일이지만 혼자서만 사는 것도 수상한 일이 된다.[14]

다음과 같은 입수 실험은 이를 단적으로 보여준다. 여성을 물에 빠트려 가라앉으면 무죄다. 그렇지 않고 물에 뜨면 마녀이므로 처형해야 한다. 마찬가지로 '적선 거부'의 메커니즘도 자주 언급된다. 이를테면 구걸하는 여성 걸인의 내민 손을 못 본 체한 부자는 이후 병들거나 뭔가 불행한 사건으로 고통받게 되면 그런 일이 생기기가 무섭게 자신에게 저주의 주문을 걸었다며 걸인 여성을 고발했다. 이런 식으로 그녀에게 막연한 죄책감을 떠넘긴 것이다. 가장 순수한 형태로 희생양의 논리를 보여주는 또 다른 예들도 있다. 즉 "배들이 바다에서 난관에 부딪쳤다고? 그러자 디나 로베르는 벨기에에서 붙잡혀 화형당한 후 길거리에 내걸린다(1565). 보르도 근처의 물레방아가 더 이상 돌지 않는다고? 그러자 사람들은 쟌 노알, 일명 가수가 물레방아에 쐐기를 박았다고 주장한다(1619)."[15]

셰익스피어는 《템페스트》라는 작품에서 노예 칼리반의 신상을 소개하며 그의 어머니가 "강력한 마녀였다"고 말한다. 프랑

---

14   Guy Bechtel, *La Sorcière et l'Occident, op. cit.*
15   위와 같음.

수아 기조François Guizot는 1864년 번역본에서 이 주제에 대해 상세한 설명을 덧붙였다.

"영국에서 작성한 과거의 모든 마법 기소문은 witch(마녀)라는 단어에는 형용사 strong(강한, 강력한)이 의미 확장적이고 특별한 수식어로 항상 붙어 있음을 보여준다. 그러나 민중의 관점과는 반대로 법정은 strong이라는 단어를 기소에 일체 덧붙이지 않기로 결정할 수밖에 없었다."

여성의 몸을 가졌다는 것 자체가 용의자로 만드는 데 충분했다. 일단 붙잡히고 나면 여성 피고인들은 발가벗겨진 후 머리를 밀리고 '미싱공'에게 맡겨졌다. 그는 악마의 표시를 찾느라 온몸을 샅샅이 뒤졌다. 신체 외부와 마찬가지로 내부도 바늘로 찔러가며 악마의 표시가 없는지 검사했다. 점이나 상처 자국, 울퉁불퉁 거친 부분 따위가 증거를 대신한 것으로 보아 짐작컨대 나이 든 여성들이 얼마나 황당했을지 알 수 있다. 악마의 표시는 고통과는 무관했던 것으로 추정된다. 많은 여성 죄수들이 정숙함을 공격받아, 간략히 말해 강간당해서 충격을 받은 나머지 거의 절반은 기절 상태였기에 바늘로 찔러도 반응하지 않았다.

스코틀랜드에서는 미싱공들이 도시와 마을을 돌아다니며 주민들 가운데 숨어 있는 마녀들을 잡아내겠다고 제안했다. 1649년, 잉글랜드 북동부에 있는 뉴캐슬어폰타인이라는 도시에서는 처형자 한 사람당 20실링씩 주기로 하고 한 미싱공을 채용했다. 시청으로 끌려온 30명의 여성은 모두 옷을 벗어야 했다.

놀랍게도 그녀들 대부분이 유죄를 선고받았다.[16]

"신문을 읽을 때보다 인간의 잔혹함에 대해 기대 이상으로 많은 것을 배웠다."

앤 바스토우는 자신의 유럽 마녀사냥 연구서 머리말에서 이렇게 털어놓았다.[17] 사실 고문 이야기는 더할 나위 없이 참혹하다. 높은 기둥에 매단 후 떨어트리는 에스트라파드estrapade 형벌을 받아 온몸의 뼈대와 관절이 탈구되고 만신창이가 된 몸, 하얗게 달군 철제 의자에서 다 타버린 신체, 꽉 조인 나무 형틀 위에서 부러진 다리뼈 등. 악마 연구자들은 악마적인 동시에 필시 속임수가 분명한 거짓 눈물에 동요하지 말라고 훈계한다.

마녀사냥꾼들은 모두 여성의 성욕을 두려워하는 동시에 그에 사로잡혔던 듯하다. 취조관들은 여성 피고인들에게 "악마의 페니스가 어땠는지" 집요하게 묻는다. 《마녀 잡는 망치》는 마녀들이 남성 성기를 없애버리는 능력을 갖고 있으며 페니스를 수집하기도 하는데 지금껏 모은 페니스는 모두 상자나 새둥주리에 보관하고 있다고 주장한다. 그 안에서 페니스들이 필사적으로 파닥거린다는 말인데 결코 발견된 적은 없었다.

그녀들이 타고 날아다니는 빗자루는 집안일의 간접적 상징이며, 이에 더해 그 남근 모양 형태는 성적 자유를 나타낸다고

---

16   Anne L. Barstow, *Witchcraze, op. cit.*
17   위와 같음.

보았으며, 마녀집회는 통제를 벗어나 자유분방한 성욕을 해소하는 장소로 간주했다. 고문자들은 여성 죄수들에게 행사하는 절대적 지배를 즐겼다. 즉 자신들의 관음증과 성적 사디즘을 마음껏 충족시킬 수 있었다. 간수들은 여기에 강간을 더했다. 그러다 여성 수감자가 감옥에서 목매달아 죽은 상태로 발견되면 악마가 찾아와서 자신의 여종을 다시 데려갔다고 했다.

유죄를 선고받은 여성은 처형 순간이 왔을 때 더는 서 있을 수 없을 정도로 탈진된 경우가 다반사였다. 이제 드디어 끝이라는 것에 안도감을 느낀다 해도 끔찍한 죽음과의 대면이 그녀들을 기다린다. 악마 연구자 앙리 보게Henry Boguet는 클로다 잠-기욤므의 최후를 상세히 기록했다. 그에 따르면 그녀는 세 번이나 화형대에서 도망쳤다. 이유인즉 불길이 그녀를 덮치기 전에 형리가 그녀를 목 졸라 죽이겠다는 약속을 지키지 않았기 때문이다. 그리하여 그녀와의 약속을 지키지 않을 수 없었던 그는 최후에는 그녀를 구타해서 무의식 상태에서 죽을 수 있게 했다.[18]

---

18   Guy Bechtel, *La Sorcière et l'Occident, op. cit.*

부정당하고 현실감을 잃은 역사

　　모든 걸 고려할 때 마녀사냥이 여성과 싸우는 전쟁이었다는 결론을 내리지 않기가 어려워 보인다. 그렇지만 뉴잉글랜드의 마녀재판 전문가 캐럴 카르슨은 세일럼 마녀재판[미국 뉴잉글랜드 매사추세츠주 세일럼 마을에서 1692년 3월 1일에 시작된 일련의 재판] 300주년을 계기로 1992년 출판된 많은 학술서나 일반 교양서에서 유감스럽게도 "젠더 관점을 통한 그녀의 접근 방법"이 무시되거나 진부한 것으로 간주되고 혹은 간접적으로 이의를 제기받았다고 밝혔다.[19] 앤 바스토우는 마녀사냥은 "여성혐오의 폭발"[20]이었다는 사실을 역사가들이 고집스레 부인하기 때문에 그만큼 이 사건 자체가 기이하다고 평가한다. 그녀는 남성 또는 동료 여성 학자들이 자신들의 연구에서 도출한 결론을 부정하기 위해 이따금 놀라운 왜곡에 빠지든 것을 인용해서 보여주기도 한다. 기 베슈텔 또한 이러한 왜곡을 몸소 드러낸다. 그는 마녀사냥보다 앞서 일어났던 '여성의 악마화'에 대해 상세하게 설명한 다음 질문을 던지고 단호하게 대답한다.

　　"그렇다면 반여성주의가 마녀 화형대의 이유일까?"

19　Carol F. Karlsen, *The Devil in the Shape of a Woman. Witchcraft in Colonial New England*, W. W. Norton & Company, New York(1998).

20　Anne L. Barstow, *Witchcraze*, *op. cit.*

"당연히 그렇지 않다."

그는 이러한 결론을 도출하기에는 매우 약한 논거를 뒷받침하기 위해 먼저 "남성 또한 화형당했다"는 것을 내세운다. 그러고는 이어서 "18세기 말 발달한 반여성주의는 마녀 화형대 시대 훨씬 이전에 일어났다"고 주장한다. 설사 루됭과 루비에르의 유명한 사건[1632년 프랑스 중서부 루됭 지방과 1642년 노르망디 루비에르 지역에서 일어난 사건. 정신착란을 일으킨 수녀들이 위르뱅 그랑디에라는 신부가 악마와 계약했다고 증언한다. 수녀들은 성폭행하고 프로테스탄들과 교유한 신부였다. 이 사건은 수녀들을 포함해 신부와 프로테스탄트들의 처형으로 마무리된다]에서처럼 '악마 들린' 여성들이 고발당하는 바람에 몇몇 남성이 목숨을 잃은 일이 있긴 했으나 앞서 말했듯이 남성 대부분은 여성들 사건에 연루되었을 경우 또는 다른 고소 조항들에 이 마법 죄목을 부차적으로 추가했을 때만 고발당했다. 반여성주의가 역사상 더 이전에 일어났다는 사실에 관해서라면, 우리는 오히려 그 사실을 반여성주의가 마녀사냥에서 결정적 역할을 했다는 확증으로 본다. 당시 여성이 사회 영역에서 차지하던 자리가 점점 확장되는 것[21]에 두려움을 느낀 나머지 폭력이 난무하고 수세기에 걸쳐 이어지던 증오와 몽매주의가 정점에 달했던 것으로 보인다.

---

21   Armelle Le Bras-Chopard, *Les Putains du Diable. Le procès en sorcellerie des femmes*, Plon, Paris(2006).

장 들뤼모〔가톨릭교회 역사를 연구한 프랑스 역사학자(1923~2020)〕는 요한 22세의 요청에 따라 1330년경에 작성된 알바로 페얄로Alvaro Pelayo의 《통곡하는 교회De planctu ecclesiae》를 "여성에 대한 성직자의 적대감을 드러내는 핵심 자료"이자 "악마의 연합군에 대항하는 성스러운 전쟁을 권장하는 호소문"이며, 《마녀 잡는 망치》를 예고하는 전조로 간주한다. 이 책에서 스페인 성 프란체스코회는 특히 여성은 "겸손한 겉모습 아래 교만하고 고칠 수 없는 어떤 기질을 감추고 있다. 그러니 그녀들은 유대인들과 닮았다"[22]고 단언한다. 중세 말기부터는 "가장 비종교적인 서적들에도 여성혐오가 배어들었다"[23]고 베슈텔은 주장한다.

하기야 교회의 신부들과 그 계승자들은 이 점에 있어서 그리스와 로마의 전통을 이어간다. 이브가 금지된 과일을 먹었던 때보다도 더 이전에 그리스신화 속 인류 최초의 여성 판도라는 인간의 모든 악이 들어 있는 단지의 뚜껑을 열었다. 막 싹트기 시작한 기독교는 이미 쾌락의 적, 그러니까 여성의 적인 금욕주의에서 많은 것을 차용했다. "세상의 어떤 집단도 이토록 오랫동안 이토록 지독하게 모욕받은 적이 없었다"고 베슈텔은 평한다. 사실 이런 참고문헌을 읽다 보면 이런 수사적 표현 다음 필연적으

---

22 Jean Delumeau, *La Peur en Occident(XIVe~XVIIIe siècle). Une cité assiégée*, Fayard, Paris(1978).

23 Guy Bechtel, *Les Quatre Femmes de Dieu. La putain, la sorcière, la sainte et Bécassine*, Plon, Paris(2000).

로 언젠가는 대대적인 행동으로의 이행이 뒤따른다고 생각하게 된다.

1593년 남들보다 조금은 더 평화 지향적이었던 독일의 한 목사는 여성에 대한 모욕의 말을 어디에나 퍼트리는 소책자들을 보고 걱정한다. 여가 시간에 심심풀이로 읽는 책들이었는데 이런 책들을 읽거나 남들한테 그 같은 얘기를 듣다 보면 서민 남성은 여성에게 격분하고 그러다 어떤 여성이 화형을 선고받고 죽을 거라는 소식을 접하면 "거참 잘된 일이네!" 하고 환호한다.

마찬가지로 앤 바스토우도 역사 속 많은 역사가들이 마녀사냥 희생자들을 '히스테릭하고 불쌍한 여성'으로 거만하게 바라본다는 사실을 강조한다. 역사가 콜레트 아르누는 볼테르에게서도 똑같은 태도를 볼 수 있다고 지적한다. 그는 마녀에 대해 이렇게 썼다.

"오로지 철학의 실천만이 그 가증스런 망상에서 벗어나게 했고, 남성들에게 멍청이들을 불태워 죽이지 말라고 가르쳤다."

저자는 "누구보다 멍청이들은 재판관들이다. 그들이 얼마나 멍청하게 굴었는지 그 어리석음은 전염이 되었다"[24]고 반박한다.

피해자들을 비난하는 반응도 있다. 독일 남부의 마녀사냥을 연구하는 저명한 미국인 교수 에릭 미들포트Erik Midelfort는 여성

---

24 Colette Arnould, *Histoire de la sorcellerie* (1992), Tallandier, Paris(2009).

들이 "그 시대에 강한 여성혐오를 불러일으킨 것 같다"고 지적하면서 "왜 이 집단이 희생양의 처지에 놓이게 됐는지"[25] 연구해보라고 권한다. 캐럴 카르슨은 뉴잉글랜드 피고 여성들에 대한 성격 묘사에 이의를 제기한다. 그녀들의 '나쁜 성격'과 '정상을 벗어난 인격'에 대한 묘사는 고발자들의 관점과 일치한다. 캐럴 카르슨은 여기서 "여성이 당한 폭력의 책임을 여성에게로 돌리는 우리 사회에 깊이 뿌리내린 경향"[26]이 표출된 모습을 본다. 어쩌면 이 같은 무시와 편견은 단순히, 마녀사냥을 역사 연구의 주제로 삼은 이들이 설사 그런 무시와 편견을 인정하지 않고 끔찍해할지라도 볼테르가 그랬던 것처럼 그들 또한 마녀들을 사냥한 세상의 후예라고 말해주는 것인지 모른다. 어쩌면 우리는 이 사건이 유럽 사회를 어떤 식으로 바꿔놓았는지 밝히기 위해 해야하는 작업은 아직 초보 단계에 있을 뿐이라고 결론을 내려야 할지도 모른다.

마녀사냥이 얼마만큼 인명 피해를 냈는지는 매우 이론이 분분한 상태로 남아 있다. 그러나 결코 확실하게 밝힐 수는 없을 듯하다. 1970년대에는 피해자 수가 100만 또는 그 이상이라고 거론했으나 오늘날에는 오히려 5~10만이라고 언급한다.[27] 이 수

---

25   Anne L. Barstow가 *Witchcraze, op. cit.*에서 인용.
26   Carol F. Karlsen, *The Devil in the Shape of a Woman, op. cit.*
27   Barbara Ehrenreich and Deirdre English, *Sorcières, sages-femmes et infirmières. Une histoire des femmes soignantes* (1973), Cambourakis, "Sorcières", Paris (2014).

치에는 린치를 당하거나, 감옥에서 죽거나, 고문의 결과든 불결한 환경 때문이든 자살한 여성은 포함되지 않았다. 그 밖에도 목숨을 잃지는 않았지만 추방되거나 자신이나 가족의 명예에 큰 손상을 입은 여성도 있다. 그리고 고발당하진 않았다 해도 마녀사냥의 결과 모든 여성이 큰 타격을 입었다. 공개 처형을 연출하는 것은 집단의 규율과 공포심을 심어주는 강력한 수단이었고 그녀들에게 신중하고 얌전하게 복종하며, 물의를 일으키지 말라고 엄하게 명하는 것이었다. 뿐만 아니라 여성은 어찌 됐든 자신이 악을 구현하는 존재임을 진지하게 받아들이고 자신이 기본적으로 악랄하며 유죄라고 믿어야 했다.

앤 바스토우는 여성들끼리 활발히 연대하던 중세의 여성 하위문화가 이렇게 끝이 났음을 확인할 수 있었다. 그녀는 이후 자아 성찰과 자신의 이익에만 집중하는 개인주의가 증가한 것은 여성의 경우 대체로 두려움이 그 원인이라고 보았다.[28] 몇몇 사건이 입증하듯 그 무엇인가가 신중하게 처신하도록 종용했다. 1679년 프랑스 북부 마르시엔느에서 페론느 고귀용이란 여성은 술 취한 병사 넷에게 강간당할 뻔하다가 가까스로 벗어났다. 그들은 조용히 놔주는 대가로 돈을 받기로 약속한다. 그녀의 남편은 그들을 고발했고 과거 그녀의 나쁜 평판이 주목받으면서 결국 그녀도 마녀처럼 화형을 당한다.[29] 안나 골디의 경우도 마찬

---

28   Anne L. Barstow, *Witchcraze, op. cit.*

가지다. 그녀의 전기작가인 스위스 저널리스트 월터 하우저Walter Hauser가 찾아낸 증거에 따르면 그녀는 자신을 가정부로 고용한 의사를 성적 괴롭힘으로 고발한다. 그러자 의사는 그녀를 마녀로 고발하며 맞불을 놓았다.[30]

《오즈의 마법사》에서 스타호크까지

서구 여성주의자들은 마법으로 고발당한 여성 피고인들의 역사를 독점하면서, 당시에 의도한 것이건 아니건 간에 그녀들이 지녔던 사회 전복 정신을 자신들이 계승했으며 재판관들이 그녀들에게 있다고 여긴 가공할 힘을 자신들이 이어받았다고 도발적으로 주장했다. "우리는 당신들이 화형시키지 못한 마녀들의 손녀들"이라는 슬로건은 이미 유명하다. 1970년대 이탈리아에서는 "두려움에 떨어라, 떨어라, 마녀들이 돌아왔다!"고 부르짖기도 했다. 그녀들은 정의를 요구했고 마녀의 역사에 양념을 치고 가볍게 다루는 데 저항하며 싸웠다.

1985년, 독일 도시 겔른하우젠에서는 과거 마법으로 고발된

29   Robert Muchembled, *Les Derniers Bûchers. Un village de France et ses sorcières sous Louis XIV*, Ramsay, Paris(1981).
30   Agathe Duparc, "Anna Göldi, sorcière enfin bien-aimée", *Le Monde*(2008. 9. 4).

여성들이 갇혀 있던 건축물 '마녀들의 탑'이 사람들의 호기심을 끄는 관광지로 탈바꿈한다. 그곳을 대중에 개방하는 날 아침, 검은 옷을 입은 시위자들은 희생자들 이름을 적은 패널을 치켜들고 열을 지어 건물 주위를 행진했다.[31] 그들이 어디서 왔건 이런 봉사 활동에 대한 노력은 간혹 보상받기도 한다.

2008년 스위스 글라루스주에서는 전기작가의 끈질긴 노력 끝에 안나 골디의 유죄판결을 공식적으로 취소하고 그녀를 기념하기 위해 그녀 이름을 딴 박물관을 개관한다.[32] 이런 보상은 독일 프라이부르크, 쾰른, 벨기에 니우포르트에서도 잇달아 일어났다. 노르웨이는 2013년[이 연도는 2011년의 착오로 보인다] 북부 핀마르크주에서 처형된 91명을 애도하는 의미에서 화형이 있었던 바로 그 장소에 건축가 피터 줌터와 예술가 루이즈 부르주아의 공조로 스타일네셋 기념관을 설립했다.[33]

마녀들의 역사를 발굴하고 스스로 이 칭호를 요구했던 최초의 페미니스트는 미국의 마틸다 조슬린 게이지(1826~1898)다. 그녀는 여성참정권과 아메리카 원주민, 아메리카 인디언의 권리 및 노예제도 폐지를 위해 싸웠다. 도망치는 노예들을 돕다가 유죄를 선고받은 적도 있다. 1893년에 저술한 《여성, 교회 그리고

---

31   Anne L. Bastow, *Witchcraze, op. cit.*

32   Agathe Duparc, "Anna Göldi, sorcière enfin bien-aimée", art. cit.

33   "En Norvège, un monument hommage aux sorcières", Huff-Post(2013. 6. 18).

국가》에서 그녀는 다음과 같이 마녀사냥에 대한 여성주의적 해석을 내비친다.

"'마녀들'을 '여성들'이라고 읽는다면 교회가 인류의 일부에 자행한 잔인함을 더 잘 이해할 수 있다."[34]

라이먼 프랭크 바움이 쓴 《오즈의 마법사》에 등장하는 마녀 글린다는 바로 저자의 장모에게서 영감을 얻은 것이었다. 1939년 이 소설을 영화로 제작하면서 영화감독 빅터 플레밍은 대중문화 속에 처음으로 '착한 마녀'를 내놓는다.[35]

이어서 1968년 핼러윈데이 뉴욕에서는 돌연 '지옥에서 온 국제테러음모 여성회'의 시위가 일어났다. 이 협회 구성원들은 두건이 달린 까만 망토를 걸치고 월스트리트를 행진했으며, 손에 손을 잡고 시끌벅적 증권거래소 앞으로 몰려갔다.

"여성들은 눈을 감고 고개를 숙인 채 알제리 마녀들에게는 성스러운 베르베르인의 노래를 불렀고 수많은 주식들의 폭락이 임박했다고 부르짖었다. 그 몇 시간 뒤 증시는 1.5포인트 하락으로 문을 닫았고, 다음날에는 5포인트 추락했다."

당시 참가자였던 로빈 모건[36]이 몇 년 뒤 회상한 내용이다.

---

34 Matilda Joslyn Gage, *Woman, Church and State. The Original Exposé of Male Against the Female Sex*(1893).

35 Kristen J. Sollee, *Witches, Sluts, Feminists. Conjuring the Sex Positive*, ThreeL Media, Los Angeles(2017).

36 Robin Morgan, "WITCH hexes Wall Street", *Going Too Far. The Personal Chronicle of a Feminist*, Random House/Vintage Paperbacks, New York(1977).

그럼에도 그녀는 당시 자신들은 마녀의 역사에 완전히 무지했다는 사실을 강조한다.

"우리는 증권가에 가서 우리의 수장인 사탄과의 대담을 요구했다. 잘못된 행보였다. 이 일로 인해 좀 거리를 두고 지켜보던 나는 깜짝 놀랐다. 사탄을 만들어내고 이어서 마녀가 사탄의 추종자라며 고발했던 것은 가톨릭교회 측이었기 때문이다. 우리는 이 문제 그리고 다른 많은 문제에서도 가부장제의 계략에 낚인 바 있다. 너무나 어리석었으나 멋있게 어리석었다."[37]

그 사건을 찍은 사진들은 그것이 사실임을 증거한다.

프랑스에서 제2차 페미니즘 물결, 즉 제2세대 여성주의는 특히 잡지 《마녀들Sorcières!》의 창간을 목도할 정도로 영향력이 커진다. 《마녀들》은 1976~1981년 자비에르 고티에 책임하에 그리고 엘렌 식수, 마르그리트 뒤라스, 뤼스 이리가레, 줄리아 크리스테바, 낸시 휴스턴, 아니 르클레르의 협력으로 출간되었다.[38] 또한 앤 실베스트리의 매우 아름다운 노래를 언급하지 않을 수 없다. 그녀는 어린이를 위한 동요도 짓지만 중요한 여성주의 레퍼토리인 《평범한 어느 마녀Une sorcière comme les autres》(1975)[39]의 작

37 Robin Morgan, "Three articles on WITCH", *Going Too Far, op. cit.*

38 시대를 통해서 보는 마녀의 변화와 문화적 변천에 대한 상세한 도표가 나와 있는 참고문헌은 Julie Proust Tanguy, *Sorcières! Le sombre grimoire du féminin*, Les Moutons électriques, Montélimar(2015).

39 유튜브에서 볼 수 있는 퀘백 여가수 폴린 줄리앙 버전을 추천한다.

가이기도 하다.

1979년 미국에서 스타호크의 첫 번째 저서 《스파이럴 댄스 The Spiral Dance》가 출간되었다. 이 책은 신이교주의 여성 숭배의 교본이 된다. 그렇지만 유럽인들이 1951년 미리엄 시머스에서 출생한 캘리포니아 마녀의 이름을 실제 접한 건 1999년 시애틀에서 있었던 세계무역기구 회의에 반대하는 시위였다. 스타호크와 그녀의 친구들이 참여하면서 눈길을 끌었던 이 시위는 탈세계화의 탄생으로 기록된다.

프랑스에서는 2003년 출판인 필리프 피냐르와 철학자 이자벨 스탕제가 그녀의 저서 중 1982년 출간된 《여성과 마법 그리고 정치》[40]를 최초로 프랑스어 번역으로 출판한다. 언젠가 나는 그녀에 대해 썼던 기사를 메일링 리스트에 올렸다가 어느 구독자에게 노골적으로 야유를 받은 적이 있다. 그는 탐정소설 작가로 '신이교주의적 마법'이라는 개념이 자신을 얼마나 짓누르고 있는지 그 압박감을 나에게 다 토로하지 못할 정도였다. 15년이 지난 뒤에도 그의 의견은 그다지 변하지 않은 듯하지만 '신이교주의 마법'이라는 말의 생경함은 많이 사라졌다.

오늘날엔 도처에 마녀들이 존재한다. 미국에서 마녀들은 경찰이 저지른 인종차별적 살인에 저항하는 흑인민권운동 '흑인의

---

40 Starhawk, *Femmes, magie et politique*, Morbic이 영어판을 번역한 *Les Empêcheurs de penser en rond*, Paris(2003).

삶도 중요하다'에 참여하고, 도널드 트럼프에게 저주를 걸며, 백인우월주의에 대항하거나 낙태 권리 재검토에 반대하며 싸운다. 오리건주 포틀랜드와 그 밖의 곳곳에 있는 집단들이 WITCH〔Women's International Terrorist Conspiracy from Hell의 약자〕를 되살리고 있다.

프랑스에서는 2015년 이자벨 캄부라키가 가족 경영 출판사인 캄부라키출판사Editions Cambourakis에서 기획한 페미니스트 컬렉션에 '마녀들'이라는 이름을 붙였다. 그녀는 컬렉션의 첫 책으로 스타호크의 《여성과 마법 그리고 정치》를 재출간했다. 이 시기는 실비아 페데리치의 《칼리반과 마녀》 프랑스어판이 막 나왔을 무렵이라 첫 출간 때보다 훨씬 큰 반향을 일으켰다.[41]

2017년 9월, 노동법전 파기 반대 시위 때, 파리와 툴루즈에서는 페미니스트이자 무정부주의자인 위치 블록Witch bolc〔여성과 퀴어로 구성된 익명의 여성주의 투쟁 집단〕이 등장했다. 이들은 고깔모자를 쓴 채 "마크롱을 가마솥으로"라고 적힌 현수막을 들고 참여했다.

여성혐오자들 또한 예전처럼 마녀의 이미지에 강박적 태도를 보였다. 미국 TV 방송에 나오는 전도사 팻 로버트슨은 유명한 설교로 회자되는 1992년 연설에서 이미 "여성주의는 여성이

---

41 처음 출간할 때의 제목은 'Rêver l'obscur'. Weronika Zarachowicz, "Tous sorcières!", *Télérama* (2015. 4. 8) 참고.

남편을 떠나고, 아이들을 죽이고, 마법을 실행하고, 자본주의를 파괴하고, 레즈비언이 되도록 부추긴다"며 격분해서 고함을 질렀다. 이 설교를 들은 많은 이들은 "대체 우리는 어디에 와 있는 거지?" 하는 반응을 보였다.

2016년 미국 대통령 선거 유세 기간 동안 힐러리 클린턴을 향해 보인 증오는 아무리 적의를 품었다지만 정당하게 가할 수 있는 비판의 수위를 한참 넘었다. 그들에 따르면 민주당 후보자는 '악'과 연결되었고 그러므로 마녀와 톡톡히 비교되었다. 다시 말해 힐러리 클린턴은 여성으로서 공격받았지 정치적 지도자로서 비판받은 게 아니었다. 그녀가 패배한 후《오즈의 마법사》에 나오는 동쪽 나쁜 마녀의 죽음을 환영하는 노래 〈딩동, 마녀는 죽었네〉를 유튜브에 올린 이들도 있었다. 이는 2013년 마거릿 대처가 죽었을 때 이미 올라왔던 리토르넬로〔후렴구, 교향곡에서의 반복구를 뜻하는 말〕이기도 하다. 도널드 트럼프의 유권자들뿐 아니라 민주당 1차전에서 힐러리 클린턴의 경쟁자였던 버니 샌더스의 지지자들도 이러한 지시기능을 써먹었다. 그의 사이트에서 어느 지지자는 자금 모금을 알리는 글에 이런 제목을 달았다.

"Bern the Witch."

Bern은 Burn대신 버니 샌더스의 이름 Bernie에서 따온 것으로 '마녀를 불태우라'는 뜻인 Burn the Witch의 말장난이다. 버몬트 상원의원 선거 유세팀은 신고를 받자마자 이 글을 내렸다.[42]

고약한 농담 시리즈에서 보수적 논설기자 러시 림보는 이런

욕을 하기도 했다.

"그녀는 대문자 B로 시작하는 마녀 계집년이다She's a witch with a capital B(itch)."

아마도 그는 17세기 매사추세츠에서 일어난 세일럼 마녀재판의 주역이 자신이 고발한 여성 중 하나인 하녀 세라 처칠을 마녀 계집년bitch witch이라 부르며 이 라임의 일치를 이미 써먹었던 사실을 몰랐던 듯싶다.[43] 이에 대한 반발로 민주당 유권자들 사이에서는 "힐러리를 위한 마녀들" 또는 "힐러리를 위한 마귀할멈들"이라는 문구를 새긴 배지가 등장했다.[44]

최근 몇 년 사이 프랑스 여성주의자들이 마녀 이미지를 띨 정도로 주목할 만한 방향 전환이 일어났다. 2003년 《여성과 마법 그리고 정치》를 소개하는 글에서 편찬자들은 이렇게 썼다.

"프랑스에서 정치를 하는 사람들은 영성(정신성)에 속하는 것은 죄다 불신하면서 재빨리 극우적이라고 단정하는 습관이 있다. 마법과 정치의 사이는 좋지 않다. 그런데도 여성이 자신을 마

---

42 이 일을 자발적으로 저지른 범인은 핼러윈이 다가옴을 내세우며 한심스럽게 자신의 소행을 정당화했다. 그의 변론은 들어줄 수 없을 정도로 형편없었지만 타당한 면이 없지는 않았다. 즉 힐러리 클린턴은 오랫동안 게이 결혼에 반대했고 국무장관으로서 2009년 온두라스에서 일어난 쿠데타를 지지함으로써 2016년 3월 살해된 페미니스트이자 환경보호운동가 베르타 카세레스같이 이 쿠데타에 저항하는 반대자들의 암살을 도왔던 터였다⋯. Marie Solis, "Bernie Sanders official campaign site once invited supporters to 'Bern the Witch'", Mic.com(2016. 3. 11).

43 Anne L. Barstow, *Witchcraze, op. cit.*

44 Kritsen J. Sollee, *Witches, Sluts, Feminists, op. cit.*

녀로 부르기로 했다면 그것은 미신과 토속신앙으로 여기는 부분은 제거하고 자신들이 가부장적 권력이 저지른 박해의 희생자들이었다는 사실만을 취하기 위해서다."

이 조서는 오늘날 더는 진실이 아니다. 현재 미국이나 프랑스에서 젊은 페미니스트들, 게다가 남성 동성애자들, 트랜스젠더들은 아무렇지도 않게 마법의 도움을 청한다. 2017년 여름과 2018년 봄 사이, 작가이자 기자인 잭 파커는 《현대 마녀들의 소식지Witch Please》를 간행했다. 이 잡지의 정기 구독자는 몇천 명에 이른다. 소식지에는 꾸며놓은 제단 사진들, 개인적인 마법서들, 마녀들의 인터뷰, 별들의 위치와 달의 형상에 따라 제단을 만드는 팁이 실려 있다.

이 새로운 신봉자들은 어떠한 공동 전례도 따르지 않는다. "마법은 실용적인 것이기 때문에 종교적 의식을 동반할 필요는 없지만 종교의식과 완전히 잘 어울린다"고 프랑스 마녀 맬은 설명한다.

"여기엔 기본적으로 양립 불가능이란 것이 없다. 그렇기 때문에 주요 일신교, 즉 기독교, 이슬람교, 유대교는 물론 불가지론, 이교도와 다신교, 마법 숭배, 그리스문화 등 신이교주의 종교들[45]을 믿는 마녀들이 있다."

45　Mæl, "Tremate tremate, le streghe son tornate! Tremblez tremblez, les sorcières sont de retour!—Introduction à la sorcellerie", Simonae.fr(2017. 9. 11).

매우 광범한 틀에서 신흥종교 위카Wicca에 속하는 스타호크는 각자 필요에 따라 의식을 만들 것을 권하면서, 실례로 자신과 친구들이 동지 축제를 지내는 방식이 어떻게 유래됐는지 설명한다. 그녀들은 바닷가에 큰 불을 지피고, 대양의 밀려오는 파도 속에 들어가 노래를 부르며, 두 팔을 쳐들고 환희의 함성을 지른다.

"우리가 동지의 의식을 지내던 초창기 어느 해인가 저녁에 의식을 시작하기 전 석양을 보러 바닷가로 갔어요. 그때 불쑥 한 여성이 말했어요. '옷을 벗고 물로 뛰어듭시다! 어서, 어서, 한번 해봐요!' 그녀의 말에 '미쳤군!' 하고 받아친 기억이 나요. 어쨌든 그것이 우리 의식의 시작이었어요. 그 후 몇 년이 지나서는 저체온증을 피하기 위해 불을 지피기 시작했고 그렇게 하나의 전통이 만들어졌어요. 뭔가를 한 번 하면 경험이지만 그걸 두 번 하면 전통이 되지요."[46]

절망 가운데 희망의 저장고를 찾는 여성

이 전대미문의 유행을 어떻게 설명해야 할까? 지금 생활에서 마법을 사용하는 남녀는 《해리 포터》, 마녀 세 자매

---

46   Starhawk, *The Spiral Dance. A Rebirth of the Ancient Religion of the Goddesse. 20th Anniversary Edition*, HarperCollins, San Francisco(1999).

가 여주인공인 《참드》 시리즈, 숫기 없고 나서지 않는 성격인 여고생 월로우가 이후 강력한 마녀가 되는 《뱀파이어 해결사》와 함께 성장한 세대다. 이런 배경이 지금의 유행에 어떤 역할을 했음 직하다. 역설적으로 마법은 매우 실용적 수단으로 여겨지며, 모든 것이 당신을 나약하고 불안정하게 만들고자 대동단결한 듯한 시대에 세상과 삶에 정착하려는 방식이자 분발하고자 하는 중대한 노력의 일환으로 보인다. 2017년 7월 16일 소식지에서 잭 파커는 "플라세보 효과냐, 전래의 진짜 마법이냐" 하는 문제를 한마디로 종결짓기를 피한다.

"중요한 건 일이 문제없이 진행되고 우리에게 도움이 된다는 사실 아닐까요? (⋯) 우리는 늘 인생의 의미, 우리 존재의 의미, 왜 그리고 어떻게를 찾는 중입니다. 나는 어디로 가고 있는지? 그리고 나는 누구이고 어떻게 될지를 물어요. 그래서 사는 동안 우리를 진정시키고 안심시킬 것 같은, 매달릴 만한 뭔가를 두세 가지 정도 찾아낼 수 있다면 그걸 무시할 필요는 없지 않나요?"

나는 마법을 글자 그대로 실제로 사용하지는 않지만 어떤 책[47] [한국어판은 《지금 살고 싶은 집에서 살고 있나요?》, 부키(2019)]에서 자기만의 시간을 위해 옹호했던 무언가가 생각난다. 즉 수기식으로

---

47 Mona Chollet, *La Tyrannie de la réalité* (2004), Gallimard, "Folio Actuel", Paris(2006);*Chez soi. Une odyssée de l'espace domestique* (2015), La Découverte, "La Découverte Poche/Essais", Paris(2016).

세상과 거리를 두고 상상과 환상의 힘에 맡기도록 확신하는 것이다. 긍정적 사고를 강조하고 "자기 내면의 여신을 발견하라"고 권유하는 대유행의 마법은 또한 자아 계발이라는 거대한 광맥 속에 하나의 아속亞屬으로 자리잡는다. 그리고 다분히 정신생활을 겸하는 이 자아 계발 영역은 가느다란 한 줄기 능선을 사이에 두고 페미니즘과 정치적 권한 강화로 갈라진다. 둘 모두 억압 구조에 대한 비판을 전제로 하지만 두 영역을 가르는 이 능선에서 매우 흥미를 끌 만한 일들이 일어난다.

어쩌면 점차 가시적으로 닥치는 환경 재난이 기술사회의 명성과 위압적 권위를 떨어트리면서 마녀라고 자처하는 것을 막던 금지들을 해제했는지 모른다. 가장 합리적으로 보였던 세계에 대한 인식체계가 인류의 생존 환경을 파괴하는 결과에 이르게 하자 우리는 습관적으로 합리적인 것과 비합리적인 것의 범주를 나누던 방식을 재검토하기에 이르렀다. 사실, 세계를 보는 기계론적 관점은 이제 통용되지 않는 하나의 학문적 견해가 되었다. 게다가 가장 최근의 학문적 발견들은 마법을 이상한 것 또는 협잡의 영역이라며 밀어내는 대신 오히려 마녀들의 직관들과 일치를 보인다. 스타호크는 이렇게 적고 있다.

"현대물리학은 이제 죽은 물질에서 분리된 개별적인 원자의 존재를 언급하지 않는다. 대신 에너지 흐름의 파동, 원자가 존재할 확률, 관찰 시 변화하는 현상들에 대해 말한다. 그러므로 현대물리학은 샤먼과 마녀들이 언제나 알고 있던 지식을 인정한 셈이다. 즉 에너지와 물질은 분리된 개별적 힘이 아니라 동일한 것의 다른 형태임을."[48]

그런데 우리는 지금 온갖 양상으로 지배가 강화되는 사실을 목도한다. 아무 거리낌 없이 인종차별주의와 여성혐오를 발언하는 한 억만장자를 세계 최강 국가의 수장으로 뽑은 선거는 이를 상징적으로 보여준다. 이런 상황에서 마법이 다시금 억압받는 자들의 무기로 나타났다. 회복 가망이 보이지 않는 때, 저물어가는 황혼에 마녀가 불쑥 나타난다. 그녀는 절망 가운데서도 희망의 저장고를 찾아내는 여성이다.

"우리가 새로운 도정의 첫발을 내디딜 때 생명, 풍요, 재생의 모든 힘이 우리 주변에 넘쳐날 것이다. 우리가 이 힘과 합치면 기적이 도래하리라."

스타호크는 2005년 태풍 카트리나 생존자들에게 도움을 주기 위해 함께 며칠을 보냈던 때를 이야기하며 이렇게 적었다.[49]

여권신장 옹호자들 사이에서 혹은 성소수자들과 반동적 이데올로기 지지자들 사이에서 대립이 격화되었다. 2017년 9월 6일, 켄터키주 루이스빌에서 지방 Witch 단체는 폐쇄 위기에 놓인 마지막 국립인공임신중절센터를 지키기 위해 시위를 했다.

---

48 Starhawk, *Femmes, magie et politique*, op. cit.

49 Starhawk, "Une réponse néopaïenne après le passage de l'ouragan Katrina"(에밀리 아쉬가 선정하고 소개한 생태여성주의 텍스트 모음집 *Reclaim*에 들어 있는 글), Émilie Notéris가 영어판을 번역한 Cambourakis, 'Sorcières', Paris(2016).

그들은 이렇게 외쳤다.

"미국의 종교적 광신도들은 1600년부터 여성의 권리를 십자가에 못 박고 있다."[50]

그 결과 고도의 과학기술과 시대착오적인 구식 압제자가 괴이하게 혼합되어 이루어진 시대정신이 나타났다. 마거릿 애트우드의 동명 소설을 각색한 미국 드라마 '시녀 이야기The Handmaid's Tale'는 이 점을 제대로 꿰뚫고 있었다. 마찬가지로 2017년 2월 한 마녀 집단은 대통령의 해임을 선동하고자 뉴욕 트럼프 타워 밑에서 집회를 열었다. 이 집회에는 여성 가수 라나 델 레이가 합류했다. 집회 주최자들은 '검은 줄, 유황, 깃털, 소금, 주황색 또는 흰색 초' 등에 더해 도널드 트럼프에게 '불이익을 줄 만한 사진들'을 준비물로 가져오라고 요청했다. 이에 대한 반격으로 국가주의적 기독교인들은 다윗의 〈시편〉을 암송하면서 이 영적 공격에 역공할 것을 권했다. 그들은 트위터에 해시태그를 단 #PrayerResistance[51]를 리트윗하게 했다. 묘한 분위기가 아닐 수 없다.

2015년 8월 출간된 매우 비정상적인 보고서에서 뉴욕 스타일의 사무실 K-Hole(2010년 창립되고 뉴욕에 소재한 트렌드 예측 집단)은 새로운 문화 경향, 즉 '혼돈의 마법'을 확인했다고 알렸다.

---

50   @ witchpdx on Instagram(2017. 9. 7).

51   Manon Michel, "Le jour où Lana del Rey est devenue une sorcière anti-Trump", LesInrocks.com(2017. 2. 17).

이 보고는 실수가 아니었다. 같은 해 이교도의식[52]을 따라 하는 100만 미국인 추종자들을 대상으로 앙케트를 실시한 여성 저자는 이렇게 증언했다.

"이 책을 쓰기 위해 연구 작업을 시작할 무렵, 이에 대한 내 설명을 듣던 이들은 멍한 눈으로 나를 바라보았죠. 그러다 책이 출간되자 사람들은 내가 시류에 편승했다고 비난했어요!"[53]

정신적 그리고(또는) 정치적 실천인 마법은 또한 하나의 미학이고 조류이며… 상업적 수단이다. 인스타그램에는 마법 관련 해시태그가 있고 엣시Etsy[전자상거래 사이트]에는 가상 매장이 있다. 마법으로 영향력을 발휘하는 여성들 및 일인회사들은 온라인에서 마법의 주문, 초, 마법서, 슈퍼 푸드, 방향유, 크리스털을 판매한다.

마법은 디자이너들에게도 영감을 준다. 각종 브랜드들이 앞다투어 마법을 낚아챈다. 이는 하나도 놀랍지 않은 상황으로, 요컨대 자본주의는 스스로 파괴했던 것을 상품으로 만들어 우리에게 되팔면서 시간을 보낸다. 그런데 이런 현상에는 어쩌면 자연적 친화력이 작용하는지 모른다. 장 보드리야르는 1970년 소비 이데올로기가 얼마나 마법의 사고에 젖은 것인지 조명하며

---

52 Alex Mar, *Witches of America*, Sarah Crichton Books, New York(2015).

53 Corin Faife, "How witchcraft became a brand", BuzzFeed.com(2017. 7. 26).

"기적의 정신 구조"[54]에 대해 언급한다. K-Hole은 한 보고서에서 마법의 논리와 브랜드 전략 논리를 비교한다.

"둘 다 창조적인 일이다. 차이가 있다면 브랜드의 광고 작용이 대중의 뇌에 사상을 주입한다면 마법은 당신의 뇌에 사상을 주입한다는 것이다."

마법에는 "상징과 주문"이, 브랜드에는 "그들만의 로고와 슬로건"[55]이 있다.

마법이 수익성 있는 개념이 되기 전부터 특히 뷰티 산업은 많은 여성이 마법에 대해 품는 막연한 향수에 기대어 부를 축적했다. 즉 여성들에게 화장품 단지와 유리병을 판매하면서 그 기적의 기능들을 팔고, 달라질 것을 약속하고, 마법의 세계로 빠져들게 했다.

프랑스 브랜드 가란시아는 의심의 여지 없이 그러하다. 그 브랜드의 제품 이름은 '초능력을 가진 마법의 오일', '마법의 칙칙', '마법의 물', '악마의 토마토', '마법사들의 가면무도회', '여드름아 사라져라!' 등이다.

럭셔리한 천연 제품인 수잔 카프만도 마찬가지다. 창업자는 "브레겐츠숲〔브레겐츠는 오스트리아 서부 포어아를베르크주에 있는 도시〕에서 자란 오스트리아 여성이다. 그녀의 할머니는 손녀인 그녀

54　Jean Baudrillard, *La Société de consommation*, Denoël, Paris(1970).

55　K-Hole, "K-Hole #5. A report on double", Khole.net(2015. 8).

에게 치료제로 쓰는 약초에 대한 열정을 물려주었다".[56] 영어 단어 'glamour'는 프랑스어 'charme'〔마력, 마법이라는 의미보다는 매력, 요염함이라는 의미로 쓴다〕와 마찬가지로 단순히 '아름다움', '찬란함'을 의미할 뿐 '마법'이라는 예전의 의미를 상실했다. 하지만 이제 쇼비즈니스와 그 단어를 제목 삼은 여성지와 결합해 하나가 되었다. 메리 데일리는 "가부장제는 우리에게서 우주를 빼앗아가고 《코즈모폴리턴Cosmopolitan》이라는 잡지와 코스메틱 제품들의 형태로 우리에게 돌려주었다"고 요약한다.[57]

여성 저명인사가 자신의 피부 관리법과 총체적으로는 자신만의 몸매와 건강 관리법을 알려주는 여성지의 '평범한 일상daily routine'이라는 미용 칼럼은 나를 포함해 많은 사람들이 공유할 만큼 널리 영향력을 발휘한다.

이러한 정보를 제공하는 역할을 하는 유튜브 채널들과 인터넷 사이트들도 있어서 이곳에서 여성지에 들어 있는 정보를 얻을 수 있으며 그중 미국 Into the Gloss가 가장 유명하다. 코스메틱 계열의 정보매체는 모두 찾아보기에는 엄청난 시간과 에너지, 돈이 필요할 정도로 무궁무진하다. 이런 미용 칼럼의 목적은 여성 소비자들을 쉴 새 없이 미용 정보들 속에 파묻히게 하고 브

---

56   블로거 Lili Barbery가 소개하는 "Lili's Week List #5", Lilibarbery. com(2017. 10. 18).

57   Mary Daly, *Gyn/Ecology. The Metaethics of Radical Feminism*(1979), Beacon Press, Boston(1990).

랜드와 제품들에 대한 집착을 유지시키는 데 있다. 이렇듯 여성들끼리 주고받는 비법과 보통 인터뷰를 받는 사람이 자신의 어머니에게 배운 특별히 전문가다운 능력, 식물의 유효성분과 사용법에 대한 지식, 규범 등을 가르치고 간혹 혼란스런 일상에 질서, 평정, 즐거움의 느낌을 불어넣는 것을 목적으로 하는 미용 칼럼 '평범한 일상'은 마녀들의 교리 전수가 강등된 형태로 볼 수 있을 듯하다. 미용을 위한 '의식들'이라는 말을 사용할 뿐 아니라 이 의식을 가장 훌륭하게 치르는 여성들을 '여제관들'이라 부를 정도이므로.

역사가 세계를 가공하는 방식

그럼에도 앞으로는 적어도 글자 그대로의 의미에서의 현대 마법은 매우 드물게 언급될 것이다. 그보다 나의 관심사는 여기서 대강의 줄기만 말했던 역사를 기반으로 유럽과 미국에서 벌어진 마녀사냥의 후예를 탐색하는 데 있다. 마녀사냥은 여성에 대한 편견과 일부 여성이 겪었던 치욕을 드러냈고 또한 이를 증폭시켰다. 마녀사냥은 일부 여성의 행동과 존재방식을 억압했으며, 우리는 수세기에 걸쳐 계승되고 벼리어진 그 표현들을 유산으로 물려받았다. 여성에 대한 이 부정적 이미지들은 최선의 경우 검열이나 자기검열, 장애들을 계속해서 만들어내고, 최악의 경우 혐오감을 일으키고 나아가 폭력을 야기한다.

　그런데 이 부정적 이미지들을 비판적 관점에서 검토하려는 성실한 의지를 널리 공유한다 해도 우리로서는 이 이미지를 대체할 여성의 다른 이미지를 과거에서 찾을 수 없다. 프랑수아즈 도본이 적고 있듯이 "현대인들은 자신들이 알지 못하고 그 기억마저 사라져버릴 사건들에 의해 만들어졌다. 이러한 사건들이 일어나지 않았다면 그들의 모습은 지금과는 달랐을 테고, 어쩌면 사고하는 방식도 달랐으리란 사실을 부정할 순 없다."[58]

　탐색할 영역이 매우 광범위하지만 나는 이 역사의 네 가지 측면에 집중하고 싶다. 먼저 모든 여성 독립의 의지를 꺾으려는 공격이 있다(1장). 마법으로 고발당한 여성들 가운데 독신녀와 미망인, 다시 말해 한 남성에 종속되지 않은 모든 여성은 불필요한 설명들을 덧붙여 부각시킨다.[59] 당시 여성들은 일터에서 차지한 자리에서 쫓겨났고 동직 조합에서 제명당했다. 말하자면 직업 교육을 받는 것은 합법적인 일이었지만 실제 노동 세계에 진출하는 것은 법적으로 금지되었다. 혼자 사는 여성은 누구보다도 "견딜 수 없는 경제적 압박"[60]을 받았다. 독일에서 명장들의 미망인들은 남편이 죽고 나면 함께하던 일도 그만두어야 했다. 법적으로 일하는 것을 허용하지 않았기 때문이다. 기혼 여성들

58　Françoise d'Eaubonne, *Le Sexocide des sorcières*, op. cit.

59　Guy Bechtel, *La Sorcière et l'Occident*, op. cit.

60　Anne L. Barstow, *Witchcraze*, op. cit.

에 대해 말하자면 11세기부터 유럽에 재도입된 로마법은 여성의 법적 무자격을 확고히 하면서도 자립의 가능성을 남겨주었지만 16세기에 이르면 가능성의 문이 다시 닫힌다.

장 보댕은, 즐거운 소일거리였던 그의 악마 연구를 점잖게 잊는다면 그가 《국가론 6서》에서 보여준 국가론 덕분에 명성이 높은 법학자로 남을 수 있다. 그런데 여성 정치학자 아르멜 르 브라-쇼파드Armelle Le Bras-Chopard는, 국가와 가정을 관리하는 그의 주목할 만한 관점에 관심을 집중시킨다. 그에 따르면 가정과 국가의 올바른 관리는 모두 남성의 지배를 받을 때 안전하고 이 둘은 서로를 보강한다. 이러한 그의 관점은 그가 마녀들에 대해 보이는 집착과 무관하지 않을 듯싶다. 프랑스에서는 1804년 민법전에서 공식적으로 기혼 여성의 사회적 능력 상실을 인정한다. 이렇게 마녀사냥은 제 임무를 마친다. 즉 법이 "모든 여성의 자립을 법적으로 막으니 이른바 마녀라 칭하는 여성을 화형하는 일이 사라졌다."[61]

오늘날에도 여성의 독립은, 그것이 법적으로나 물질적으로 가능하다 해도 일반적으로 회의적 반응을 야기한다는 면에서는 변함이 없다. 여성이 자기희생적 방식으로 남편이나 자녀들과 맺는 관계는 여전히 여성 정체성을 구성하는 핵심으로 남는다. 또한 고독을 두려워하도록 가르치고 대체로 자신의 자립 능력을

---

61   Armelle Le Bras-Chopard, *Les Putains du Diable*, *op. cit.*

미개발 상태인 채 묻어두는 것이 딸들을 가르치고 사회화하는 방식이다. 그리고 동정과 비웃음의 대상이 되어버린 아무도 원하지 않는 여성, 즉 '고양이를 키우는 독신녀'의 뒷모습에서 악마의 '사마使魔'라며 쫓아냈던 그 옛날 가공할 마녀의 그림자를 찾는다.

예전의 마녀사냥 시기에는 낙태와 피임을 처벌하는 형벌이 있었다. 1556년 프랑스에서 발포된 법은 임신한 모든 여성은 임신을 신고하고 분만 시 증인을 배치하도록 의무화했다. 당시 영아 살해는 특별한 중죄였다. 그러나 이는 마법에 의한 것이 아니었다.[62] '마녀들'을 대상으로 한 고발장을 보면 종종 아이를 죽게 했다는 죄목이 나타난다. 예를 들면 마녀집회에서는 아이의 시신을 탐욕스레 먹는다고 했다. 마녀는 "반-어머니"[63]였다. 피고 여성들 중 적지 않은 여성들이 치료사로서 산파 역할을 하고 피임이나 낙태를 원하는 여성들을 돕는 일을 했다.

실비아 페데리치에 따르면 마녀사냥은 자본주의에 필요한 노동의 성별 분업을 준비하게 했다. 이 분업은 남성들에게는 유급 노동을, 여성들에게는 출산과 미래의 노동자 교육을 할당했다.[64] 이 분업 할당은 오늘날까지 이어져 내려온다. 자녀를 갖거나 갖지 않는 것은 자유지만 단, 여성들이 아이 갖기를 선택한다

---

62   Anne L. Barstow, *Witchcraze, op. cit.*

63   Armelle Le Bras-Chopard, *Les Putains du Diable, op. cit.*

64   Silvia Federici, *Caliban et la sorcière, op. cit.*

는 조건하에서다. 아이를 원치 않는 여성들은 간혹 비정한 사람으로 혹은 남의 아이에게 악의를 품은 막연히 나쁜 사람으로 인식된다(2장).

마녀사냥은 또한 늙은 여성에 대해 매우 부정적인 이미지를 의식 깊숙이 각인시켰다(3장). 물론 젊은 '마녀들'도 모두 화형을 당했다. 심지어 소년 소녀들, 예닐곱 살 먹은 어린아이들도 모두. 외모가 혐오스러운 데다 축적된 경험 때문에 특히 위험한 인물로 간주되던 나이 많은 노파들은 마녀사냥이 "선호하는 사냥의 희생자들"[65]이 되었다. "고령의 노인은 마땅히 누려야 할 애정과 돌봄을 받기는커녕 마법으로 고발당하는 일이 너무 흔했던 나머지 이 시기 북유럽에서는 늙은 여성이 자기 침대에 누워 죽는 걸 매우 이례적인 일로 여길 정도였다"고 마틸다 조슬린 게이지는 쓰고 있다.[66]

벨기에 캥탱 마시, 독일 한스 발둥, 스위스 니클라우스 마누엘 도이치 등의 화가들, 롱사르, 뒤 벨레 등의 시인들[67]이 보여주는 늙은 여성에 대한 집요한 증오심은 당시 확산되던 청춘 숭배 분위기와 더불어 여성들의 장수로 설명할 수 있다.

더욱이 자본주의의 도래를 준비하는 시초 축적 과정 동안

---

65 Guy Bechtel, *La Sorcière et l'Occident, op. cit.*

66 Matilda Joslyn Gage, *Woman, Church and State, op. cit.*

67 이들은 특히 늙은 여성들의 신체에 대해 매우 불쾌한 텍스트를 쓴 호라티우스와 오비디우스 같은 저자들이 구현했던 고대 전통을 이렇게 되살린다.

영국에서 '인클로저운동'이라고 불렸던, 예전의 공공 부지 토지의 사유화는 특히 여성에게 불이익을 주었다. 남성은 유급 노동에 쉽게 접근할 수 있었는데 이는 생계를 잇는 유일한 수단이었다. 반면 여성은 남성에 비하면 암소를 방목하고 땔감이나 목초를 거둬들이는 공유지에 더 의존했다.[68] 이 과정은 여성의 자립을 무너뜨렸으며 자식의 부양을 기대할 수 없는 고령의 노파가 비렁뱅이 신세로 전락하게 했다. 이제 부양받아야 할 군식구 처지가 된 폐경기 여성은 이전에 비해 언행이 훨씬 자유로워지는 바람에 종종 없애야 할 골칫거리 신세가 되기도 했다. 또한 노파는 그녀를 악마와 결탁하도록 부추긴, 젊은 시절보다 한층 탐욕스러워진 성욕 때문에 생기가 넘친다고 생각했다. 노파의 욕망은 기괴하고 혐오스러운 것으로 비쳤다. 오늘날 나이가 들면 여성은 볼품없어지는 반면 남성은 더 나아 보인다거나, 연애와 부부관계에서 여성이 나이 때문에 불이익을 받는다는 식의 사고방식은 대체로 계속해서 우리의 상상 세계를 사로잡고 있는 표현들, 바로 고야에서 월트 디즈니에 이르기까지 이들이 그린 마녀들 모습 때문이라고 추정할 수 있다.

어찌 되었든 여성의 노화는 여신히 추하고 수지스럽고 위협적이고 악마적인 것으로 남아 있다. 자본주의 체제 확립에 필수적인 여성의 노예화는 노예들, 식민지 피지배자들, 자원과 무급

68　Sivia Federici, *Caliban et la sorcière, op. cit.*

노동을 공급하는 자들, 즉 하급이라고 선고받은 사람들의 노예화와 병행한다는 것이 실비아 페데리치의 주장이다.[69]

또한 여성의 노예화는 자연 삼림의 정기적 벌목 및 지식의 새로운 개념 확립과 동일한 시기에 일어났다. 이때 여성에 대한 무시를 자양분 삼는 거만한 학문이 생겨난다. 여성은 비합리, 감정, 히스테리, 지배해야 하는 자연과 연결된다(4장). 특히 현대 의학은 이러한 전형을 기반으로 구축되었으며, 마녀사냥과 직접적 관계가 있다. 마녀사냥은 당시의 정식 의사들이 대체로 그들보다 훨씬 유능한 여성 치료사들과의 경쟁을 면하게 해주었다. 현대 의학은 환자와 구조적으로 공격적 관계를 맺는 것을 유산으로 물려받았다. 그리고 사회연결망 덕분에 몇 년 전부터 점점 증가 추세인 학대와 폭력에 대한 고발이 증언하듯이 현대 의학은 여성 환자에게 더욱더 공격적이다.

그다지 합리적이지 못할 때가 잦은 우리의 '이성' 예찬과 이제는 너무 습관이 되어 인식조차 하지 못한 채 우리가 자연과 맺는 적대적 관계는 항상 재검토 대상이 되어왔다. 지금은 그 어느 때보다 이 재검토가 시급하다. 때때로 이런 재검토는 젠더의 모든 논리를 뛰어넘지만 간혹 여성주의 관점에서 실행되기도 한다. 몇몇 여성 사상가들은 동시에 지배받은 두 영역, 즉 자연과 여성이 회복되려면 사실 지배로 인한 후유증의 해결법을 함께

---

69   위와 같음.

찾는 것이 절대적으로 필요하다고 평가한다. 뿐만 아니라 그녀들은 자신들이 체제 내부에서 겪는 불평등에 대해 이의 제기를 하는 데 더해 이 체제 자체를 비판하는 용기를 낸다. 다시 말해 그녀들은 명백히 자신들에 반하여 구축된 지식의 양태와 상징의 질서를 뒤엎고자 한다.

용감해지려면 심장이라도 먹어야 할까?

이런 주제들을 두고 완벽을 바란다면 무리다. 나는 다만 나의 숙고와 독서들이 열어주었던 길을 그때그때 제시할 생각이다. 이를 위해서는 앞서 설명한 금기들에 가장 멋지게 도전했던 여성 작가들의 도움을 받고자 한다. 어떤 측면에서는 독립적 삶을 영위하면서 나이들고, 자신의 몸과 성에 주도권을 갖는 삶은 여전히 여성에게 금지된 채 남아 있기 때문이다.

내가 기댈 여성 작가들은 요컨대 나에게는 현대의 마녀들과 같다. 그녀들의 힘과 통찰력은 어릴 적 플로피 르 르두만큼이나 나를 자극하고, 가부장제의 엄청난 위력과 명령을 물리치고 요리조리 피할 수 있도록 도움을 준다. 페미니스트로 규정되든 그렇지 않든 그녀들은 포기를 거부하며, 자신의 자유와 능력을 마음껏 발휘하고 자신의 욕망과 가능성을 탐사하면서 한껏 스스로를 즐긴다.

그러면서 그녀들은 일종의 사회적 제재에 노출된다. 이때의 제재는 저마다 깊이 생각해보지도 않고 비난과 반사적 행동을 하며 거드는 것을 말한다. 여성이라면 어떠해야 한다는 편협한 규정은 그만큼 깊게 뿌리내리고 있다. 그녀들이 깨트린 금기들을 하나하나 되짚어보는 일은 우리가 일상에서 어떤 억압을 감내하는지 따져보는 동시에 그녀들이 보여주었던 대담함을 헤아려보는 계기가 될 것이다.

나는 어떤 글에서 반농담조로 '겁쟁이'파 페미니즘을 만들자고 제안한 적이 있다.[70] 공손하고 친절한 부르주아인 나는 하나라도 내가 눈에 띄는 행동을 했다는 생각이 들면 안절부절못한다. 그러므로 내가 대열에서 이탈하는 것은 오로지 어쩔 수 없을 때, 내 확신과 열망이 나에게 강요할 때만이다. 그런 스스로에게 용기를 주기 위해 나는 이러한 책들을 쓴다.

나는 정체성 형성에 도움을 주는 롤 모델들에게 자극받는 게 얼마나 중요한지 안다. 몇 년 전 한 잡지에서 흰머리를 염색하지 않은 각 연령층 몇몇 여성의 프로필을 작성한 적이 있다. 언뜻 대수롭지 않은 선택으로 보일 수 있는 염색 거부라는 선택은 이내 마녀의 유령을 소환한다. 그녀들 중 하나인 디자이너 아나벨 아디Annabelle Adie는 1980년대에 완전히 백발이었던 크리스티앙 라크루아의 젊은 모델 마리 세즈넥을 발견했을 때 자신이 받았

---

70   Mona chollet, *Chez soi, op. cit.*

던 충격을 회상했다.

"패션쇼 행렬에서 그녀를 보았을 때 나는 압도되었어요. 그때 나는 20대였는데 이미 반백이었어요. 그녀는 나의 신념을 굳건히 다지는 계기가 되었어요. 내 인생에 결코 염색은 없다!"[71]

최근에는 패션 저널리스트인 《엘》의 전 편집장 소피 퐁타넬이 머리를 더 이상 염색하지 않겠다는 자신의 결정을 한 권의 책으로 풀어 쓰고는 '하나의 출현'이라는 제목을 붙였다. 이 출현은 염색으로 감추고 있던 눈부신 자아의 출현인 동시에 카페테라스에서 본 한 인상적인 백발 여성의 출현을 말한다.[72] 그 여성은 저자가 망설이고 있던 백발을 결행하게끔 자극을 주었다.

미국에서는 1970년대에 독신으로서의 삶에 만족하는 여성 저널리스트를 주인공으로 한 시트콤 〈메리 타일러 무어 쇼〉〔여배우 메리 타일러 무어가 주연을 맡았다〕가 방영되었는데 이는 일부 여성 시청자들에게는 뜻밖의 발견이었다.

2006년 여성 최초로 미국 TV에서 저녁 메인 뉴스를 혼자 맡은 케이티 쿠릭Katie Couric은 시트콤의 여주인공에 대해 이렇게 회상했다.

"혼자서 생활비를 벌고 자유롭게 사는 그 여성을 보면서 나

---

71 Diane Wulwek, "Les cheveux gris ne se cachent plus", *Le Monde* 2(2007. 2. 24).

72 Sophie Fontanel, *Une apparition*, Robert Laffont, Paris(2017). Mona Chollet, "La revanche d'une blande", La Méridienne. info(2017. 6. 24) 참고.

도 '저렇게 살고 싶다'[73]고 생각하곤 했어요".

작가 팜 휴스턴은 자신이 어떻게 아이를 낳지 않게 되었는지에 대한 변천 과정을 다시 서술하면서 1980년 오하이오 데니슨 대학에서 페미니즘을 연구하는 교수에게 받은 영향을 떠올렸다. '키가 크고 우아했던' 낸 노비크 교수는 귀고리 대신 자궁 내 피임 기구IUD[74]를 달고 다니곤 했다[75]….

히드라섬〔에게해 사로니코스만에 있는 그리스 섬 가운데 하나〕여행에서 돌아온 한 그리스 여자 친구는 그 지역 작은 박물관에 터키인들과 가장 맹렬한 전투를 벌인 섬 선원의 심장을 방부 처리해 전시해놓은 것을 보았다는 말을 해주었다.

"그 심장을 먹으면 그만큼 용맹한 사람이 되리라 생각하니?"

친구는 이렇게 묻고서는 몽상에 빠져들었다. 그처럼 극단적 수단의 도움을 받을 필요는 없다. 누군가의 힘을 자신의 것으로 취하는 문제라면 하나의 이미지나 사고와 접하는 것만으로도 탁월한 효과를 내기에 충분하다. 의도적이건, 자기도 모르는 새였건 서로에게 손을 내밀고 서로의 발판이 되어주는 여성들의 방식은 인스타그램의 수많은 계정과 잡지의 가십난을 지배하는

73　Rebecca Traister가 *All the Single Ladies. Unmarried Women and the Rise of an Independent Nation*, Simon & Schuster, New York(2016)에서 인용.

74　Intrauterine Device(IUD)는 피임 기구로 잘못 일컬어지는 자궁 내 기구.

75　Pam Huston, "The trouble with having it all", in Meghan DAUM (dir.), *Selfish, Shallow, and Self-Absorbed. Sixteen Writers on the Decision Not to Have Kids*, Picador, New York(2015).

'과시욕'과는 정반대 논리를 보여준다. 여성의 방식은, 욕망과 욕구불만, 나아가 자기혐오와 절망만을 불러일으키는 데 적합한 완벽한 인생이라는 환상을 유지하는 방식이 아니다. 그보다는 결점과 약함이 있더라도 속임수 없이 자극하면서 건설적 동일화를 허용하는 너그러운 초대 같은 것이다. 첫 번째 태도는 전통적 여성성의 원형, 즉 완벽한 가정주부 또는 어머니라는 유행 판화를 가장 잘 구현할 여성의 자격을 위해 광범위하고 영리가 목적인 경쟁에서 영향력을 가진다. 반대로 두 번째는 이 원형들에 비해 일탈의 삶을 북돋는다. 그것은 여성 원형이 보여주는 삶에서 벗어나 존재하고 성숙해지는 것이 가능함을 보여준다. 또한 교묘하게 협박하는 담론이 우리를 설득하려는 것과 반대로 바른길에서 벗어난다고 해도 숲속 한 귀퉁이에서 천벌이 우리를 기다리는 게 아니란 사실을 보여준다. 어쩌면 당신이 모르는 비밀을 다른 사람들은 '알며' 가지고 있다는 생각은 항상 어느 정도 이상화나 환상을 품고 있는지도 모른다. 그런데 여기서 말하는 이상화는 적어도 가능성의 날개를 달아주지 주눅들게 하고 낙담하게 하는 것이 아니다.

미국의 지성인 수전 손택(1933~2004)의 몇몇 사진을 보면 검은 머리 가운데 흰머리가 무더기로 잔뜩 섞여 있다. 이 흰머리는 일정 부분 선천성 색소 결핍증의 표시였다. 역시나 흰머리가 생긴 소피 퐁타넬은 1460년 부르고뉴에서 욜란드라는 한 여성이 마녀로 간주되어 불타 죽었다는 이야기를 해준다. 삭발당한 욜란드의 머리에는 백색증으로 인한 탈색 자국이 있었다. 당시 그것은 악마의 표시처럼 보였다.

얼마 전 나는 수전 손택의 사진들 중 하나를 다시 보면서 그녀가 아름답다는 생각을 했다. 하지만 25년 전 그녀의 모습에서는 약간 거슬리고 혼란스럽게 하는 무언가를 느낄 수 있었다. 당시 그녀에 대해 잘 알지도 못하던 때였는데 그녀 모습은 마치 월트 디즈니의 〈101마리 달마시안〉에 나오는 흉측하고 불길한 크루엘라를 떠올리게 했다. 그러한 인식을 했다는 단순한 사실은 그녀 그리고 그녀와 비슷한 다른 모든 여성을 보는 나의 지각에 끼어 있던 불길한 마녀의 그림자를 사라지게 했다.

퐁타넬은 책에서 자신이 왜 자기 흰머리의 흰색을 아름답다고 생각하는지 그 이유들을 열거한다.

"아름답고 하얀 많은 것들처럼 희다. 그리스 석회로 그린 벽화, 이탈리아 카라라 지역의 대리석, 해수욕장의 모래, 조개껍데기 자개, 칠판 위 분필, 우유 목욕, 입맞춤의 찬란함, 눈 덮인 언덕, 오스카상을 수상한 캐리 그랜트의 머리, 그리고 겨울 눈 속으로 나를 데리고 가는 나의 어머니."[76]

이 많은 연상들은 여성혐오라는 무거운 과거에서 유래한 관념의 연합들을 조용히 쫓아낸다. 나는 여기에 일종의 마법이 있다고 본다. 〈브이 포 벤데타〉 원작자인 만화작가 앨런 무어는 마

---

76 Sophie Fontanel, *Une apparition, op. cit.*

법을 다루는 문헌에서 이렇게 말했다.

"나는 마법이 예술이라 생각하고, 예술은 글자 그대로 마법이라고 생각한다. 마법과 마찬가지로 예술은 의식에 변화를 일으키기 위해 상징들, 단어들 또는 이미지들을 다룬다. 사실 주문을 건다는 것은 사람들 의식을 바꾸기 위해 단순히 말하고 단어들을 조작하는 것이다. 그리고 그런 이유에서 나는 예술가 또는 작가는 현대 세계에서 샤먼과 가장 가깝다고 생각한다."[77]

축적된 이미지와 담론의 층에서 우리가 불변의 진리로 여기던 것을 몰아내고, 부지불식간에 우리를 가두는 표현들에서 임의적이고 중요하지 않은 면을 명백히 밝히고, 이 표현들을 우리를 충만하게 살도록 만들어주고 우리에게 동의를 보내는 표현들로 바꾸는 것, 바로 여기에 인생 마지막 날까지 내가 행복하게 실행할 마법의 형식이 존재한다.

---

[77] *The Mindscape of Alan Moore*, 2003년 Dez Vylenz가 만든 다큐멘터리.

1장

자기만의 인생

재앙이 된 여성 독립

"안녕하세요? 글로리아, 마침내 당신과 얘기할 기회를 갖게 되어 정말 기쁩니다."

　1990년 3월 어느 날, CNN의 래리 킹은 미국 여성주의의 존엄한 거물 글로리아 스타이넘을 맞이했다. 그리고 그녀와 오하이오주 클리블랜드에 사는 한 여성 시청자를 전화 연결했다. 그녀의 목소리는 부드러웠으며 스타이넘의 팬으로 짐작되었다. 하지만 그 추측이 잘못임을 이내 깨닫게 되었다. 감미로운 목소리는 말했다.

　"난 당신의 운동이 완전히 실패했다고 생각해요. 난 당신이 우리의 아름다운 가정과 미국 사회를 쇠퇴하게 만든 주범 가운데 하나라고 생각합니다. 몇 가지 질문이 있어요. 그러니까 당신이 결혼은 했는지, 자녀는 있는지 알고 싶어요."

초대 손님은 매우 침착하게 연거푸 두 번이나 "아뇨"라고 당당하게 대답했다. 진행자가 그녀 말을 재치 있게 전달하려고 끼어드는 바람에 말이 끊긴 익명의 복수자는 결론으로 이런 말을 던졌다.

"난 글로리아 스타이넘이 불지옥에 떨어져야 한다고 생각해요!"[1]

1934년에 태어나 1970년대 초 여권신장운동을 위해 매우 적극적으로 활동한 저널리스트 글로리아 스타이넘은 늘 적들로 인해 애를 먹었다. 무엇보다도 그녀의 미모와 수많은 애인은 고전적 주장들을 무력화했다. 즉 페미니스트들의 요구는 어떤 남성한테도 선택받지 못한 못생긴 여성들의 욕구불만과 쓰라림을 가리기 위한 것일 뿐이라는 주장이다. 게다가 그녀가 살았던 삶이면서 여전히 살고 있는 삶, 즉 생동감 넘치고 강렬한 삶, 여행과 발견, 투쟁과 글쓰기, 사랑과 우정이 소용돌이치는 그녀의 삶은 육아와 커플의 삶 없이는 여성의 인생이 의미 없다고 생각하는 이들에게 보기 좋은 한 방을 날렸다. 왜 결혼하지 않느냐고 묻는 기자에게 그녀가 남긴 대답은 아직도 유명하다.

"난 포로가 되게 하는 짝짓기는 할 수 없어요."

그랬던 그녀가 예순여섯이라는 나이에 이 행동 지침을 어긴

---

1   Peter Kunhardt의 다큐멘터리에서 재상영한 시퀀스, *Gloria. In Her Own Words*, HBO(2011).

다. 이유인즉 남아프리카공화국 출신이던 당시 애인이 미국 영주권을 얻어 미국에 남도록 하기 위해서였다. 그녀는 오클라호마에 사는 친구이자 아메리칸 인디언의 리더 윌마 맨킬러[현존하는 아메리칸 인디언 부족 중 최대 규모인 체로키 부족에서 최초로 여성 족장으로 선출된 인물] 집에서 그와 결혼식을 올렸다. 체로키 부족식으로 치른 결혼식 후에는 '환상적 아침 식사'가 이어졌다. 이 결혼을 위해 그녀는 자신의 '가장 멋진 청바지'를 입었다. 그러고 나서 3년 후 그녀의 남편은 암으로 사망했다.

"우리가 공식적으로 결혼한 사이라서 그런지 그가 내 인생의 사랑이고, 내가 그의 인생의 사랑이라고 생각하는 이들이 있어요" 하고 스타이넘은 몇 년 뒤 미국 여성 독신의 역사를 탐문하던 기자 레베카 트레이스터에게 털어놓았다.

"정말이지 인간의 특성을 전혀 이해하지 못하는 사고방식이죠. 그는 나와 결혼하기 전에 두 번 결혼했고 그에게는 훌륭한 성인 자녀들이 있어요. 나 또한 여러 남성을 만나 행복한 일들을 경험했고, 그들은 여전히 나의 친구이자 내가 선택한 가족으로 남아 있어요. 인생을 살며 애인이 단 한 사람인 사람들도 있지만 대부분의 경우는 그렇지 않죠. 그리고 우리의 모든 사랑은 저마다 매우 중요하고 유일한 거예요."[2]

1960년대 말까지 미국 페미니즘에서는 1963년 큰 반향을

---

2 Rebecca Traister, *All the Single Ladies, op. cit.*

일으킨 이상적 주부 모델에 대한 비평서 《여성성의 신화》[한국어판은 갈라파고스(2018)]의 저자 베티 프리던 같은 성향이 주류를 이루었다. 프리던은 "평등을 원하는 동시에 계속해서 남편과 아이들을 사랑하는 여성들"을 옹호했다. 그리고 결혼 그 자체에 대한 비판은 동성애자들의 인권운동이 시작되고, 레즈비언들의 활동이 가시적으로 크게 부각되면서 사회운동에 녹아들었다. 하지만 그때까지만 해도 이성애자이면서 비혼을 원한다는 것은 많은 활동가들에게 있을 수 없는 일로 보였다.[3] 그러니까 '적어도 글로리아가 나타나기 전까지는'.

1973년 《뉴스위크》는 그녀와 그 밖의 몇몇 사람들 덕분에 "마침내 여성이 독신인 동시에 전인적 존재로 사는 게 가능하다는 사실"을 인정했다. 1970년대 말의 이혼율은 가히 폭발적이어서 50%에 육박했다.[4]

---

3   물론 이 말이 이전에는 결혼에 대한 비판이 결코 없었다는 의미는 아니다. 예를 들어 Voltairine de Cleyre, *Le mariage est une mauvaise action*(1907), Éditions du Sextant, Paris(2009) 참고.
4   Rebecca Traister, *All the Single Ladies, op. cit.*

생계비 및 부정 수급

그리고 관습에 맞서기

이번에도 역시 미국 백인 여성주의자들이 영리했음을 정확히 밝힐 필요가 있다. 한편 노예의 후손인 흑인 여성들은 결코 베티 프리던이 규탄한 하녀의 이상형을 따른 적이 없다. 1921년 아프리카계 미국 여성으로서는 처음으로 경제학 박사 학위를 받은 새디 알렉산더Sadie Alexander가 1930년부터 여성 노동자의 신분을 이론화했던 것처럼 그녀들은 용감하게 노동자로서의 사회적 지위를 요구했다.[5] 여기에 정치적 참여 및 공동체 참여라는 오랜 전통이 더해진다.

예를 들어 아네트 릭터Annette Richter 같은 놀라운 인물이라면 글로리아 스타이넘만큼 유명 인사가 될 자격이 있을 듯싶다. 그녀는 글로리아 스타이넘과 같은 나이에 그녀처럼 혼자 살았고 자녀도 없다. 우수한 성적으로 학업을 마친 후 평생 워싱턴 정부를 위해 일했으며 그녀의 고조할머니가 아직 노예였을 때인 1867년에 설립한 흑인 여성들의 비밀 공제 조합을 맡아 운영하기도 했다.[6]

---

5 Stephanie Cootz, *A Strange Stirring. "The Feminine Mystique" and American Women at the Dawn of the 1960s*, Basic Books, New York(2011).

6 Kaitlyn Greenidge, "Secrets of the South", Lennyletter.com(2017. 10. 6) 참고.

2차 대전 후 경제 상황이 나빠짐에 따라 아프리카계 미국 여성 가운데 비혼 여성이 증가했으며, 백인 여성들보다도 훨씬 먼저 혼외 자녀들을 갖기 시작했다. 바로 이 문제 때문에 그녀들은 1965년부터 노동부 차관 패트릭 모이니한의 힐난을 들어야 했다. 그는 그녀들이 '미국 사회의 가부장제'를 위험에 빠트리고 있다고 비난했다.[7]

1980년대 들어 로널드 레이건 대통령이 재임하면서부터 보수적 담론은 '복지 여왕welfare queen'이라는 망신을 줄 본보기를 만들어냈다. 그 주인공은 흑인일 수도 백인일 수도 있지만 어쨌든 첫 번째 사례가 선정되면서 암암리에 인종차별적 의미를 덧붙인 것이다. 10년이 넘도록 대통령이 직접 나서서 이 '여왕들' 중 한 사람에 대해 '꾸며낸' 이야기를 퍼트렸다. 그는 그녀가 "여든 개의 이름과 서른 개의 주소, 열두 개의 사회복지 카드"를 사용했다는 뻔뻔한 거짓 사실을 주장했다. 그래서 그녀의 순수입은 '15만 달러' 이상이 되어버렸다.[8] 요컨대 프랑스에서도 파다한 '생활보조금 수급자들'과 '부정 수급자들'에 대한 고발, 그것도 여성 수급자에 대한 고발이었다.

플로리다 주지사를 뽑는 선거전 동안 젭 부시는 생활보조금

---

7 Rebecca Traister가 *All the Single Ladies, op. cit.*에서 인용.
8 Serge Halimi, *Le Grand Bond en arrière*(2004), Fayard, Paris(2006) 참고(이 책의 제목은 '뒤로 대약진'이라는 뜻으로 모택동의 '대약진운동'을 암시한다).

을 받는 여성은 "남편을 구해서 생활을 해결하는 편"이 훨씬 나을 거라는 말을 했다.

1990년대 초 캘리포니아를 배경으로 전개되는 아리엘 고어의 소설 《우리는 마녀들이었다》의 여주인공인 젊은 백인 미혼모는 캘리포니아 외곽 지역에 정착한 지 얼마 되지 않아서 새로 이웃이 된 여성에게 푸드 스탬프〔쿠폰이나 전자카드 형태로 식비를 제공하는 미국의 저소득층 지원 제도〕로 생계를 잇는 자신의 사정을 털어놓는 실수를 저지른다. 이웃집 여성의 남편은 이야기를 전해 듣고는 창문을 열고 그녀에게 소리 지르며 욕설을 퍼부었고 그녀의 우편함에 배달된 수표책을 훔치기까지 한다. 그러던 어느 날 외출했던 젊은 여성이 딸과 함께 집으로 돌아오니 문 앞에 인형이 매달려 있었고 그 인형에는 빨간 페인트로 "죽어버려, 생활보조금을 받는 이 잡년"이라고 적혀 있었다. 이 일로 그녀는 황급히 이사를 갈 수밖에 없었다.[9]

2017년 미시간 법원은 강간으로 태어난 여덟 살 아이의 생부를 찾기 시작한다. 이어서 법원은 독단적으로 찾아낸 강간범에게 친권과 아이를 방문할 권리를 부여한다. 아이의 출생증명서에는 생부의 이름을 기입했고 그에게 피해자의 주소를 알려주기도 했다. 젊은 여성은 이렇게 설명했다.

"나는 식비 쿠폰을 받았고 아들 몫의 건강보험료를 받고 있

9   Ariel Gore, *We were Witches*, Feminist Press, New York(2017).

어요. 내 생각에 그들은 경비를 아낄 방도를 찾으려는 것 같았어요."[10]

그러니 여성은 주인이 있어야 했다. 비록 그가 열두 살 때 그녀를 납치해서 감금했던 자일지라도.

빌 클린턴은 이미 매우 엉성하게 되어 있는 사회안전망[11]을 그나마 더 망가트렸다. 그의 주도하에 이루어진 1996년 사회복지법 개혁을 처참하게 만들었던 장본인 중 한 사람은 2012년에도 여전히 결혼이 "빈곤 예방을 위한 최고의 무기"라고 말하곤 했다. 레베카 트레이스터는 결국 모든 게 역행하는 결과를 냈다고 결론 내린다.

"정치가들이 결혼 수효의 감소를 걱정하는 건 생활보조금의 총액을 늘려야 하기 때문이다."

그도 그럴 것이 최소한의 경제적 안정을 누릴 때 더 쉽게 결혼을 하기 때문이다.

"그들이 빈곤을 걱정하는 건 그들이 생활보조금 총액을 늘려야 하기 때문이다. 이 또한 매우 단순한 문제다."

그녀는 이렇게 백인 남성들, 그중에서도 특히 '기혼이고 부자인 백인 남성들'이 자신들의 자립을 보장받기 위해 보조금이

---

10 Mike Martindale, "Michigan rapist gets joint custody", *The Detroit News*(2017. 10. 6).

11 Loïc Wacquant, "Quand le président Clinton 'réforme' la pauvreté", *Le Monde diplomatique*(1996. 9) 참고.

네, 대여금이네, 세금 삭감이네 등등 하며 오랜 세월 동안 '국가-배우자'의 도움을 받아왔으면서 비혼 여성이 실제로 '국가-남편'의 도움을 요구했기로서니 그렇게까지 분노할 만한 일이냐고 지적한다.[12]

여성이 진정으로 주권을 가진 개인이지 단순한 부속품이나 짐수레 말을 기다리는 연결 부품이 아니라는 생각을 사람들 머릿속에 파고들게 하기는 쉽지 않다. 보수 정치가들만 그런 게 아니다.

1971년 글로리아 스타이넘은 여성 월간지 《미즈》를 공동 창립한다. 독신을 가리키는 Miss도 아니고, 기혼 여성을 가리키는 Mrs.도 아닌, mizz로 발음하는 Ms.는 정확히 Mr.와 등가를 이루는 여성형으로, 지시하는 대상의 결혼 여부를 전혀 말해주지 않는다.

이 호칭은 1961년 민권운동가인 실라 마이클스가 만들었다. 그녀는 공동 입주자에게 발송된 우편물에 적힌 오타에서 이 단어를 착안했다. 그녀 자신은 부모가 결혼하지 않은 관계로 결코 '한 아버지의 소유'였던 적이 없었고, 게다가 한 남편의 소유가 되고 싶지도 않았다. 그래서 남성에게 귀속되지 않은 여성을 위한 호칭을 찾던 차였다. 당시 많은 여성이 열여덟 살쯤에 결혼했는데 마이클스는 그때 이미 스물두 살이었다. 그 나이에 '미스'로

---

12   Rebecca Traister, *All the Single Ladies, op. cit.*

있으면 '진열대에 남아 있는 부속품' 신세나 마찬가지였다. 그래서 그녀는 10년 이상 비웃음과 조롱을 견디며 자신을 Ms.로 소개했다.

호칭에 대한 그녀의 아이디어를 들은 글로리아 스타이넘의 친구 하나가 창간하는 잡지의 제목을 구상하던 공동 창립자들에게 그녀 이야기를 귀띔했다. 잡지 이름으로 Ms.를 채택하면서 그녀들은 마침내 이 호칭을 대중화했고 커다란 호응을 얻었다. 같은 해, 뉴욕주 국회의원 벨라 앱저그는 연방 행정 서식에 이 호칭의 공식적 사용을 허가하는 법안을 통과시켰다.

1972년 TV 방송에서 이 문제에 대해 어떻게 생각하는지 불시에 질문받은 리처드 닉슨은 다소 거북한 웃음을 지으며 "그건 약간 낡은 방식인 듯하며 자신은 미스나 미시즈 편에 남고 싶다"고 했다. 백악관의 비밀 기록에 따르면 그는 방송이 끝난 뒤 고문관 헨리 키신저에게 불평을 늘어놓았다고 한다.

"빌어먹을, 실제로 몇 명이나 글로리아 스타이넘의 책을 읽었다고 생각하고 말고 할 게 있어?"[13]

《가디언》의 저널리스트 이브 케이는 2007년 이 단어의 유래를 상기시키며 자신이 난생처음 은행 계좌를 개설하고 서류에 Ms(이 호칭은 영국에서는 점 없이 통용되었다)라고 기입할 때 느꼈던 자

---

13   Peter Kunhardt의 다큐멘터리 *Gloria, In Her Own words, op. cit.*에서 재인용.

부심을 회상했다.

"나는 그때 독립적 신분을 가진 독립적 개인이었는데 Ms가 완벽하게 내 신분을 나타냈어요. 그건 상징적 의미가 있는 작은 한 걸음이었죠. 이 호칭을 사용한다고 해서 여성이 남성과 동등한 대우를 받는 게 아니란 점을 잘 알아요. 하지만 적어도 자유 상태로 있으려는 나의 의도를 알리는 건 중요한 일이라고 생각했어요."

그녀는 여성 독자들이 자신처럼 선택하도록 독려한다.

"Miss를 선택하면 당신은 어린애처럼 미성숙하다는 선고를 받을 거예요. Mrs를 선택하면 한 사내의 이동 가능한 재물이라는 선고를 받겠죠. Ms를 선택하면 당신은 자기 인생을 전적으로 책임지는 성인 여성이 될 거예요."[14]

프랑스에서는 40년이라는 긴 세월이 지난 뒤 '오제 르 페미니즘!Osez le féminisme!'〔프랑스 여성주의협회〕과 '레 시엔느 드 가르드Les chiennes de garde'〔성차별에 대항해 싸우는 프랑스 여성보호협회〕가 마침내 '마드무아젤은 불필요한 칸'이라는 캠페인〔일상의 성차별, 불평등을 종식하려면 여성 호칭을 마드무아젤과 마담으로 구분해서 표기하는 것이 불필요하다는 취지에서 시작되었다〕을 벌이면서 행정 서식에서 마드무아젤 칸을 없앨 것을 요구하고 본격적으로 이 문제를 다루었다. 그러나 이 과정은 할일 없는 페미니스트들의 수없는 엉뚱한 생각

---

14   Eve Kay, "Call me Ms", *The Guardian*, Lonon(2007. 6. 29).

가운데 하나로 치부될 뿐이었다. 캠페인에 대한 반응은 향수에 젖은 한숨과 잡년들이 프랑스의 갈랑트리galanterie[프랑스 궁중문화에서 유래된 여성의 환심을 사는 기술]를 살해했다고 분노하는 목소리 그리고 "좀 더 무게 있는 문제를 들고" 모이라는 앙심 섞인 명령들 사이를 오갔다.

"처음 들었을 땐 개그인 줄 알았어요."

작가이자 저널리스트인 알릭스 지로 드 랭은 잡지 《엘》사설에서 이렇게 공개적으로 조롱하기도 했다. 그녀는 한 남성과 오랫동안 지속적 관계를 유지하지 않는 유명 여배우들을 부를 때 존칭의 의미를 갖도록 '마드무아젤'의 예외적 사용법을 거론했다.

"마드무아젤이라는 용어는 보존해야 합니다. 마드무아젤 잔느 모로, 마드무아젤 카트린 드뇌브, 마드무아젤 이자벨 아자니가 있으니까요."

이런 관점에서 '마담'으로 통칭하는 것은 다소 기만적이며 결국 모든 여성을 기혼녀 취급하는 것이라고 주장하기도 했다. 프랑스어에서는 마드무아젤도 마담도 아닌 제3의 호칭이 만들어지진 않았으니까.

"그렇다면 여기 이 페미니스트들은 공식적으로 결혼한 신분이 되는 게 더 낫고 당당해 보인다고 생각하는 건가요?"

이는 당연히 관련 단체들의 뜻이 아니었다. 그런데 그녀가 진정으로 안타까워하는 것이 무엇인지가 이내 드러났다. 즉 그녀가 집착하는 건 '마드무아젤'이 암시적으로 나타내는 젊음이었다.

"마드무아젤을 지켜내야 합니다. 뤼 카데〔파리 9구에 있는 지역명〕의 과일 노점상이 나를 마드무아젤이라고 부를 때 난 바보가 아닌 이상 바질을 공짜로 얻을 권리가 있다고 느끼거든요."

그녀가 잊고 있는 게 있다. 이 경우 페미니스트의 강력한 전투 포함이 겨냥하는 표적은 행정 서식뿐이다. 따라서 그녀가 노점상에게서 공짜로 얻을 수 있는 바질이 반드시 위험에 처했다고 볼 수는 없다.

그녀는 결론적으로 '빼앗길 수 없는 우리의 공주가 될 권리'를 지키기 위해서는 차라리 행정 서식에 '공주' 선택 항을 추가하라고 말한다.[15] 그녀의 말은 여성이, 적어도 프랑스 여성에 한해 얼마나 자기 존재에서 객관화의 가치를 줄이고 어린아이처럼 구는 데 집착하는지에 대한 실태를 드러내는 데 기여했으니 딱한 일이다.

같은 시기 퀘백의 《마리 클레르》가 "마드무아젤이라는 호칭은 너무 시대착오적이어서 한 여성을 '마드무아젤'이라고 부르는 건 답례로 따귀 한 대를 면치 못할 일"[16]이라고 선포하는 마당에…

15   Alix Girod de l'Ain, "Après vous Mademoiselle", *Elle*(2011. 10. 19).
16   Claire Schneider, "N'appelez plus les féministes 'Mademoiselle'!", MarieClaire.fr(2011. 9. 27).

여성 모험가는 금지된 롤 모델

독립이 독신 여성만의 전유물은 아니라 해도 가장 가시적이고 가장 분명한 형태로 여성의 독립을 구현하는 것이 독신 여성임은 분명하다. 여성의 독립은 반동 세력에겐 가증스런 모습으로 비치고, 다른 많은 여성에겐 위협적으로 보인다. 우리는 여전히 노동 성별 분업 모델에 얽매여 있고 이 또한 심리적으로 중대한 영향을 미친다. 대부분의 소녀들이 받는 교육방식을 보면 자신의 힘과 재능을 믿고, 독립에 가치를 두고, 독립을 장려하도록 하는 가르침이 전혀 없다. 소녀들은 부부생활과 가족생활을 자아 성취의 기본적 요소로 여기라는 압력을 받을 뿐 아니라 자신을 나약하고 능력을 갖추지 못한 자로 인식하고 어떻게든 정서적 안정을 찾도록 강요받는다. 그 결과 용감한 여성 모험가들에 대한 예찬은 순전히 사변적인 것에 머물 뿐 실제로 그녀들 삶에 영향을 미치는 데까지 이어지지 않는다.

2017년 한 여성 독자는 미국의 어느 언론 사이트에 "저한테 결혼하지 말라고 해주세요!"라며 도움을 호소했다. 스무 살이던 2년 반 전에 그녀는 어머니를 잃었다. 아버지는 재혼을 위해 살던 집을 팔 채비를 했고, 두 자매들은 이미 결혼했다. 한 자매는 자녀가 있었고 다른 자매는 출산을 계획 중이었다. 머지않아 그녀는 고향으로 돌아가는데 그러면 아홉 살인 아버지의 의붓딸과 같은 방을 써야 했다. 때문에 그녀는 우울한 상태다. 지금은 애인이 없지만 이런 기분으로는 잘못된 결정을 할지도 모른다는 불안감 때문에 차라리 자신도 결혼을 해버릴까 하는 생각이 가득하다. 기자는 그녀에게 답변하면서 소녀들을 사회화하는 교육방식이 그녀들이 성인기에 이르러 부딪치는 난관에 대처하기 쉽지 않게 만든다는 점을 강조했다.

"소년들은 되도록이면 가장 모험적 방식으로 자신들의 미래를 구상하라고 자극받는다. 혼자서 세계를 정복하는 일은 그들이 상상할 수 있는 가장 낭만적 운명이다. 그런 상상 한 켠에는 한 여성이 나타나 발목을 잡는 바람에 모든 걸 망치는 그림이 될까 봐 두려워하는 마음이 있다. 그런데 여성의 경우 세계에 뛰어들어 자신만의 길을 터 나가는 미래의 그림은, 그 속에 남성이 없는 한 오랫동안 슬프고 초라한 것으로 채색된다. 이처럼 편협한 관습을 넘어 다른 세상을 꿈꾼다는 건 정말 대단한 일이다."[17]

그렇다고 남성이 애정 결핍이나 고통으로 괴로워하지 않는다는 말은 아니다. 하지만 그들은 적어도 상황의 비참함을 가중하거나 조성하는 문화적 표현에 둘러싸여 있지는 않다. 그들에게는 오히려 문화가 버팀목이 된다. 자기 불만으로 인해 원만하지 못하고 자신 안에 갇혀 사는 괴짜조차도 보상을 받고, 현 세계의 프로메테우스가 되고, 돈과 성공의 후광으로 둘러싸인다.

---

17   Heather Havrilesky, "Tell me not to get married!", *Ask Polly*, TheCut.com(2017. 9. 27).

어느 저널리스트가 말하듯 "남성문화에는 매력적인 공주가 나오지 않으며, 멋진 의상을 차려입고 거행되는 성대한 결혼식도 없다".[18]

글로리아 스타이넘은 **이에 반해** 여성들은 사랑보다도 '로맨스'를 더 많이 꿈꾼다고 구분한다. 그녀는 "가부장적이고 젠더 면에서 양극화된 문화일수록 그 문화가 로맨스에 가치를 부여한다"고 쓰고 있다. 그런 문화에서는 자아의 다채로운 모든 자질을 계발하는 대신 여성적 또는 남성적이라고 통칭하는 자질로 구분하는 데 그치고, 의존적 방식으로 체험하는 피상적 관계에서 타자를 통한 자신의 완성을 추구한다. 그런데 여성은 이런 관계에 한층 취약하다.

"인간의 자질 대부분이 '남성적인 것'으로 분류되고 그중 몇몇만이 '여성적인 것'으로 분류되기 때문에 여성은 자신의 인생이 걸린 중대한 문제를 다른 존재에 투사하고 싶어 하는 욕구를 훨씬 더 많이 갖게 된다".[19]

이런 상황에서 독립적 여성은 전반적으로 회의를 불러온다. 사회학자 에리카 플라오는 20세기 초 프랑스에서 배우자 없이 여성이 독신으로 혼자 사는 현상이 나타났을 때 이 회의주의

---

18 Charlotte Debest가 *Le Choix d'une vie sans enfant*, PUR에서 인용한 "Le sens social", Rennes(2014).

19 Gloria Steinem, *Revolution from Within. A Book of Self-Esteem*, Little, Brown and Company, New York(1992).

가 어떻게 표출되었는지 제시한다. 예전 같으면 이 여성들에 대해 "대부분의 경우 부모나 집안 또는 공동체에서 부양 책임을 졌다". 그녀는 저널리스트 모리스 드 왈레프[20]가 1927년에 한 말을 찾아내어 인용한다.

"남성은 결코 혼자가 아니다. 로빈슨 크루소처럼 무인도에 좌초하지 않는 한 그러하다. 그가 등대지기나 목자 또는 은둔자가 된다면 그가 진정으로 원하고, 그의 기질이 그를 그쪽으로 이끌었기 때문이다. 그를 예찬하자. 왜냐하면 한 영혼의 고귀함은 그의 내적 삶이 얼마나 풍부한가로 측정되기 때문이다. 그리고 스스로 자족하기 위해서는 정말로 부유해야 한다. 그런데 당신은 여성이 이런 위대함을 선택하는 경우는 결코 보지 못할 것이다. 더 약하기에 더 상냥한 그녀들에겐 우리에게 필요한 것보다 더 많이 사회가 필요하다."

게다가 1967년 매우 많이 읽힌 어느 책에서 의사 앙드레 수비랑은 자문한다.

"우리의 생각처럼 여성심리가 자유와 남성의 비非지배에 잘 적응하는지 알아보아야 한다."[21]

대다수가 공유하는 혹은 저항-문화에서 나온 표현들이 우

---

20 Maurice de Waleffe는 1920년 미스 프랑스의 원조인 '프랑스에서 가장 아름다운 여성' 대회를 설립했다.

21 André Soubiran, *Lettre ouverte à une femme d'aujourd'hui*, Rombaldi, Paris(1973). Érika Flahault가 *Une vie à soi. Nouvelles formes de solitude au féminin*, PUR, "Le sens social", Rennes(2009)에서 인용.

리에게 필요하다는 사실을 저평가해서는 안 된다. 이런 표현들은 분명히 의식하지 않을 때조차 우리를 지탱하고, 우리가 인생에서 하는 선택에 의미와 자극, 울림과 깊이를 부여한다. 우리에게는 인생의 도면을 모방할 투사지가 필요하다. 그것들은 우리 삶을 자극하고, 지탱하고, 유효하게 하고, 또 우리 삶에 다른 이들의 삶을 섞어 그들의 존재, 그들의 인정이 우리 삶속에 녹아들게 한다.

당대의 페미니즘 경향을 띠는 1970년대의 몇몇 영화들은 독립적인 여성들에게 이러한 역할을 해주었다. 예를 들면 1979년 개봉한 질리언 암스트롱 감독의 〈나의 화려한 인생〉[22]에서 주디 데이비스는 어머니 쪽의 부유한 집안과 농장을 하는 아버지 쪽의 빈곤 사이에서 오락가락하는 19세기 오스트레일리아의 젊은 여성 시빌라 멜빈으로 분한다. 예술에 열정적이며, 발랄하고 제멋대로인 시빌라는 결혼을 전망하는 말에 화를 낸다. 그런 그녀에게 한 부유한 상속자 애인이 나타나고 몇몇 에피소드 이후 그가 청혼하지만 받아들이지 않는다. 그녀는 "나는 내 인생을 살기 전에 누군가의 인생에 들어가 그 일부분이 되고 싶지 않아요"라며 미안해한다. 그녀는 글을 쓰고 싶다고 그에게 털어놓는다.

"그런데 난 지금 그걸 해야 해요. 그리고 혼자서 해야 해요."

---

22 오스트레일리아 페미니즘의 선구자인 마일즈 프랭클린(1879-1954)의 첫 번째 소설을 영화화한 것.

마지막에는 원고를 마감하는 장면이 나온다. 출판사에 원고를 보낸 후 그녀는 밭 울타리에 기대어 황금빛 햇살을 받으며 행복을 음미한다.

남성, 사랑과 연루되지 않은 **해피엔딩**이다. 뜻밖의 결말에 영화를 보던 나도 약간 놀랐다. 그녀는 "난 해마다 아이 하나씩을 낳는, 덤불숲에 사는 부인이 되고 싶지 않아요"라고 그에게 말한다. 이렇게 시빌라가 애인에게 퇴짜를 놓는 장면에서 그녀를 이해하면서도 또 한편으로는 이렇게 외치고 싶은 마음을 참을 수 없었다.

'아무리 그래도 그렇지, 이 여자야, 진심이야?'

영화가 전개되던 시대에는 청혼의 거부가 이 사랑을 완전히 포기한다는 함의를 가졌다. 반면 1969년 뉴욕 여성 단체에서 의회에 배포한 다음과 같은 전단지 문구는 더 이상 그렇지 않음을 보여준다.

"문제는 남자가 아니라 결혼이 미친 짓."[23]

이것이 시빌라의 선택에 극적 효과를 주고 또한 급진적 결심을 하게 만든다. 그렇다, 여성 또한 무엇보다 우선해 자신의 재능을 실현하고자 할 수 있다.

"남성이 삶을 영위하기 위해 취했던 이 같은 대단히 교활한

---

23   Laurie Lisle이 *Without Child. Challenging the Stigma of Childlessness*, Ballantine Books, New York(1996)에서 인용.

방식은 독신 여성들에게 너무 힘든 것이어서 그녀들 대부분은 결혼을 하게 되면 정말로 기뻐한다. 비록 잘못된 결혼일지라도."

에리카 종의 소설 《비행공포》에 나오는 여주인공 이사도라 윙이 탄식하며 하는 말이다. 1973년에 나온 이 소설은 여성이 겪는 온갖 갈래의 괴로움을 탐사한 작품이다. 젊은 시인 이사도라 윙은 첫눈에 반한 어떤 남성을 따라나서기 위해 두 번째 남편을 버리고 종적을 감춘다. 그녀의 성은 영어로 '날개'를 뜻한다. 그녀는 결혼생활 5년이 지난 후에도 마음속에 자리 잡고 있는 억누를 수 없는 갈망들, 즉 "집을 떠나 숲속 오두막에서 혼자 지내며 자신이 아직도 전인적 존재인지, 미치지 않고 버텨낼 힘이 아직도 남아 있는지 확인하고 싶은 격한 욕망"을 묘사한다. 그러면서도 그녀는 "방금 남편을 잃었다. 이제 난 나 자신의 이름을 기억조차 할 수 없는 지경이다"라는 문장에서 보듯 남편에 대한 애정과 사무치는 그리움 또한 느낀다. 한편으로 사랑에 정착하고 싶은 욕구와 한편으로 자유를 갈망하는 욕구, 이 둘 사이에서 남녀 모두 긴장감을 느낀다. 이러한 긴장은 커플을 성적으로 매우 자극하거나 문제를 안겨주기도 한다.

그런데 이사도라는 불가결하게 꼭 독립해야 하는 상황인데도 여성으로서 독립을 위한 그 어떤 수단도 갖추지 못했음을 깨닫는다. 그녀는 자신이 야망을 실현할 용기가 있는지 의심한다. 사랑에 덜 집착하고, 일과 책에 집중하고, 한 남성을 통해서가 아니라 일과 책을 통한 자아실현을 바라 마지않지만 그녀는 글 쓰는 일조차 자신을 사랑하게 하기 위한 것이었음을 인정한다. 그녀는 죄책감을 느끼지 않고도 자유를 만끽하는 게 영원히 불가능하지 않을지 두려워한다. 그녀의 첫 번째 남편은 미치광이가 되어 그녀를 끌고 함께 창밖으로 투신하려 했었는데도 그녀는 자신이 그를 떠났던 일을 용서하지 못한다.

"내가 선택한 게 바로 나 자신이었다는 사실 때문에 아직도 양심의 가책이 나를 붙잡고 있다."

그녀는 "남자 없는 자신을 상상도 할 수 없음"을 깨닫는다.

"달리 말하면 나는 주인 없는 개처럼, 뿌리 없는 나무처럼 길을 잃고 떠도는 듯했다. 그때 나는 정체 모를 피조물, 정의되지 않은 하나의 사물이었다."

그렇지만 주변에서 보는 결혼은 대부분 그녀를 비탄에 잠기게 했다.

"문제는 언제 어긋난 것인가가 아니라 한 번이라도 순조롭게 돌아간 적이 있는가?"[24]다.

그녀가 볼 때 독신 여성들은 결혼을 꿈꾸고, 아내들은 도피를 꿈꾸는 듯했다.

글로리아 스타이넘은 "사전에서 남성형 'aventurier(모험가)'를 '모험을 좋아하고 모험을 좇고 모험을 하는 사람'으로 정의하

---

24 Erica Jong, *Le Complexe d'Icare*(1973), Georges Belmont, Robert Laffont이 영어판을 번역한 "Pavillons", Paris(1976)〔원제는 'Fear of Flying'이며 한국어판은 《비행공포》(비채, 2017)〕.

고, 여성형 'aventurière'는 '부나 사회적 지위를 얻기 위해 무엇이든 할 준비가 되어 있는 여성'으로 정의한다"고 지적한다.[25] 그녀 자신은 거의 관습에서 벗어난 교육을 받은 덕분에 소녀들이 안정을 찾도록 몰아가는 사회화 과정을 모면할 수 있었다.

그녀의 아버지는 월급쟁이가 되기를 늘 거부했고, 다양한 직종에서 일하며 생활비를 벌었다. 예를 들어 그는 지방을 돌아다니는 골동품 행상으로 일하느라 온 가족을 끌고 길을 떠났다. 그 결과 그녀는 학교에 가는 대신 차 뒷좌석에서 책을 읽었고 열두 살에야 학교에 입학했다. 그녀의 아버지는 이처럼 '거주지 공포'가 있었다고 한다. 무언가를 집에 두고 왔다는 것을 깨달았을 때, 방금 집을 나선 경우라도 그는 집에 돌아가기보다 두고 온 물건을 다시 사는 쪽을 택했다. 그는 딸이 여섯 살이 되자 딸에게 새 옷이 필요하면 돈을 주어 마음에 드는 옷을 사게 하고 딸이 옷을 고르는 동안 차에서 기다렸다. 덕분에 그녀는 "빨간색 마담 모자, 살아 있는 토끼를 끼워 팔던 부활절 신발, 장식술이 달린 카우걸 재킷 등 마음에 쏙 드는 물건들"을 살 수 있었다. 달리 말해 그는 딸이 있는 모습 그대로 자신을 표현하도록 자유롭게 내버려두었다.

훗날 그녀는 늘 비행기에서 비행기로 옮겨 다니는 생활을 하

---

25 Gloria Steinem, *My Life on the Road*, Random House, New York(2015).

면서 자신이 너무 좋아했던 아버지의 이 생활방식을 따라 했다. 그녀는 원격으로 업무를 하던 중 고용주가 일주일에 두 번 사무실에 출근하라고 하자 "사표를 내고는 아이스크림을 사 먹으며 햇살 내리쬐는 뉴욕 거리를 거닐었다". 그녀의 아파트는 오랫동안 물건 상자들과 여행 가방들을 구분하지 않고 쌓아두는 창고에 불과했다.

그녀에게 집의 의미가 확대된 건 오십 대에 접어들고 나서다. "보금자리를 만들고 이불과 초를 구입하며 거의 오르가슴적 짜릿함 속에서" 몇 개월을 보낸 뒤 그녀는 집에서 편하게 지내는 것이 여행 욕구를 더 자극하고 그 반대도 마찬가지임을 깨달았다. 그러나 어찌 되었든 이불과 초가 그녀의 첫 번째 관심사는 아니었다. 어릴 적 한 어른이 그녀 뺨에 입을 맞추려 하자 그녀는 그를 물어버린 적이 있다.[26] 이처럼 그녀는 '여성'으로서 처신하는 것을 단번에 배운 것이 아니라 많은 시간을 들인 뒤에야 습득하게 되었다.

에리카 플라오는 2009년 프랑스에서 실시한 '여성의 주거 고독'에 관한 사회학 연구 조사에서 여성들을 자신의 상황을 견디며 고통스러워하는 '결핍의' 여성들 자신의 상황을 즐기도록 배우는 '전진하는' 여성들 그리고 '부도덕한 배우자들'로 구분한다.

---

26   Lea Fessler, "Gloria Steinem says Black women have always been more feminist than White women", *Quartz* (2017. 12. 8).

부도덕한 배우자들은 커플이라는 틀 밖에서 의도적으로 자신의 인생, 사랑, 우정을 만들어간 여성들이다. 그녀는 앞의 두 유형은, 그들의 개인적 행적이나, 농부니 대자본가니 하는 사회 계층과는 상관없이 현모양처가 될 가능성을 갖지 못하거나 잃게 될 때 스스로가 무일푼 신세임을 깨닫는다는 점을 지적한다. 그녀들은 "성역할 분리가 매우 강조되는 동일한 사회화 과정"을 거쳐 "그녀들이 수용하건, 그렇지 않건 똑같이 이 전통적 역할에 깊은 애착"을 갖게 되었다. 이와 반대로 '부도덕한 배우자들'은 언제나 이 역할에 비판적 거리를 두었으며, 나아가 전체적으로 경계심을 유지했다. 이들은 또한 창조적인 일을 하는 여성들로 독서를 많이 하고 강인한 정신적 세계를 갖고 있었다.

　　"그녀들은 남성과 타인의 시선 밖에 존재한다. 그도 그럴 것이 그녀들의 고독은 작품과 사람들, 산 자와 죽은 자들, 이 땅의 사람들로 채워지고, 직접적으로든 또는 간접적으로 작품을 통한 생각 속에서든 이들과의 교류가 그녀들의 정체성을 구축하는 기반이 된다."[27]

　　그녀들은 자신을 개인 존재로 인식하지 여성의 원형을 구현하는 존재로 여기지 않는다. 혼자 산다는 사실을 비참한 고립과 연결하는 편견과는 다르게 그녀들은 지칠 줄 모르고 자신의 정체성을 추구하며, 이는 이중의 효과를 가져온다. 즉 성숙해진 그

---

27 Érika Flahault, *Une vie à soi, op. cit.*

녀들의 자아는 결혼을 했건 안 했건 대부분의 사람이 인생을 살아가는 동안 적어도 주기적으로 대면하는 이 고독을 길들이고 음미하기까지 한다. 또한 그녀들의 인간관계는 의례적인 사회적 역할에 따르기보다는 개인적으로 그녀들 마음에서 우러난 것이므로 특별히 깊은 인간관계를 맺을 수 있다.

이런 의미에서 자아 인식은 '자기중심주의'나 자폐가 아니라 타인에게로 향하게 하는 확실한 방법이다. 집요한 선전을 통해 우리가 믿게 하려는 것과는 반대로 전통적 여성성은 구원의 뗏목이 될 수 없다. 즉 여성성을 구현하려 애쓰고 그 가치에 동조하는 일은 우리의 면역력을 보강하기보다 우리를 나약하게 만들고 빈곤해지게 한다.

독신 여성을 대상으로 한 동정심은 그녀들한테 느끼는 어떤 위축감을 피하려는 속내를 잘 감춰줄 법도 하다. '고양이를 데리고 다니는 여성'이라는 클리셰는 이를 방증한다. 이때 그 고양이를 그녀의 애정 결핍을 채워주는 것으로 간주하는 것이다.[28] 그래서 기자이며 칼럼니스트인 나디아 담은 '고양이를 키우는 여성이 되지 않는 법, 고양이 밥 냄새를 맡지 않고 독신이 되는 법'이라는 제목의 책[29]을 출간하기도 했다. 희극인 블랑슈 가르댕은

---

28 Nadia Daam, "À quel moment les femmes célibataires sont-elles devenues des 'femmes à chat'?", Slate.fr(2017. 1. 16).

29 Nadia Daam, *Comment ne pas devenir une fille à chat. L'art d'être célibataire sans sentir la croquette*, Mazarine, Paris(2018).

〈나는 혼자 말한다Je parle toute seule〉라는 자신의 원우먼쇼 무대에서 친구들이 자신에게 고양이를 입양하라고 충고하는데 자기 눈에는 그 상황이 진정 절망의 표시로 보인다고 말한다.

"'햄스터를 하나 사. 그건 2~3년은 살 테고 그동안 누구라도 만나게 될 거야'라는 말을 하는 정도가 아니라 아예 앞으로 20년을 대비할 해결책을 권합니다. 너무하지 않나요?!"

그런데 고양이는 마녀의 마음을 사로잡은 '사역마使役魔'로서 간단히 '사마'라고도 부르며, 그녀가 마법을 실행할 때 옆에서 보좌하는 초자연적 실체다. 그래서 마녀는 간혹 고양이와 외양을 바꾸기도 한다. 〈아내는 요술쟁이〉라는 시트콤에도 사만다가 고양이로 변해 남편의 다리에 몸을 비벼대다가 다시 그녀 자신으로 돌아와 남편의 품에 안기는 장면이 나온다.

리처드 퀸 감독의 영화 〈사랑의 비약〉(1958)에서 킴 노박이 분한 마녀는 뉴욕에서 아프리카 예술 상점을 운영한다. 그녀는 자신의 샴고양이 파이와켓Pyewacket(사마의 고전적 명칭)더러 크리스마스를 위해 남성을 하나 구해달라고 청한다.

1233년 교황 그레고리 9세는 칙서로 고양이를 '악마의 하수인'이라고 선포한 바 있다. 이어서 1484년 교황 이노센트 8세는 여성의 동반자로 보이는 모든 고양이를 사마로 간주하라고 명한다. 그리하여 '마녀들'은 자신의 동물과 함께 불에 타죽어야 했다. 이런 고양이 몰살은 쥐 개체군을 증가시키는 데 기여했고, 따라서 전염병인 페스트를 더 악화시켰다. 이런 이유로 마녀들은

처벌을 받았다.[30]

마틸다 조슬린 게이지는 1893년, 이 시대에서 유래한 검은 고양이에 대한 불신이 끈질기게 지속되고 있음을 지적한 바 있는데, 그 불신은 시장에서 검은 고양이의 털 가격이 가장 낮은 것으로 발현되었다.[31]

복종하지 않는 자는 목을 벨 것

여성이 대담하게 독립의 권리를 주장하면 이들의 뜻을 꺾기 위한 공갈, 협박, 위협 등 모종의 전쟁 병기가 작동하기 시작한다. 저널리스트 수전 팔루디의 관점에서 보면 역사를 따라 이루어진 여성해방의 진척이 한 걸음이라도 있으면 그것이 매우 소극적이었을 때조차 대대적 반격이 이어졌다.

2차 세계대전 이후 미국 사회학자 윌러드 윌러는 "몇몇 여성의 정신적 독립은 전쟁이 가져온 대혼란을 틈타 모든 통제를 벗어난 것"이었다[32]고 마치 《마녀 잡는 망치》의 판결이 메아리치

---

30   Judika Illes, *The Weiser Field Guide to Witches. From Hexes to Hermione Granger, from Salem to the Land of Oz*, Red Wheel/Weiser, Newburyport(2010).

31   Matilda Joslyn Gage, *Woman, Church and state, op. cit.*

32   Susan Faludi, *Backlash. La guerre froide contre les femmes*(1991), Lise-Éliane Pomier, Évelyne Chatelain과 Thérèse Réveillé가 영어판을 번역한 Éditions des femmes/Antoinette Fouque, Paris(1993).

듯 평했다. 즉 "혼자서 생각하는 여성은 나쁜 생각을 한다"는 것이다. 사실 남성들은 아주 가벼운 평등의 미풍만 불어도 이를 모든 걸 휩쓸어가는 태풍으로 체감한다. 인종차별 피해자들이 자신을 방어하고자 최소한의 의사를 표명하기만 해도 다수 국민들이 공격받아 침몰되기 직전이라고 호들갑을 떠는 경우와 비슷하다. 남성의 반동은 남성의 특권 또는 백인 남성의 특권이라는 자신의 특권을 포기하지 않으려는 본능적 반격을 넘어 피지배자의 경험을 이해하지 못하는 지배자들의 무능함을 보여준다. 어쩌면 그 반응은 순진한 분노의 항의이면서도 그들의 피폐한 자격지심을 드러내는 것일지 모른다. 이를테면 "우리가 그녀들에게 너무 많은 잘못을 저질렀으니 그녀들에게 눈곱만큼이라도 작전을 펼칠 여지를 준다면 우리는 파괴되고 말 것"이라는 식이다.

수전 팔루디는 1991년 출간한 책에서 '반격' 또는 '앙갚음'이라 부르는 행위의 다양한 표현에 대해 하나하나 세세히 설명한 바 있다.[33] 즉 지난 10년간 페미니스트들의 진척을 방해하기 위한 반페미니즘의 진정한 선전전을 1980년대 내내 미국에서 언론, TV, 영화, 심리학 서적 들을 동원해 펼친 것이다. 퇴보가 일어난 사반세기 동안 사용된 거친 수단들을 보면 한층 더 놀랍다. 그 조잡성은 미디어의 존재 이유가 대체로 정보 전달이 아니라 이념이라는 것을 다시 한 번 입증한다. 즉 어떠한 비판적 시각도

---

33   위와 같음.

없이 되풀이되는 편향된 연구, 양심의 가책과 엄격성의 전반적 부재, 지적 게으름, 기회주의, 선정주의, 부화뇌동, 그 어떤 현실과도 관계가 끊긴 폐쇄회로에 갇혀 있는 것 같은 상태…, 팔루디는 "이런 유형의 저널리즘은 실사를 기반으로 신빙성을 얻는 게 아니라 반복에서 그 힘을 끌어낸다"고 지적한다. 이 시기 모든 매체를 동원해서 만들어낸 가설을 두 가지 거짓말로 요약할 수 있다. 첫째, 페미니스트들은 승리했고, 평등을 획득했다. 둘째, 지금 그녀들은 혼자이고 불행하다.

두 번째 주장은 상황을 설명하기보다는 겁을 주고 경고를 던지는 데 목적이 있다. 남편과 자식들에게 도움을 주는 자리에 남아 있지 않고 자신을 위해 살려고 감히 자리를 박차고 나오는 여성은 불행을 겪으며 고전한다는 것이다. 이런 상황을 막고자 그녀들의 약점이 되는 부분, 즉 자기 자신과 맞대면하는 상황에서 느끼는 갑작스럽고 강렬한 두려움을 곧장 조준한다.

이 약점은 그녀들이 받은 교육에서 기인한 것이다. 《뉴욕타임즈》는 "그녀는 황혼을 두려워한다. 어둠이 도시를 감싸고 부엌의 따뜻한 불빛이 하나씩 밝혀지는 이 순간을"이라고 독신자들에 대한 시평을 부정적으로 쓰고 있다. 《아름답고 똑똑하지만 외로운 여성들Belles, intelligentes et seules》[Connell Cowan, Melvyn Kinder, Smart Women/Foolish Choices(1986)의 프랑스어판(2006)]이라는 심리학 개론서는 '독립의 신화'를 경계하게 한다. 《뉴스위크》는 마흔 살이 넘는 독신녀들은 남편을 찾을 확률보다 테러리스트에게 공격당할 가능성이 더 높다고 주장한다.

이렇게 사방에서 여성들에게 생식 능력은 빨리 쇠퇴하니 조심하라고 경고한다. 그리고 천체를 대상으로 세운 우스꽝스러운 계획은 버리고 되도록 서둘러 아이를 낳을 것을 권한다. 그러면서 "남편을 삶의 중심으로 여길 줄" 모르는 아내들에게 비난을 가한다. '전문가들'은 활동하는 여성들에게서 나타나는 이른바 '자살과 심장박동 수의 증가'를 대서특필한다. 언론매체는 '엄마, 날 이곳에 놔두지 마!'라는 제목으로 시설이 좋지 않은 어린이집에 대해 세상 종말이 온 듯한 기사들을 쏟아낸다. 지방 일간지는 샌프란시스코 동물원에서 "암컷 고릴라 코코가 관리자에게 새끼를 원한다고 했다"며 기대를 표방한다. 영화와 잡지 속에는 반짝이는 주부들 혹은 "인생에 너무 많은 것을 기대"[34]하는 게 문제인 생기 없는 독신녀들이 한가득이다.

프랑스 언론도 똑같은 노래를 부르기 시작한다. 1979~1987년 《르몽드》의 '고독을 자유라고 부를 때', '자유롭지만 외로운 여성들', '외로운 여성들의 프랑스', '집에 돌아가도 아무도 나를 기다리지 않는다' 등의 기사 제목이 그러하다.[35] 그런데 에리카 플라오는 다른 때에도 일반 출판물에서건 여성지에서건 녹립 여성에 대한 담론이 결코 우호적인 적이 없었음을 인정한다. 그런 담

---

34 위와 같음.
35 Érika Flahault가 "La triste image de la femme seule", Christine Bard(dir.), *Un siècle d'antiféminisme*, Fayard, Paris(1999)에서 인용.

론에는 언제나 거만함이 배어 있으며 사회의 비참함을 형상화한다. 다음과 같은 말도 어떤 상황을 묘사하기보다는 특정한 효과를 노리는 것이다.

"고독 속에서 성숙해진다고 주장하는 한 여성이 '여자는 애초에 남자 없이 살도록 생겨먹지 않았다'는 식으로 내뱉는다면 그녀의 이 말은 다른 어떤 상황에서보다도 훨씬 역효과를 가져온다."

길 잃은 암양을 다시 무리 속으로 끌고 오는 것이 목적이 아닌 글을 읽고 싶다면 동시대 여성주의 언론매체를 볼 필요가 있다. 이런 언론만이 유일하게, 특히 혼자 사는 여성들이 당하는 "그치지 않는 문화적 공격"[36]을 문제로 다루고, 그 공격이 다수의 여성이 느끼는 불안의 원인이 된다는 사실을 고찰한다. 실은 사회가 그녀들 입을 아예 다물게 하려고 더 비참한 상황으로 몰아가는 방식은 거의 신기할 정도이며, "거봐! 네가 얼마나 불행한 꼴인지 알겠지!"라고 말하는 듯하다.

이런 여성주의 신문에서는 "고독한 삶의 선택이 부정되기는커녕 곧바로 적절한 본래의 의미를 인정받는다. 그러니까 고독한 삶은, 태어나면서부터 개인에게 영향을 미치고 대부분의 행동을 제약하는 다양한 압력에 대한 승리이며, '자기 안에 있는 원형들, 관습들, 지속적이고 되풀이되는 사회적 압력에 대항하는

---

36   Susan Faludi, *Backlash, op. cit.*

싸움'(*Antoinette*, 1985. 2)"[37]이라고 에리카 플라오는 분석한다. 이 지점에 이르니 불현듯 1979년 6월 《전방의 잡지Revue d'en face》[여성주의 정치를 표방한 격월간지]에 실렸던 다음과 같은 글의 다른 증언과 의미를 듣게 된다.

"욕망의 느린 개화, 신체와 침대 그리고 공간과 시간을 다시 내 것으로 삼기, 자기를 위한 즐거움을 배우고, 공허함을 배우고, 타인과 세계에 문 열기를 배우기."

오늘날에도 규범을 통해 권고하는 일이 사라지지는 않았다. 2011년, 작가이자 TV 시나리오 작가로서 특히 〈매드맨〉 시리즈 시나리오 작업에 참여하기도 했던 트레이시 맥밀런은 '당신은 왜 결혼하지 않았나요?'라는 제목의 단신 기사로 폭발적 관심을 받았다. 이는 허핑턴 포스트 역사상 가장 많이 읽히기도 했다. 기사는 현실을 묘사한다고 주장하면서도 특히 독신 여성 독자를 매우 경멸스럽고 증오스런 이미지로 보이게 했다.

기사는 여성의 심리를 심도 있게 파헤칠 기세로 시작한다. 독신 여성은 자신의 운명에 만족한다고 생각하고 그렇게 보이기 위해 누력하지만 그럼에도 이미 짝을 찾아 결혼한 친구들을 부러워하는 마음을 숨길 수 없다. 그녀는 세 차례 결혼생활 경험이 부여하는 우월한 위치에 서서 자신의 가설을 하나하나 설명한다. 당신이 결혼하지 않았다면, 그건 '당신이 갈보'이기 때문이

---

37   Érika Flahault, *Une vie à soi, op. cit.*

다, 그건 '당신이 피상적인 사람'이기 때문이다, 그건 '당신이 거짓말쟁이'기 때문이다 등등. 그녀는 특히 화를 내지 않도록 주의하라고 한다.

"당신은 신경질이 나 있어요. 당신의 어머니에 대해, 미국의 군산복합체에 대해, 보수적 여성 정치인 세라 페일린에 대해. 그런데 바로 그런 면이 남성들을 겁먹게 해요. (…) 대부분의 남성은 자신에게 친절한 여성과 결혼하고 싶어 해요. 킴 카다시안이 화내는 걸 본 적 있나요? 못 보셨죠. 킴 카다시안이 미소를 짓고 몸을 배배 꼬고 섹스테이프를 만든 거 아시죠? 여성의 화는 남성을 두렵게 해요. 결혼을 하려고 남성의 두려움, 불안과 타협하는 걸 부당하게 느낄 수 있다는 거 알아요. 그런데 사실 그게 그렇게 나쁘진 않아요. 남성의 두려움과 불안함을 두고 타협하는 일이 바로 당신이 배우자로서 해야 할 일의 대부분이니까요."

그녀는 파트너를 선택하는 일에 너무 까다롭게 굴지 말라고 조언한다.

"그런 건 사춘기 소녀나 하는 짓이에요. 소녀들은 결코 만족을 모르니까요. 또한 그녀들이 요리할 마음을 먹는 경우는 아주 드물거든요."

끝으로, 그녀는 '이기주의자들'에게 훈계하는 것을 잊지 않는다.

"당신이 결혼하지 않은 여성이라면 당신은 아마 자기 자신에 대해 많이 생각하는 사람일 거예요. 당신의 허벅지를 생각하고, 당신의 옷차림과 팔자주름을 생각하겠지요.[38] 당신의 직업에 대해 생각하고, 직업이 없다면 요가 강습에 등록할 생각을 할 겁니다."[39]

여성 희생의 긴 역사를 떠올리는 동시에 여성 각자의 자아실현 모습이 앞에 나온 기사와는 다를지 모른다는 기대를 아예 차단하는 적당량의 여성혐오를 생각하자니 이 글을 읽는 데 현기증이 난다. 나는 프랑스 미디어만큼 여성에게 순종과 포기를 노골적으로 명하는 것은 본 적이 없다. 프랑스 방송에서는 유행에 민감한 부모가 나와서 자신들의 일상과 여가생활, 여행 이야기를 들려주고, 가장 선호하는 장소의 주소를 알려주고,[40] 이상적인 집의 인테리어 이미지, 멋지고 우아한 외관을 보여주는 인터뷰를 동원해 전통적인 가족 구조를 선전한다.

화형대의 그림자

1980년대를 상징하는 영화 속 악마적 독신 여성으로는 에이드리언 라인 감독의 〈위험한 정사〉 속 알렉스 포레

---

38 성형외과 의사가 겨냥하는 곳, 코에서 입꼬리로 내려가는 주름.

39 Tracy Mcmillan, "Why you're not married", Huffpost(2011. 2. 13).

40 Mona Chollet, "L'hypnose du bonheur familial", *Chez soi, op. cit.*, chapter 6.

스가 있다. 이 영화에서 글렌 클로즈가 알렉스로, 마이클 더글러스가 변호사 댄 갤러거로 분했다. 댄은 아내와 딸이 이틀 동안 집을 비운 사이 파티에서 만난 섹시한 여성 출판인의 유혹에 넘어가 뜨거운 주말을 보낸다. 그가 슬프고 텅 빈 작업실에 그녀를 혼자 두고 떠나려 하자 그녀는 가지 말라고 매달리며 그를 잡으려고 칼로 손목을 자해까지 한다. 이어서 영화는 직장에 다니지 않는 온화하고 안정적인 아내 곁에서 지내는 댄의 행복한 가정생활과 알렉스가 침울한 고독 속에서 눈물을 흘리며 〈나비부인〉을 듣는 장면을 교차해서 보여준다. 이때 알렉스는 램프를 껐다 켜기를 계속 반복한다. 애절하고도 음침한 그녀는 그를 협박하고 곧이어 그의 가족을 원망한다. 여기서 바로 저 유명한 장면, 그녀가 댄의 딸이 아끼는 토끼를 죽여서 솥에 끓이는 장면이 나온다. 그의 아이를 임신한 그녀는 낙태를 거부한다.

"내 나이 서른셋, 어쩌면 아이를 가질 수 있는 마지막 기회일지도 몰라!"

트레이시 맥밀런이 예리하게 보았듯이, 자신감 있고 해방된 자유로운 직장여성으로서의 가면을 벗은 후 자신을 아내와 어머니 반열에 접근하게 해줄 구원자를 따분하게 기다리는 비참한 여성의 민낯이 드러나는 순간이다.

영화는 가족 별장 욕실에서 아내가 몰래 잠입한 정부情夫를 살해하는 것으로 끝이 난다. 영화의 첫 번째 시나리오는 알렉스가 자살하는 것으로 끝이 났다. 그런데 시사회에서 이 결말을 본

제작사 측이 자기네 입맛에 맞게 결말을 바꾸게 했다. 이미지를 해치기 싫었던 글렌 클로즈가 반대해도 소용없었다.

"대중은 절대적으로 알렉스를 죽이고 싶어 했지만 그녀에게 자살을 허용하진 않았어요"라고 마이클 더글러스는 평온하게 설명한다.[41] 당시 극장에서 이 장면이 나왔을 때 남성들은 고함을 지르며 흥분을 감추지 못했다.

"자, 어서 저 화냥년의 주둥이를 박살 내버려!"[42]

비극적 사건이 벌어진 후 경찰이 다녀가고, 부부는 서로 얼싸안고 집 안에 들어가며, 카메라는 서랍장에 놓인 가족사진을 클로즈업한다. 영화가 전개되는 내내 감독은 이미 여러 차례, 예를 들면 불충한 남편이 후회하는 장면이나 정부가 무력하게 분노를 터트리는 장면에서 능숙하게 영상을 배치하며 갤러거의 가족사진을 지나치듯 클로즈업해서 강조했다.

2017년 〈위험한 정사〉 제작 30주년을 맞은 에이드리언 라인 감독은 "내가 직장여성들을 규탄하고 그녀들 모두가 정신병자라고 말하고 싶어 했다는 건 한심한 주장이다. 나는 페미니스트다!"[43]라며 한탄했다. 수전 팔루디에 따르면 시나리오를 더욱 반동적인 방향으로 계속 수정했다고 하는데 이를 고려하면 오늘

---

41   Bruce Fretts, "*Fatal Attraction* oral history : rejected stars and a foul rabbit", *The New York Times* (2017. 9. 14).

42   Susan Faludi, *Backlash, op. cit.*

43   Bruce Fretts, "Fatal Attraction oral history : rejected stars and a foul rabbit", art. cit.

날 페미니즘이 재유행하는 게 분명하다고 해도 감독의 이러한 항의가 참 가소로워 보인다. 첫 시나리오에서 댄의 아내는 교사였지만 나중에 주부로 수정했다. 제작사는 남편을 더 호감 가는 타입으로 만들고 정부는 과장되게 희화화하도록 요구했다. 에이드리언 라인은 알렉스에게 까만 가죽옷을 입혀 뉴욕 육류 시장 근처에 거주시키려고 생각했다. 그녀의 집 아래층에서는 '마녀의 솥단지'와 유사한 들통이 화로 위에서 끓게 했다.[44]

팔루디가 상세하게 설명하는 반격은 상징적 영역에서만 일어났던 것은 아니다. 물론 그 영역에서도 완벽하게 구체적 효과를 얻긴 했지만. 마녀사냥 시대에 남성들처럼 일하고 싶어 하는 여성들 앞에 장애를 만들어놓고, 교육에 접근하는 것을 금지하고, 동직조합에서 쫓아냈던 것과 똑같은 방식으로 어떤 여성들은 인정사정없는 적대감에 부딪혔다.

미국 웨스트버지니아의 아메리칸 사이안아미드 직원들, 베티 리그스Betty Riggs와 그 동료들의 이야기는 이를 보여주는 사례다. 1974년 경영진은 생산 라인에 여성을 채용하라는 정부의 강요를 받는다. 베티 리그스는 죽치고 일해야 시간당 1달러를 받을 수 있는 일에서 벗어나, 부모와 아들을 먹여 살릴 생활비를 벌고, 주기적으로 폭력을 행사하는 남편에게서 벗어날 유일한 기회라고 여기고 끈덕지게 회사 경영진에 부탁하지만 사장은

---

44   Susan Faludi, *Backlash, op. cit.*

이런저런 핑계를 대며 그녀의 지원에 거부 의사를 표한다. 1년이 지날 무렵 그녀는 마침내 다른 여성 근로자 35명과 함께 채용되는 데 성공한다.

그리고 그녀가 염색 작업장에서 일한 첫해 생산량이 눈에 띄게 향상된다. 그런데 여성 근로자들은 남성 동료들에게 괴롭힘을 당하기 시작한다. 어느 날 그녀들은 "한 여성을 죽여 남성 근로자 하나를 구하라"고 적힌 전단지를 보게 된다. 그것만으로 충분하지 않다는 듯 베티 리그스의 남편은 주차장에 있는 그녀의 자동차에 불을 지르고 몰래 작업장에 침입해 그녀를 구타하기도 한다.

이후 10여 년이 지나고 회사에서는 갑자기 여공들이 다루는 물질이 그녀들 건강에 어떤 영향을 미칠지 관심을 갖는다. 이 물질은 남성 생식기 건강도 위협했지만 회사는 별도 보호 장비를 마련하지 않고 불임수술을 받지 않는 50세 미만 가임 여성은 작업장에서 일할 수 없다는 결정을 내린다. 여공 7명의 의견이 갈라진다. 그중 5명은 절대적으로 이 일이 필요했기 때문에 체념하고 불임수술을 받기로 한다. 베티 리그스도 그중에 있었는데 당시 그녀는 스물여섯 살에 불과했다. 2년도 채 지나지 않아 1979년 말, 사장은 작업장 안전을 감시하는 정부 부서와의 접촉 후 염색 작업장 문을 닫는다. 여성들이 자궁을 희생하면서 몸 바쳤던 일자리는 제거되고 말았다.

그녀들은 공장을 상대로 소송을 걸지만 성공하지 못한다. 연방정부 판사가 그녀들에게 '선택의 여지'가 있었다고 판단했기 때문이다.[45] 베티 리그스는 '여성의 일'로 돌아가지 않을 수 없었다. 그녀는 가정부로 일하며 생활비를 벌어야 했다. 화형대는 없었지만 반항하는 자들이 영원히 하류층에 머물게 하기 위해 신체를 손상하고 때리고 배제하는 가부장제의 권력은 여전히 남아 있었던 것이다.

악마의 정체는?

14세기부터 유럽 권력가들 눈에는 이 악마의 유령이 모든 여성 치료사, 여성 마법사 또는 다소 대담하고 활동적인 여성 뒤편에서 자라나서는 급기야 그녀들을 사회를 위협하는 치명적 존재로 만드는 것으로 보였다. 과연 이 악마란 무엇일까? 그런데 이 악마가 '독립'이란 것이었다면?

"권력의 모든 문제는 사람들을 그들의 할 수 있는 능력과 분리하는 데 있다. 사람들이 독립적이면 권력은 있을 수 없다. 마법의 역사는 나에게 독립성의 역사이기도 하다. 그래서 〈아내는 요술쟁이〉에서처럼 결혼한 마녀는 뭔가 이상하다. 권력은 언제나 특정한 사례를 만들고 자신들 없이는 살지 못한다는 것을 보여

---

45   위와 같음.

주어야 한다. 국제정치에서 가장 골치 아픈 나라들은 언제나 독립하고자 하는 나라들"이라고 에세이스트 파콤 티엘르망Pacôme Thiellement[46]은 설명한다. 지금도 가나에는 여전히 강제로 '마녀 수용소'에 살아야 하는 여성들이 있는데 그 가운데 70%는 남편이 죽은 후에 고발당한 경우였다.[47]

룬가노 니오니[잠비아의 여성 영화감독이자 시나리오 작가, 여배우 (1982~)]의 픽션 영화 〈나는 마녀가 아니다〉(2017)는 잠비아에 있는 마녀 수용소에서 전개된다. '마녀들' 등에는 길고 하얀 끈을 달아 이 끈을 거대한 나무 실감개에 묶어놓았다. 따라서 끈이 닿는 가까운 거리에서만 움직일 수 있고 이동의 자유를 완전히 통제받는다. 이 장치는 그녀들이 달아나 살인을 저지르지 못하게 막는 수단이다. 이것이 없으면 그녀들은 '영국까지' 날아갈지도 모르고, 끈을 자르면 염소로 변해버릴지도 모른다.

지방정부 수장의 아내는 마녀 수용소에 있는 어린 소녀 슐라에게 이제는 쓸모없는 자신의 실감개를 보여주면서 그녀도 예전에 마녀였다는 말을 한다. 그녀는 또 결혼으로 얻은 존경할 만한 것들, 예를 들면 고분고분함, 순종 같은 덕목만이 염소로 변하시 않고 리본을 사를 수 있게 해수었나고 상소한다.

유럽에서 마녀재판의 거대한 물결이 일기 전인 15세기, 일종

46   "Les sorcières", Hors-Serie.net(2015. 2. 20).

47   "Au Ghana, des camps pour 'sorcières'", *Terriennes*, TV5 Monde(2014. 8. 11), http://information.tv5monde.com/terriennes.

의 예고처럼 베긴Béguines 공동체 여성들이 누리던 특별한 사회적 신분을 파괴하는 일이 벌어졌다. 이 여성 공동체는 특히 프랑스, 독일, 벨기에 등지에 있었다. 공동체에 속한 여성들은 대체로 기혼 여성도, 수녀도 아닌 미망인들이었다. 그녀들은 모든 남성 권력에서 벗어나 정원이 딸린 작은 개인 주택에서 함께 살았다. 정원에선 채소와 약용작물을 키웠고, 자유롭게 이 채소밭을 오갔다.

알린 키너는 매우 감각적인 자신의 소설에서 파리의 베긴 여성 대수도원을 복원한다. 수도원의 자취는 아직도 파리 4구의 마레 지구에서 볼 수 있다.[48] 수도원의 약초 상인인 여주인공 노파 이자벨의 집에서는 "나무 탄내와 쓴 풀 냄새가 났다. 그녀는 초록색도 파란색도 아닌 이상한 눈을 가졌다. 그런 그녀의 눈은 하늘과 정원의 식물들, 비 올 때 빛이 통과하는 물방울들의 미묘한 변화들을 포착한다". 그녀는 마녀 플로피 르 르두와 자매처럼 닮았다.

베긴 공동체의 몇몇 여성은 공동체 밖에서 일하고 거주했으며 잔느 뒤 포 같은 이는 번창하는 비단 가게를 운영하기도 했다. 다른 수녀원에 갇힌 몇천 명 여성들이 노쇠를 면치 못하는

---

48   Sylvie Braibant, "*La Nuit des béguines*, une histoire de femmes puissantes et émancipées au Moyen Âge, racontée dans un livre", *Terriennes*, TV5 Monde(2017. 10. 13). http://information.tv5monde.com/terriennes.

것과는 반대로 베긴의 여성들은 신체적·지적·영적 왕성함을 누렸다. 19세기 시인 테오필 고티에[예술지상주의로 유명한 프랑스 시인이자 비평가(1811~1872)]는 딸을 자비의 성모 자매회 수도원에 맡겼다. 어느 날 수도원을 방문한 그는 딸에게 지독한 냄새가 난다는 걸 알아차리고 딸이 일주일에 한 번 목욕을 하게 해달라고 요구했다. 그 말을 들은 수녀들은 깜짝 놀라며 "수녀의 목욕은 고작해야 옷을 흔들어 터는 게 전부"라고 말한다.[49]

1310년 현재 파리 시청 앞 광장인 그레브 광장에서 에노주 출신 베긴의 여신도 마르그리트 포레트는 이단이라는 이유로 화형당했는데 이 처형은 이 여성들에게도 관대함과 혜택이 끝났음을 고하는 것이었다. "사제와 남편에 대한 이중의 순종 거부"[50]라는 이유로 그녀들에 대한 평판은 점점 나빠졌다.

오늘날 국가가 이른바 마녀들에 대한 공개 처형을 주최하지는 않는다. 그러나 어떻게 보면 사적 영역에서 자유로워지려는 여성을 처형하는 일이 벌어지고 있다. 그런 여성 중 누군가가 배우자나 이전 배우자에게 살해되는 일이 프랑스에서는 평균 사흘에 한 번 일어나는데 그 이유는 대체로 그녀가 떠났거나 또는 에밀리 알루인Émilie Hallouin처럼 자신의 그러한 의사를 알렸기 때문이다. 에밀리 알루인은 서른네 살 생일이던 2017년 6월 12일,

---

49 Guy Bechtel이 *Les Quatre Femmes de Dieu*, *op. cit.*에서 인용.
50 Aline Kiner, *La Nuit des béguines*, Liana Levi, Paris(2017).

파리-낭트 구간 TGV 레일에 팔다리가 묶인 채 버려졌다. 남편이 한 짓이었다.[51] 그런데 언론은 이 살인자들을 마녀들의 화형을 언급할 때와 똑같이 현실감을 잃게 하는 저속한 태도로 다룬다.[52] 플레시-로뱅송〔파리 남서쪽에 있는 지역〕에서 한 남성이 아내를 불태워 죽였을 때 일간지 《르 파리지앵》(2017. 9. 23)은 이런 제목으로 시작되었다.

'아내에게 불을 붙이고 아파트에 방화하다.'

마치 희생자가 흥미로운 가구이거나 뉴스의 핵심이 아파트 화재인 것처럼 기자는 남편이 다소 별난 범죄를 저질렀다고 생각하는 듯했다. 여성 살해의 문제를 타당한 제 위치에 놓고 그 심각성을 인정하는 상황은 살인자가 흑인이나 아랍인이었을 때뿐이다. 그런 경우에도 인종차별주의를 자극하는 것이 중요해서지 여성의 관점을 옹호하려는 게 아니다.

가벼운 할리우드식 코미디를 넘어서는 르네 클레르의 영화 〈나는 마녀와 결혼했다〉(1942)는 독립적 여성을 짓밟는 일을 거리낌없이 찬양하는 것으로 보인다. 베로니카 레이크가 분한 제니퍼는 17세기 뉴잉글랜드에서 마법 때문에 아버지와 함께 처형되었는데 자신을 고발한 자의 후손에게 복수하기 위해 20세기에 다시 태어난다. 그런데 그에게 먹이려고 만든 사랑의 묘약

---

51   Titiou Lecoq, "Elle s'appelait Lauren, elle avait 24 ans': une année de meurtres conjugaux", *Libération*, 2017(6. 30) 참고.

52   le Tumblr, *Les mots tuent*, https://lesmotstuent.tumblr.com 참고.

을 실수로 마시고 그녀 자신이 사랑에 빠지고 만다. 이후 그녀는 선거전에서 그의 승리를 이끄는 데 능력을 발휘한다. 이야말로 가부장제의 진정한 꿈 아닐까. 그녀는 귀가하는 그에게 달려나가 슬리퍼 신는 것을 도와주면서 "자신은 쓸모 있는 얌전한 아내"가 되기 위해 마법을 포기하겠다는 뜻을 밝힌다.

사실 남편 보호하에 넘어가기 전 아버지에게 보호받던, 변덕스럽고 응석이 심한 이 유아적 마녀에게는 애당초 그녀의 심판관들을 두렵게 할 만한 통제 불능의 여성 같은 면은 없었다. 그녀에게 생명을 불어넣는 일은 가히 남성이 관할하는 영역이다. 그녀의 아버지와 그녀가 유령으로 되살아날 때 그녀는 "아버지, 저에게 육체를 주세요!" 하고 간청한다. "남성에게 거짓말을 하고 그를 괴롭히기 위한 입술"을 다시 갖고 싶었기 때문이다. 그런데 여기서 그리는 마녀의 초상은 일반적으로 여성혐오를 표현하는 상투적 표현들과 일치한다.

그는 그녀의 소원을 들어주기로 하고 그녀에게 '아주 사소한 것'의 외양을 준다. 마치 위엄 있는 중년 부인이 측은한 마음으로 그녀에게 '아주 사소한' 드레스를 한 벌 빌려주는 것처럼. '아주 사소한 것', 즉 할리우드에서도 여전히 만들어내고 있을 법한 지극히 가볍고, 상냥하고 작고 귀여운 것. 그녀는 몸이 작아서 자리도 별로 차지하지 않으며 미래의 남편을 더 잘 유혹하기 위해 레이스 달린 잠옷 혹은 모피 외투를 입는다.

이어서 인간을 사랑하게 된 그녀를 벌하기 위해 아버지는 이 물질적 외피를 박탈하려 했고, 이제 그녀를 구원할 수 있는 건 잠자는 숲속의 미녀처럼 선택받은 애인, 그러니까 남성으로서, 애인으로서 이중으로 선택받은 자의 입맞춤뿐이다.

마지막 순간 그녀는 따뜻한 난롯가에 앉아 가족에 둘러싸인 채 뜨개질을 한다. 언뜻 보기에 해피엔딩인 듯하다. 당연히 그녀의 손녀는 빗자루에 걸터앉아 온 집을 뛰어다닌다. "앞으로 손녀와 트러블이 생길까 봐 걱정이야" 하고 그녀는 한숨을 내쉰다. 그러나 걱정할 것 없다. 손녀는 그녀 어머니처럼 순종하게 될 것이다. 그야 물론 '마법보다 더 강한' 사랑의 힘으로.

결혼을 위해 자신의 능력을 기꺼이 포기하는 마녀라는 주제는 영화 〈사랑의 비약〉에서도 볼 수 있다.[53]

반대로 1980년대 뉴잉글랜드의 작은 마을을 배경으로 하는 조지 밀러 감독의 〈이스트윅의 마녀들〉에서 잭 니콜슨이 분한 대릴 반 혼, 일명 악마는 결혼을 신뢰하지 않는다고 선언한다.

"남성에게는 좋고 여성에게는 무가치해. 그녀는 죽지! 숨막혀한다고!"

첫 만남에서 쉐어가 분한 알렉산드라가 그에게 자신이 미망인임을 알리자 그는 이렇게 답한다.

---

53   미국 TV 시트콤 〈아내는 요술쟁이〉의 시나리오는 언뜻 이와 유사해 보인다. 그러나 적어도 사만다의 어머니 엔도라라는 인물을 통해서는 대위법적으로 다른 모습을 보여준다. 그녀는 딸의 고분고분한 태도와 사위의 멍청함에 깜짝 놀란다.

"유감입니다. 하지만 당신은 운이 좋은 여성이에요. 아내가 남편을 쫓아버릴 때 또는 남편이 아내를 쫓아버릴 때, 그것이 죽음에 의해서건, 도망이나 이혼에 의해서건 여성은 깨어납니다! 피어납니다! 한 송이 꽃처럼 과일처럼. 그녀는 성숙해집니다. 내겐 그것이 여성입니다."

그는 이사를 갔는데 그곳은 예전에 마녀들을 처형하던 성이었다. 그는 이 문제에 대해 이렇게 설명한다.

"남성은 강한 여성 앞에 서면 성기가 흐물거려. 그러면 어떻게 해야 할까? 그녀가 마녀라고 하면서 고문하고 불태워 죽이지. 모든 여성이 두려워하고 겁을 먹을 때까지. 그녀들이 스스로를, 남성들을 두려워하게 될 때까지."

그가 마을에 도착하기 전까지 쉐어, 미셸 파이퍼, 수전 서랜든이 분한 세 마녀는 자신이 가진 마법의 능력을 겁내고 거의 믿지 않았다. 그렇지만 비 오는 어느 날 저녁, 부주의로 그를 갑작스레 나타나게 한 건 바로 그녀들이었다. 그때 그녀들은 이상적 남성을 상상하면서 칵테일을 마시고, 그런 남성을 만나게 해달라고 소원을 빈다. 그러고는 한숨을 쉬면서 남성이 "모든 것의 해답은 아니다"라는 결론을 내린다.

왜 자신들의 대화는 그들 이야기로 끝이 나는지 자문하기 전까지, 그녀들 인생에 그가 요란하게 등장하기 전까지 그녀들은 가부장적이고 청교도적인 사회의 규율에 순응하기 위해 끊임없이 자신에게 굴레를 씌우고, 스스로를 억압하고, 본래 자기 모습의 절반만 보이고 살았다. 반대로 그는 그녀들이 능력을 발휘하고 에너지, 창의력, 성욕의 자연스런 표출에 몸을 맡기도록 용기를 북돋운다. 그는 자신이 일반적 남성을 넘어서는 남성이며, 따라서 그녀들이 불안해할 필요가 없는 사람이라고 소개한다. 그는 줄곧 이 말을 반복한다.

"해보세요, 난 봐줄 수 있어요."

우리는 여기서 부부관계의 도식을 뛰어넘게 될 뿐 아니라 사랑과 욕망이 마녀의 능력을 파기하기는커녕 더욱 증대시킨다는 걸 확인할 수 있다. 또한 세 여주인공은 종당에는 그 친한 대릴 반 혼을 쫓아버리기에 이른다. 이것은 주인 없는 여성들의 주인이 악마라는 사실이 상징하는 모순을 지적하는 계기가 된다. 르네상스의 악마 연구자들은 여성의 완전한 독립을 상상도 하지 못했다. 그러니 그들 눈에는 자신들이 마녀라고 고발한 여성들의 자유는 또 다른 종속으로 설명할 수 있었다. 따라서 그녀들은 당연히 악마에게 종속되는, 말하자면 여전히 남성의 권위에 순종하는 여성들이었다.

'흐릿하게 지워진 여성'

그러나 독립은 독신녀나 미망인의 전유물이 아니라 가정에서, 남편의 면전에서 실현될 수도 있다. 야간비행은 남자가 졸고 있는 사이 그의 감시를 피해 시작되며, 마녀는 부부의 침대를 이탈해 빗자루를 타고 마녀집회로 출발한다는 것이 바로 마녀의 야간비행이라는 허구이다. 악마 연구자들의 망상은 당대 남성들의 강박증을 드러낸다. 그들에게 마녀의 비행은 "이동의 자유를 상징한다. 이는 남편의 허락을 받지 않은 채 대체로 그가 마법사가 아니라면 모르는 사이에, 게다가 그에게 불리하게 전개된다. 마녀는 막대기나 의자의 다리 하나를 무릎 사이에 끼어 자신에게는 없는 음경으로 대용한다. 이로써 상상으로나마 자신의 성기를 버리고 여성 젠더의 한계를 뛰어넘는다. 그러고는 사회적 차원에서 남성의 전유물인 이 이동의 용이성을 자신의 것으로 삼는다. (…) 그녀가 이 독립성을 스스로 취한 것, 말하자면 그녀를 지배함으로써 자신의 자유를 행사하는 자한테서 벗어난 것은 그녀가 그에게서 힘을 일부 가로챘음을 말한다. 즉 이 비행은 일종의 절도라 할 수 있다".[54]

오늘날 페미니즘에 대한 '반격' 세력이 협박으로 믿게 하려는 것과는 반대로 독립은 관계의 부재를 의미하지 않는다. 우리 삶의 방식이 어떠하든, 독신이든 커플이든, 자녀가 있든 없든 간에 독립은 우리의 전인성과 자유의지를 존중하는 관계를 맺고, 우리의 성장을 방해하기보다는 돕는 관계를 맺을 수 있게 한다. 팸 그로스만은 마녀는 "스스로 힘을 보유하고 있는 유일한 여성

---

54   Armelle Le Bras-Chopard, *Les Putains du Diable*, op. cit.

원형이다. 그녀는 아내, 자매, 어머니, 동정녀, 창녀들처럼 다른 누군가에 기대어 자기 존재를 규정하게 하지 않는다. 그러니까 언급한 이 원형들은 존재의 근거가 다른 사람들과의 관계에 있지만 마녀, 그녀는 혼자 서 있는 여성이다"[55]라고 쓰고 있다. 마녀사냥 시대에 여성 롤 모델로 장려했으며, 초기에는 강제로, 이후 19세기에는 이상적 주부상을 내세우며 아첨, 유혹, 위협을 교묘하게 뒤섞어 강요한 일종의 표본은 여성을 생식기능으로 제한하고 노동 세계의 참여를 불법화했다. 이런 식으로 여성 표본을 끊임없이 다른 존재에 그 정체성이 흡수되고 훼손되고 흐려질 수 있는 위치에 두었다. 자신의 삶을 살지 못하고, 자아실현을 하지도 못하게 하면서 그녀들을 이른바 여성의 본질을 구현하는 대리자로 만든 것이다. 1969년 뉴욕에서 WITCH 그룹은 한 결혼식장에 생쥐들을 풀어놓아 결혼식을 방해한 적이 있다.[56] 그들이 내건 슬로건 중 하나는 통렬한 비난이었다.

"영원히 아내로 있는 것이지 결코 하나의 사람인 것이 아니다."

오늘날 한 남성과 가정을 이루고 자녀들과 함께 사는 여성은

---

55   Pam Grossman, "Avant-propos", in Taisia Kitaiskaia and Katy Horan, *Literary Witches. A Celebration of Magical Women Writers*, Seal Press, Berkeley(2017).

56   증권거래소에서의 주가 하락도 그렇지만 생쥐를 푼 것이 "생쥐들을 놀라게 하고 모욕했던 방식에 대한 언급은 차치하고라도 특히 신부의 여자 친구들과 그녀들의 어머니를 놀라게 하고 모욕했다는 이유로 로빈 모건은 이 시위를 신랄하게 비판했다". Robin Morgan, "Three articles on WITCH", *Going Too Far, op. cit.*

'흐릿하게 지워진 여성'이 되고 싶지 않다면 언제나 전력을 다해 싸워야 한다. 이 '흐릿하게 지워진 여성'은 콜레트 코스니에의 표현이다. 그녀는 1930년대에 출간되기 시작했던 베르트 베르나주의 40권에 이르는 로맨스 소설 《브리지트Brigitte》 시리즈를 연구했다. 1권에서 열여덟 살이던 여주인공은 마지막엔 증조할머니가 된다. 이 여주인공을 통해 여성 작가는 "젊은 여성을 위한, 나아가 아내와 어머니를 위한 일종의 현대 인생 개론을 쓰고" 싶어 했다고 콜레트 코스니에는 설명한다. 브리지트가 자기 아이들을 지그시 바라보며 가슴 뭉클해하는 장면에서 베르트 베르나주는 이렇게 쓰고 있다.

"로즐린은 며칠 후면 다른 가족 속으로 사라질 것이다. 반면 저 아이, 조막만 한 주먹을 꽉 쥐고 벌써부터 의지가 강한 작은 사내아이는 '그'가 될 것이다."[57]

그녀는 자신이 반동적 세계에서 아주 멀리 떨어져 있다고 믿었던 듯하다. 전쟁 당시 브리지트는 명시되지는 않았지만 페탱파[나치 독일에 협력하던 프랑스 비시 정부의 우두머리 페탱의 지지자들]였던 데다 때에 따라서는 반유대주의적 태도를 보이기도 했다.

이성애 부모의 가정 안에서 여성은 늘 남편과 자녀들의 욕망을 자신의 욕망보다 우선시하고 그 자신은 옆으로 비켜선다고

---

57   Colette Cosnier, "Maréchal, nous voilà! ou *Brigitte* de Berthe Bernage", in Christine Bard(dir.), *Un siècle d'antiféminisme, op. cit.*

사회학자 오나 도나스[58]는 말한다. 이제 매우 진보적 커플 관계에서는 이처럼 용납할 수 없는 낡아 빠진 논리를 수용하지 않지만 가사에 대한 책무가 산처럼 쌓일 때는 거의 마술처럼 다시금 그러한 논리가 작동하면서 어머니 혼자 뒤집어쓰게 된다.

저널리스트이자 저술가인 티티우 르콕은 서른 살이었을 때는 성차별을 결코 자신에게 해당되는 문제로 느껴본 적이 없었다.

"그러다 어느 순간 덜커덕… 내게 아이들이 생겼다. 그러면서 이전까지 절대적 '나'로 있던 나는 여성으로 존재한다는 것이 무슨 뜻인지 알게 되었다. 그리고 정말이지 재수 없게 나도 한 여성이라는 것도."

여성 정체성에 관한 한 어머니 역할과 하녀의 역할로 아주 많은 부분들의 방향이 정해져 있을 뿐 아니라 좋은 결과를 얻을 수 없기 어려운 친권자 역할로도 타격을 받는다. 티티우 르콕이 관련 주제를 연구한 바에 따르면 "아이들의 사회화와 놀이 활동에만 부모 둘 다가 참여한다"고 지적한다. 그러고 나서 설명을 덧붙인다.

"그런데 나는 남성들을 이해한다. 나도 집 안에서 작아진 작은 옷들을 골라내고 정리하는 일보다 아이들과 함께 숲속을 산책하는 게 더 기분 좋으니까."[59]

---

58   Orna Donath, *Regretting Motherhood. A Study*, North Atlantic Books, Berkeley(2017).

여성의 정체성을 희미하게 지우는 출산은 자녀 교육과 가사 문제를 넘어선다. 미국의 시인이자 에세이스트인 에이드리언 리치는 1955년 첫 임신 초기에 시 쓰기를 중단했고, 나중에는 독서조차 힘들어 바느질 수업을 듣는 것으로 만족해야 했다고 회상했다.

"나는 아기방에 달 커튼을 꿰매고 소매 달린 아기 조끼를 준비했다. 그러면서 불과 몇 달 전 나 자신이었던 여성을 되도록이면 지워버렸다. (…) 사람들은 나를 단순히 임산부로만 인식하는 듯했고, 나 자신도 그러는 편이 더 쉬울 뿐 아니라 덜 불안했다."

사실 그녀의 주변은 그녀가 작가인 동시에 미래의 어머니가 되는 걸 허용하지 않겠다는 듯 단호했다. 그녀는 뉴잉글랜드의 명망 높은 남성 학교에 초대받아 학생들 앞에서 자신의 시를 낭독할 기회를 갖게 되었다. 그런데 교사는 그녀가 임신 7개월이라는 사실을 알게 되자 초청을 취소했다. 그녀의 상태가 "소년들이 시 낭독을 집중해 듣는 것을 방해하리라 판단했기 때문이다".[60]

2005년에도 소설 《행복한 사건Un heureux événement》〔한국어판은 예담(2006)〕에서 작가 엘리어트 아베카시스는 출산과 일의 양립

---

59 Titiou Lecoq, *Libérées. Le combat féministe se gagne devant le panier de linge sale* Fayard, Paris(2017).

60 Adrienne Rich, *Naître d'une femme. La maternité en tant qu'expérience et institution*, Jeanne Faure-Cousin이 영어판을 번역한 Denoël/Gonthier, "Femme", Paris(1980).

은 불가능하다는 이 편견을 함축적으로 보여주었다. 임신 후기에 이른 화자는 어느 날 아침, 논문 지도교수와의 만남을 앞두고 난감해하며 자문한다.

'기적적으로 내가 침대에서 일어난다 해도 이런 상태로 어떻게 교수 앞에 나설 수 있을까? 나는 그와 대등한 관계가 되려고 여태껏 많은 어려움을 견뎌냈어. 나의 변화를 해명하려면 어떤 거짓말을 해야 하지?"[61]

마치 임신호르몬이 뇌기능을 억제하거나 생각하는 일과 출산하는 일을 동시에 하는 게 파렴치한 짓이라도 되는 듯하다.

이런 반응은 19세기 의사들이 주장했던 '에너지보존' 이론을 상기시킨다. 그들은 인체의 기관과 기능은 인체를 순환하는 제한된 에너지양을 지키기 위해 고군분투하는 경향이 있다고 생각했다. 당시 여성들은 삶의 최고 목표가 출산이었기에 "몸 안의 에너지들을 자궁 주변에 비축"해야 했다고 바바라 에런라이크와 데어드레 잉글리쉬는 설명한다. 당시 임신한 여성들은 누워 지내며 모든 활동, 특히 지적인 활동을 피해야 했다.

"의사와 교육자들은 고등 교육이 여성 건강에 위험할 수 있다고 성급하게 결론지었으며, 지속적 뇌의 성장이 자궁을 쇠약하게 할 수 있다고 경고했다. 간단히 말해 생식 기관의 발달은

---

61   Éliette Abécassis, *Un heureux événement*, Albin Michel, Par-
is(2005).

지적 발달을 허용하지 않는다."[62]

어쩌면 우리는 아직도 여성의 사회적 추방을 정당화하는 데 써먹은 이 근거 없는 이론들의 결과인 상상 세계에 빠져 있는 건 아닐까? 노골적이든 암묵적이든 여성 신체에 관한 이 케케묵은 환상들은 여전히 여성을 사회적으로 추방하는 자양분으로서 어머니들에게 타격을 가한다. 그러니까 다소 꾸며낸 이상형의 예시로서 어머니들을 찬양할지는 몰라도 개인으로서는 그녀들을 인정하지 않는 셈이다.

남성이 우리와 결혼해주는 행운을 얻으려면 모든 화를 참으라고 했던 트레이시 맥밀런의 충고가 생각난다. 화를 검열하는 것은 정체성 지우기에 큰 역할을 할 수 있다.

에이드리언 리치는 "여성의 화는 어머니로서의 훈육 행동을 위태롭게 한다"고 쓰고 있다. 그녀는 《작은 아씨들》에서 둘째 딸 조에게 어머니 마미가 답하는 말을 인용한다.

"조, 나는 내 인생에서 거의 하루도 빠짐없이 분노를 먹이로 살고 있어. 하지만 이젠 화를 드러내지 않는 법을 배웠고 또 이젠 앞으로 남은 인생 40여 년 동안 화가 나를 사로잡는다고 해도 더는 화를 느끼지 않는 법을 배웠으면 해. 가정주부의 '직무'는 가정의 평화와 안정을 보장하는 동시에 다른 가족 구성원들의

---

62   Barbara Ehrenreich and Deirdre English, *Fragiles ou contagieuses. Le pouvoir médical et le corps des femmes*(1973), Marie Valera가 영어판을 번역한 Cambourakis, "Sorcières", Paris(2016).

정신적·물질적 안정을 지키는 것인데 스스로 짜증을 내는 것은 옳지 않아 보이기 때문이지."[63]

오늘날은 비폭력 교육을 내세운다. 즉 아이들을 존중하고 그들에게 정신적 외상을 입히지 말아야 한다는 것이다.

"변화가 필요하다. 어떤 상황에서든 그들과 적절하고 우정 어린 대화, 시민의 대화를 해야 한다. 껄끄럽지 않은, 중립적인, 연민 어린 대화"라고 코린느 마이에르는 자신의 풍자글 《노 키드》에서 조롱하고 있다.[64] 어릴 적 나는 어머니의 꾸지람을 아주 무서워했다. 그런데 프랑스 국영철도 안내방송 같은 목소리로 그 꾸지람을 들었다면 한층 더 질겁했을 것이다. "아이를 인간으로서 그 자신이 되도록 도와줘야 할 한 개인으로 생각하라는 개념 때문에 결과적으로 여성은 자신의 인생을 사는 개인 신분을 갖지 못한 채 모성의 기능으로 축소되고 개인성을 박탈당했다. 우리는 이 현대의 모순에서 벗어나야 한다"고 티티우 르콕은 분석한다.[65]

직장에서도 여성의 정체성은 '지워질' 위험에 처했다. 이 또한 동일하게 구속과 고정된 역할로 축소되기 때문이다. 르네상스 시대 유럽과 19세기 말 미국에서 여성 간병인들, 즉 시골의

---

63   Adrienne Rich, *Naître d'une femme*, op. cit.

64   Corinne Maier, *No Kid. Quarante raisons de ne pas avoir d'enfant*, Michalon, Paris(2007).

65   Titiou Lecoq, *Libérées*, op. cit.

여성 치료사들과 공인된 여성 의료인들을 억압하고, 의료계를 남성 전용으로 규정한 것은 그 완벽한 예증이다. 여성의 의료계 복귀는 오로지 간호사일 때만 허용되었다. 다시 말해 '타고난 자질'[66]이란 미명하에 여성에게 할당하는 것은 위대한 남성 과학자를 보조하는 낮은 지위의 자리다. 현재 프랑스에서 남성의 경우 남성 노동자 중 8%가 비정규직인 데 비해 여성은 여성 노동자들의 3분의 1에 해당될 정도로 많은 여성 노동자들이 비정규직[67]이다. 따라서 재정적으로 독립하지 못했을 뿐 아니라 간단히 말해 독립하지 못한 여성이 활동하는 분야도 교육, 어린이와 노인 돌봄 또는 보조 역할에 묶여 있다.

"절반 가까운 여성들(47%)이 간호사(여성이 87.7%), 방문 도우미 또는 보모(97.7%), 청소부, 비서, 교사 등 열 개 남짓되는 직종에 집중되어 있다."[68]

그런데 중세 유럽 여성은 남성들과 마찬가지로 다양한 직종에 종사했다고 실비아 페데리치는 강조한다.

"중세 도시에서 여성은 대장장이, 푸주한, 제빵업자, 양초 제조인, 모자 제조인, 양조업자, 모직공, 소매상으로 일했다. 영국

66   Barbara Ehrenreich and Deirdre English, *Sorcières, sages-femmes et infirmières*, op. cit.

67   Julia Blancheton, "Un tiers des femmes travaillent à temps partiel", *Le Figaro*(2016. 7. 8).

68   "Répartition femmes/hommes par métiers : l'étude de la Dares ", Secrétariat d'État en charge de l'égalité entre les femmes et les hommes(2013. 12. 13), www.egalite-femmes-hommes.gouv.fr.

에서는 여성이 동업조합의 85명 중 72명에 달했다."

그리고 그녀들 가운데 몇몇은 지배계급의 위치에 있었다.[69] 따라서 20세기에 시작된 것은 정복이 아니라 재정복이다. 그러나 여성의 재정복을 완성하는 건 요원하다. 여성은 여전히 일터에서 부당하게 자리를 차지한 불청객 처지로 있기 때문이다. 심리학자 마리 페제Marie Pezé는 여성의 종속적 지위와 그녀들이 겪고 있는 괴롭힘, 성폭력 사이에는 직접적 관계가 있다고 본다. 그녀는 "여성의 운명에 대한 이 과소평가 문제를 해결하고자 정면 승부를 하지 않는 한 우리는 아무것도 이루지 못할 것"이라고 평한다.[70]

강요된 봉사

여성은 명망 높고 창조적인 직업을 선택할 능력을 갖추고도 심리적 장애로 인해 또는 주변의 격려가 부족한 바람에 정작 그 일에 뛰어들지 못하는 수가 있다. 그런 경우 그녀들은 조언자나 '작은 도움'으로 남는다. 또는 여전히 남성 의사/여성 간호사라는 모델에 따라 좋아하는 남성, 남자 친구, 고용주

69　Silvia Federici, *Caliban et la sorcière, op. cit.*

70　Rachida El Azzouzi, "Marie Pezé : 'Les violences sexuelles et sexistes sont dans le socle de notre société'", Mediapart.fr(2016. 5. 12).

나 배우자를 돋보이게 하는 역할을 하면서 대리자로서의 소명을 실현하는 쪽을 택한다. 어디선가 본 티셔츠에 적힌 다음과 같은 여성주의 슬로건이 겨냥하고 깨트리려 한 건 바로 여성의 자기 억압이다.

"너의 부모님이 늘 너와 결혼하기를 바라는 바로 그 의사가 되어라".

학문의 역사와 예술사에도 당연히 동반자 여성의 작업을 가로챈 남성들이 가득하다. 예를 들어 스콧 피츠제럴드는 아내 젤다가 쓴 글을 자신의 책에 끼워 넣었다. 그래서 그녀가 글 모음집을 출간하려 하자 제목을 '**작가의 아내**'[71]로 하라고 은근히 권했다. 그리고 책에는 조력자나 이인자 위치에 대한 여성 자신의 내면화에 관한 내용을 덧붙인다.

에리카 종의 여주인공 이사도라 윙은 어머니에게서 예술가나 예술가 지망생이 되지 말라는 주의를 듣는다. 어머니는 이 교훈을 얻기까지 아주 비싼 대가를 치렀다고 딸은 말한다.

"할아버지는 자주 내 어머니의 그림 위에 자신의 그림을 그리곤 했어. 어머니는 새 캔버스를 사러 가는 대신 그런 할아버지를 피하기로 하고 한동안 시 창작으로 방향을 틀었는데 그러다 내 아버지를 만났지. 아버지도 노랫말을 쓰는 사람이었는데 어

---

71   Nancy Huston이 *Jounal de la création*, Actes Sud, Arleas(1990)에서
      인용.

머니의 시적 이미지를 훔쳐 자신의 노래에 써먹었어."

이사도라에 대해 말하자면 "나는 글을 쓰면서 새로운 삶을 시작하고 새로운 존재가 되고 싶었다"는 말에서 볼 수 있듯 글을 쓰고 싶어 하는 진정성 있는 바람이 얼마나 깊은지 가늠 못할 정도지만 끊임없이 자신을 의심한다.

에리카 종의 초기 두 소설의 초고에서는 화자가 남성이었다.

"나는 사람들이 한 여성의 의견에는 주의를 기울이지 않으리란 단순한 가정에서 출발했다."

그녀가 잘 아는 모든 주제는 죄다 그녀에게 '평범'하고 '너무 여성적'인 듯했다. 게다가 그녀는 주변의 따뜻한 격려를 조금도 기대할 수 없었다. 아이를 아홉이나 낳은 그녀의 언니는 그녀가 쓴 시를 '자위적'이고 '노출광적'이라 평하면서 그녀의 '불임'을 비난한다.

"너는 글쓰기가 세상에서 제일 중요한 일이라도 되는 것처럼 인생을 사는구나!"

2013년 《비행공포》 출간 40주년 기념 후기에서 에리카 종은 열 개 남짓 되는 언어로 2,700만 부를 판매하고 영화화를 준비하는 중인데도 여전히 "자신은 소설을 쓰는 나쁜 버릇을 가진 시인"[72]으로 느껴진다고 털어놓았다.

그녀의 이 소설은 화자가 여성이고 '여성'이란 주제를 다룬

---

72   Erica Jong, *Le Complexe d'Icare, op. cit.*

책이다. 그래서 몇백만 여성 독자들은 그 책에서 자신의 모습을 발견하며 공감했고, 몇백만 남성 독자들도 그녀를 높이 평가했다. 책은 이사도라의 승리인 동시에 에리카의 승리였고, 의심과 콤플렉스에 대한 승리였으며, 자신의 목소리를 찾아내고 그 목소리를 경청하도록 만드는 데 실패할지도 모른다는 두려움을 이겨낸 승리를 상징했다.

나의 경우 15년쯤 전에 나는 우러러보던 한 철학자에게 자신과의 대담을 책으로 내자는 제안을 받았다. 당시 결정을 내리려는 마지막 순간 내 머릿속에서 울리던 경고음이 기억난다. 내가 글 쓰는 작업을 맡으면 그에게 유리한 거래였다. 그는 페미니스트적 언사를 하곤 했으니 경계할 사람은 아니지 않은가? 그렇지 않을까? 당시 나는 함께하는 것, 그러니까 확실히 참여하겠다고 하는 게 최선의 방법인지 판단할 수 없었다.

그런데 그가 이렇게 말했을 때, "표지에 네 이름도 들어갈 거야, 내 이름만 있는 게 아니라"라고 하며 큰 명예를 누리게 해줄 것처럼 말했을 때, 그의 석연치 않은 강조가 경계심을 품게 했고 내 머릿속에서는 '감언이설'이라는 단어가 깜빡거렸다. 그리고 며칠 뒤 그의 전화를 받았다. 그는 방금 유명한 출판업자인 옛 친구를 만나 자신들의 대담을 녹음했고, 그것으로 책을 만들 생각이라고 했다. 그는 나에게 녹음한 걸 받아 적는 일에 관심이 있느냐고 물었다. "음, 아뇨" 하는 내 대답이 약간 퉁명스러웠는지 그는 서두르면서 분명하게 말했다.

"괜찮아, 괜찮아! 난 단지 자네가 이 일에 흥미가 있는지 물어본 거니까!"

그는 남을 잘 돕는 나의 친절하고 여성적인 성격과 그의 책에 대한 나의 열등감 섞인 열성에 기대어 나를 궂은일을 도맡아 할 무보수 비서로 자원하게 할 생각이었던 듯하다. 하마터면 그에게 말려들어 그의 속셈대로 무보수 비서가 될 뻔했다. 결국 의욕이 사라진 나는 우리의 공동 계획을 포기했다. 그 대신 나는 표지에 오로지 내 이름만 나오는 책을 한 권 냈다.

당신이 희생을 거부하거나 당신 자신의 목표를 좇고자 하면 즉각 비난을 부른다. 그 거절이 직장 내에서 일어났다면 당신은 건방지고 개인주의적이며, 출세주의자, 거만한 자라는 비난을 면치 못할 것이다. 그리고 득달같이 달려들어, 당신의 편협한 자아를 넘어서는 대의를 위해 도와주는 행위의 아름다움과 그 행동이 안겨줄 고결한 보람을 찬양하는 남성 한 무더기와 마주할 것이다. 사실상 그들은 정작 이렇게 남을 도운 적이 없을뿐더러 보람을 느낀다는 것 또한 남들에게 들었을 뿐이다. 믿기지 않겠지만 이 대의를 위한 도와주기는 뜻밖에도 일반적으로 그녀들의 업무와 혼동된다. 남성의 공갈과 협박이 먹히는 상황인 것이다.

그들이 글을 쓰거나 창조 작업을 하거나 영화를 찍을 때, 혹은 야심 찬 어떤 기획에 뛰어들 때 그들을 에워싸고 있는 보이진 않지만 결정적인 위엄과 정당성의 아우라를 두고 남성과 겨루기는 그만큼 힘든 일이다.

가정이라는 틀 안에서 자녀들 중심으로 삶을 꾸려가지 않고 버틴다면 당신은 나쁜 엄마, 복수의 여신 메가이라 취급을 받을 것이다. 이 대목에서도 당신의 편협한 개인적 근심거리에 한정되지 말라는 권고를 받는다. 그리고 아마도 여성을 규정하는 자질인 듯한 자기중심적이라는 유감스런 태도에 모성이 어떤 영향을 미치는지, 그 특효를 예찬하는 말을 듣게 될 것이다. 어느 젊은 미국 여성은 "자기 자신만을 생각하던 여성이 태도를 싹 바꾸게 되는 계기는 오직 아이를 갖는 것"이라고 표명한다.[73] 그러고 나서 듣는 말은 "아무도 당신에게 아이를 낳으라고 강요한 적은 없다"는 것이다. 그처럼 피임과 낙태의 권리는 '좋은' 어머니가 되는 규범들을 강화하는 역효과만 가져왔다.[74]

반면 남성은 출산을 결정하는 일에 참여하지만 이상하게도 '좋은' 아버지가 되기 위한 규범이 강화되진 않는다. 얼핏 상식적으로 보이는 다음과 같은 말이 겨냥하는 대상은 누구보다 어머니들이다.

"다른 누군가의 손에 키우려고 자식을 낳지는 않는다."

당연한 말이다. 또한 언제까지나 옆에 끼고 살거나 혹은 원만한 상상을 위안 돌봄 없이 포기하려고 자식을 낳는 이는 없다.

---

73 Pam Houston이 "The trouble with having it all", in Meghan Daum(dir.), *Selfish, Shallow, and Self-Absorbed, op. cit.*에서 인용.

74 Nathalie Bajos and Michèle Ferrand, "La contraception, levier réel ou symbolique de la domination masculine", *Sciences sociales et santé*, vol. 22, no. 3(2004) 참고.

아이를 키운다는 건 균형 잡힌 어른의 모습을 보여주는 것이지 너무 소외되거나 욕구불만의 모습을 보이는 게 아닐 것이다.[75] 한편 어떤 어머니들은 응석을 부리거나 생활의 기본 규칙을 받아들일 능력이 안 되는 어린아이들을 능숙하게 다루기도 한다. 그럼에도 에이드리언 리치는 다음과 같이 강조한다.

"이성애 제도가 성적 사랑과 관계의 내밀함에 끼어들지 않듯이 출산 제도도 아이를 임신하고 기르는 일에 관여하지 않는다."[76]

시몬 드 보부아르의 《제2의 성》이 출간됐을 때 비평가이자 작가인 앙드레 루소André Rousseau는 이렇게 탄식했다.

"끝이 없는 인격 성숙은 자기 자신의 희생 끝에 있다는 것을 어떻게 여성에게 이해시킨단 말인가?"[77]

1960년대에도 여전히, 나탕출판사에서 펴낸 《여성 백과사전Encyclopédie de la femme》에서 몽사라Monsarrat 박사는 딸들의 교육에 대해 다음과 같이 묘사한다.

---

75 물론 여기서도 모순된 명령의 원칙이 적용되는 경우가 있다. 2010년 로트 지방의 오딜 트리비Odile Trivis는 "지나치게 밀접하다"는 이유로 혼자서 키우던 세 살짜리 아들과 떨어져 살아야만 했다. 그런 태도를 취하게 된 이유가 무언지 모르지만 아무튼 그녀는 임신 기간 중 아버지와 이별해야 했고 심각하지는 않았어도 암과 싸워야 했다. 배우자의 도움을 받지 못하고 혼자인 상황에서 어머니 역할에 과도하게 몰입한 게 비난받을 일이라고 결론 내려야 하는 걸까? Antoine Perrin, "Une mère séparée de son fils car elle l'aime trop", BFMTV.com(2010. 12. 28).

76 Adrienne Rich, *Naître d'une femme, op. cit.*

77 Sylvie Chaperon이 "Haro sur *Le Deuxième Sexe*", in Christine Bard(dir.), *Un siècle d'antiféminisme, op. cit.*에서 인용.

"여성 교육은 가장 이타적 방향으로 행해야 한다. 삶에서 여성의 역할은 그녀 주변에 모든 걸 주는 것이다. 안락함, 즐거움과 아름다움을 주고, 웃음을 잃지 않고, 고통을 드러내지 않고, 언짢은 기분이나 피곤한 기색도 보이지 않아야 한다. 이는 쉬운 일이 아니다. 그러므로 우리의 딸이 적절히 포기할 줄 알도록 꾸준히 지도해야 한다. 태어난 첫해부터 아이는 자발적으로 장난감과 사탕을 나눠 가질 줄 알고, 자신이 가진 것, 그중에서도 가장 좋아하는 것을 주변과 나눌 줄 알아야 한다."[78]

현대 미국의 한 여성 작가는 자신이 어머니가 되고 나서는 크래커를 먹을 때 온전한 것은 남편과 딸에게 양보하고 자신은 부스러기만 주워 먹는다는 걸 깨닫고 놀랐다는 말을 한다.[79]

1975년 '출산 노예'를 거부하며 일어난 프랑스 단체 레쉬메르[쉬메르Chimère는 그리스신화 속 인물 키마이라Chimaera의 프랑스어]는 에블린 쉴로(1924~2017) 같은 페미니스트조차 자녀들이 어릴 때가 '정당함을 증명해주는' 때라고 말했던 사실을 지적했다.[80]

여성은 자신들 삶의 이유가 남에게 봉사하는 것이라는 신념을 내면화한다. 그런데 이는 출산하지 못하는 여성에게는 고통

---

78 Erika Flahault가 *Une vie à soi, op. cit.*에서 인용.

79 Jancee Dunn, "Women are supposed to give until they die", Lenny-letter.com(2017. 11. 28).

80 Les Chimères, *Maternité esclave*, 10/18, Paris(1975)[이전 사회질서가 여성의 출산 능력을 그녀들을 종속 상태로 있게 하는 수단으로 이용했다고 비판하면서 남성의 권력과 지배에 대한 비판을 결집한 1970년대 초반의 프랑스 현대 페미니즘 책].

을 가중하는 원인이 되었다. 1990년대 초반 마르티나라는 멕시코계 미국인 여성은 의학적 이유로 자궁을 제거해야 한다는 사실 때문에 울면서 어머니에게 전화했다.

"어머니한테 말했어요. '이제부터 남편이 날 아무 쓸모도 없는 인간으로 취급할 거야. 내가 남편에게 반짝이는 집을 제공하지 못할 테니까. 심지어 그가 요리도 해요. 난 지금 그것도 못한다고요!'"[81]

여성의 운명으로 생각할 수 있는 유일한 형태인 자기희생의 삶은 더욱 분명히 말하면 자신의 잠재적 창조성을 실현하기보다는 그 포기로 향하는 자기희생이다. 유일한 존재로서의 자기를 탐색하고 꿈을 마음껏 펼치는 것 또한 결국에는 그리고 다행스럽게도 가깝든 멀리 있든 그녀 주변에 풍요로운 혜택을 줄 수 있다. 어쩌면 우리가 추구해야 할 유일한 자기희생의 형태는 축소할 수 없는 불가피한 희생의 몫을 최대한 분배하는 것인지도 모른다. 그저 기다리기만 한다면 우리의 잠재적 능력은 계속 낭비된다. 레쉬메르는 "'진정한 여성'이란 욕망의 무덤, 이루어지지 않은 꿈들과 환상의 무덤"이라고 썼다.[82]

이제 대체로 자신감이 없고, 자신의 능력과 자신이 기여하는 바의 타당성과 자신들의 삶을 살 권리에 대한 확신이 없는 여성

---

81 Mardy S. Ireland가 *Reconceiving Women. Separating Motherhood from Female Identity*, Guilford Press, New York(1993)에서 인용.

82 Les Chimères, *Maternité esclave, op. cit.*

들은 죄의식을 심어주고 위협하는 것들에서 자신을 지키는 법을 배워야 할 때가 왔다. 이제 자신의 열망을 진지하게 여기고 자기네 이익 때문에 여성의 에너지를 갈취하려는 권위주의적인 남성 저명인사들에 맞서 꿋꿋하게 그 에너지를 지켜내야 할 때다.

레베카 트레이스터가 만났던 한 여성 디지털 노동자 아미나 소우는 이렇게 충고한다.

"언제나 당신 자신을 택하세요. 스스로에게 우선권을 준다면 당신은 경이로운 길에 들어설 거예요. 물론 사람들은 당신을 이기주의자로 여길 테지만 당치도 않은 거죠. 당신은 능력 있는 사람이고 당신에겐 꿈이 있어요."[83]

많은 중산층과 상류층 어머니들은 자녀 교육에 집중하고 되도록 최상의 교육을 제공하고자 자신이 받은 교육을 충분히 활용하지 않고 포기한다. 이러한 포기는 근본적 모순을 드러낸다. 자녀의 성장과 성공을 보장하기 위해 들이는 시간과 돈, 에너지는 적어도 암묵적으로는 대단한 과업을 완수하려는 그녀들의 희망을 말해준다.

재능이 뛰어나고 '높은 잠재력'을 가진 영재들을 발견해 돕고게 이는 많은 서술가와 교육자, 심리학자 들이 어디서든 교육에 전념하고 있음을 확인할 수 있다. 이런 사실을 통해 자아실현이 중요하고 인정욕구가 정당하다는데 대한 광범위한 합의가

83   Rebecca Traister, *All the Single Ladies, op. cit.*

존재함을 추론할 수 있다. 물론 이러한 노력은 소년과 마찬가지로 소녀에게도 해당된다. 아무도 차별 대우를 허락하지 않을 것이다. 이제 우리가 19세기에 살고 있지 않기 때문이다. 그럼에도 훗날 이 어린 소녀들이 자신의 아이를 가질 무렵에는 자원의 일부가 헛되이 낭비될 가능성이 있다. 누가 요술을 부렸는지 몰라도 그녀들이 성인이 되면 갑자기 세상 모두가 이제 그녀 자신의 삶이 아니라 가족의 삶을 성공시키는 게 중요하다고 생각하게 되기 때문이다. 그리하여 그녀의 교육을 둘러싸고 벌였던 그 모든 곡예의 목적이 그 어머니들에게 소일거리를 주는 것이었다는 생각이 들 정도다. 자녀의 미래의 성공을 보장하는 책임은 기본적으로 어머니들이 떠맡는다. 따라서 그녀들이 가정생활, 개인생활, 직장생활을 병행하고자 할 때 출산이 그녀들 경력에 불이익을 줄 가능성은 매우 크다. 반대로 아버지는 경력이든 임무든 자신의 위치에 조금도 손상을 입지 않는다.

요약하면, 일관성이 있으려면 여성 교육을 중단하든가, 아니면 그녀들의 교육에 가부장제에 맞서 싸울 진지한 게릴라 훈련을 끼워 넣든가 해서 이 상황을 바꾸려는 적극적인 노력이 필요하다는 것이다.

물론 아무도 여성이 아이를 낳고 동시에 다른 영역에서 자아실현을 추구하는 걸 막지 않는다. 오히려 당신은 이를 실현하는 과정에서 큰 격려를 받는다. 그러니까 출산이라는 케이크 위에 자아실현이라는 체리를 올려놓음으로써 당신은 우리의 양심과 집단적 나르시시즘을 만족시킬 수 있다. 우리는 여성을 무엇보다 생식기능으로 본다는 사실을 인정하기 싫어한다. "행운이 따르길 바랍니다, 당신의 **진짜** 계획에!" 하고 퀘벡에 있는 한 대학의 여교수는 임신한 다른 교수에게 말하기도 했다.[84] 그러려면 당신은 많은 에너지를 가지고, 일을 관리할 수 있는 감각과 피로를 이겨내는 능력을 선호해야만 한다. 또한 너무 많이 자지 않고 게으름을 피우지 않으며, 짜인 시간표를 싫어하지 않으며, 여러 가지 일을 동시에 하는 것을 선호해야만 한다.

한편 여성 저자들은 당신을 정신적으로 고취하기 위해 관련 주제에 달려들어 "전부를 택하라 또는 어떻게 당신 자신을 잃지 않고 아이를 가질 것인가"[85] 같은 다양한 제목으로 글을 쓰기 바쁘나.

---

84 Lucie Joubert가 *L'Envers du landau. Regard extérieur sur la maternité et ses débordements*, Triptyque, Montréal(2010)에서 인용.

85 Nathalie Loiseau, *Choisissez tout*, Jean-Claude Lattès, Paris(2014) ; Amy Richards, *Opting In. Having a Child Without Losing Yourself*, Farrar, Straus and Giroux, New York(2008).

'타협'의 기술은 출판 산업의 자양분이 되고 있다. 이 분야에는 여성지와 블로그용 기사들을 위해 인터뷰를 하는 나름의 선수들이 있다. 나는 일상생활 이야기를 들려달라는 청탁을 받은 독신 아버지와 동성애 어머니를 만난 적이 있지만 이 주제와 관련해 질문을 받는 압도적 다수는 이성애 여성들뿐이다. 실제로 그녀들이야말로 주제와 관련해 가장 어려움에 부딪치는 사례가 되므로 일견 이해가 되기도 한다.[86] 하지만 이 사실 자체는 이러한 상황이 드러내는 뿌리깊은 사회적 부당함을 감추면서 기존 상황을 정착시키는 데 기여한다. 그리고 외적 요인에 의해 개개인의 차가 생기는 것이 아니라 모든 것이 그녀들 스스로에게, 그녀들의 관리 능력에 달려 있다고 생각하게 만든다. 그럼으로써 그녀들 자신이 문제라고 믿게 하면서 잘 대처하지 못하는 여성들에게 죄책감을 심어준다.

몇 년 전 작가 나타샤 아파나는 라디오 방송을 위해 파리에 사는 여성 작가 셋과 남성 작가 둘을 인터뷰했다. 남성과 만나는 장소는 사크레쾨르 광장으로 했고, 여성 팀은 벨빌의 한 카페에서 만났다. 여성 작가들은 그녀를 자기네 집에 데리고 갔다.

"우리가 그녀들의 책, 책의 탄생, 습관, 가르침에 대해 말하는 동안 그중 한 작가는 설거지를 마치고 차를 내왔어요. 또 다른 작가는 아이들 하교 시간에 신경을 쓰며 거실에 굴러다니는 장

---

86   현재 동성 커플의 업무 분배에 대한 연구는 존재하지 않는다.

난감을 정리했죠. 그녀는 글을 쓰려고 매일 아침 5시에 일어난
다는군요."

당시 자녀가 없었던 나타샤 아파나는 자유 시간을 마음껏 누
릴 수 있었다. 하지만 어머니가 되었을 때 그녀 또한 그 "시간의
세분이라는 것, 베이비시터의 갑작스런 취소와 22쪽에서 막힌
소설의 매듭을 풀어야 하는 과제 사이에서 갈팡질팡하는 정신
훈련"을 경험하게 되었다. 그녀는 "집중력 있고 효과적으로 일하
던 과거의 나 자신을 되찾으려 몇 달을 애썼어요"라고 고백한다.

여행을 많이 하는, 아이가 셋인 한 남성 작가와 대화를 나누
며 그녀는 어떻게 그것이 가능한지 물었다. 그는 자신은 "매우
운이 좋다"고 대답했다. 그녀는 이 말을 "'매우 운이 좋다'라는 말
은 '나는 엄청난 아내가 있어요'라는 말의 현대적 표현인 듯하다"
라고 해석했다. 그 후 그녀는 다음과 같은 보고서를 작성했다.

"플래너리 오코너, 버지니아 울프, 캐서린 맨스필드, 시몬 드
보부아르에게는 자녀가 없었다. 토니 모리슨은 자녀가 둘, 첫 소
설을 서른아홉에 출간했다. 페넬로페 피츠제럴드는 자녀가 셋,
첫 소설을 예순에 출간했다. 솔 벨로, 여러 명의 자녀, 여러 권의
소설 출간. 존 업다이크, 여러 명의 자녀, 여러 권의 소설 출간."[87]

그녀는 자신이 만난 작가들이 글을 써서 먹고사는 소수 작

---

87 Nathacha Appanah, "La petite vie secrète des femmes", *La
Croix*(2017. 5. 18).

가들에 속하는지 아닌지 상세히 밝히지는 않았다. 그런데 자아 성취의 수단이 보수가 따르는 일과 일치하는 게 아니라 직업과는 별도의 활동이라면 당연히 훨씬 더 어려울 수밖에 없다. 물론 출산 경험이 창의력에 자극을 줄 수도 있다. 하지만 이와 동시에 작품이 빛을 보게 해줄 물리적 조건들을 갖추어야 하는데 이것이 모든 여성에게 주어지지는 않는다. 직업, 가족 구성, 재정적 수단, 건강, 체력 면에서 저마다 큰 격차가 존재한다.

서른여섯 살에 딸을 얻어 어머니가 되는 것을 매우 기뻐했던 에리카 종의 자서전적 작품들을 보면 자신이 오랫동안 양자택일이라고 믿었던 것, 즉 "아기냐, 책이냐 하면서 유식한 체하는 학자들의 양자택일"[88] 이라고 자신이 칭한 바 있었던 것을 비웃고 있다. 돈벌이를 위한 일을 하고 남은 자투리 시간에 자기 재능을 실현하기 위해 고군분투하는 작가보다 베스트셀러 작가의 경우 어쩌면 이 양자택일을 비웃기가 더 쉬울지도 모른다.

1997년 영국 소설가 재닛 윈터슨은 "내가 이성애자였다면 결코 지금 나의 문학성에 이르지 못했을 겁니다. 이 발언으로 나는 이미 매우 난처한 일을 겪은 적이 있는데, 뭐 다시 한 번 더 그 난처함에 빠져보겠습니다. 왜냐하면 나는 자녀를 두고 이성애 관계 속 일상을 영위하면서 자신이 원하는 일을 성취했던 여성

---

[88] Erica Jong, *La Peur de l'âge. Ne craignons pas nos cinquante ans* (1994), Dominique Rinaudo가 영어판을 번역한 Grasset & Fasquelle, Paris(1996).

작가를 단 한 사람도 떠올릴 수 없기 때문입니다. 그런 여성이 어디 있나요?"라고 말했다. 그녀는 젊은 시절 몇몇 남성과 사귄 적이 있다. 그러나 자신의 소명을 지키기 위해 늘 '본능적으로' 관계가 깊어지는 걸 피했다.

"여성이 어떻게 남성과 살면서 아이를 키우고 자신이 완수하고자 했던 일을 해낼까요? 솔직히 말해 이런 상황엔 전혀 직면한 적이 없습니다."[89]

그렇지만 남성과 살건 그렇지 않건, 하나의 소명을 받았다고 느끼건 그렇지 않건, 어떤 여성들은 헌신적 하녀 역할에 매몰되는 것을 피하기 위해 다른 수단을 찾는다. 아이를 낳지 않기, 생명을 전하기보다는 자기 자신을 낳기, 출산하지 않는 여성의 정체성을 창조하기 등이다.

---

89   Entretien dans *The Paris Review*, no. 145(1997년 겨울).

2장

불임이라는 희망

무자녀는 가능성을 위한 선택

SORCIÈRES

레쉬메르들은 40년 전에 "우리 사회가 출산을 어떻게 다뤄왔는지 실제로 알게 될 때 우리가 취할 수 있는 유일하게 모순이 없는 태도는 출산을 거부하는 것이다. 그러나 그렇게 간단한 문제는 아니다. 그건 중요한 인간의 경험 하나를 거부하는 셈이기 때문이다"[1]라고 썼다. 에이드리언 리치에게 제도로서의 출산은 "여성 잠재력의 질을 떨어트리고 여성을 게토에 붙잡아두려는" 것이 분명했다. 어머니들의 양가감정을 처음으로 솔직하게 글로 썼던 여성 작가군에 속하며 세 딸을 가진 그녀는 다음과 같이 선언했다.

"자아 보호와 모성 감정 사이에 벌어지는 이 갈등의 심연은

---

1   Les Chimères, *Maternité esclave, op. cit.*

진정한 단말마의 고통을 보여준다. 내 경우가 그랬다. 그러나 여기 이 고통은 분만의 고통을 털끝만치도 따라가지 못한다."[2]

코린느 마이에르의 감성은 이와는 사뭇 다르다. 그녀는 "평등을 원한다면 아이를 낳지 않는 것에서 시작하라"[3]면서 일종의 자궁 파업을 권한다. 피임이 합법적인 것이 되기 전 남성들 간의 토론에서 표출되던 크나큰 두려움이 바로 여기에 있다. 결국 자궁 파업에 대한 이러한 두려움을 통해 하나의 의문을 인정하는 셈이 된다. 즉 우리 사회에서 모성이 한결같이 경이로운 경험이라면 왜 여성들이 출산에 등을 돌리는 걸까?

아마도 출산을 원하지 않는 여성이 이점을 누리는 게 분명하다. 그녀들은 에이드리언 리치가 상기시키는 단장斷腸의 고통에서 벗어나 평등(모든 것에 그런 건 아니므로 안심하시라)에 **가장** 큰 장애는 아닐지라도 커다란 장애 가운데 하나였던 것이 요술처럼 사라지는 걸 본다. 그리고 진정한 행복에 눈뜬다. 아이를 원치 않는다고 확신하던 한 젊은 여성은 나팔관을 동여매는 수술을 받았다. 그러고 나서 처음으로 성관계를 가졌을 때 흥분 속에서 '무한한 해방감'을 느꼈다고 회상한다.

"그때 했던 말이 생각나요. 남성들이 느끼는 게 바로 이런 거겠지!' 임신 가능성이 조금도 없다는 것."[4]

2   Adrienne Rich, *Naître d'une femme*, op. cit.
3   Corinne Maier, *No Kid*, op. cit.
4   Rebecca Traister가 *All the Single Ladies*, op. cit.에서 인용.

유럽에서 정치권력은 마녀사냥 시대[5]부터 피임, 낙태, 영아 살해에 강박적 모습을 보이기 시작했다. 영아 살해 문제는 앞의 둘과 차원이 다르긴 하지만 이 셋 모두는 흔히 여성에게 부여된 조건에 반대하는 동시에 일반적인 사회적 질서에 대항해 싸울 때 항의의 무기가 되곤 했다. 토니 모리슨의 《빌러비드》〔한국어판은 문학동네(2014)〕에서 여주인공 시이드는 노예의 삶을 살지 않게 하려고 갓난아기인 딸을 죽인다.

소설가 마리즈 콩데는 1692년에 일어난 세일럼 마녀재판의 여성 피고인들 중 하나인 노예 티투바의 삶을 그린 소설[6]을 썼다. 여주인공은 자신이 사랑하는 남성 존 인디언의 아이를 임신한 사실을 알았을 때 낙태를 결심한다. 당시 이 둘은 악랄한 목사, 사무엘 패리스에 속한 노예였다. 그들은 혹한의 매사추세츠에서 적대적이고 악행을 일삼는 마을 사람들에게 둘러싸여 낙담한 상태였다. 티투바는 이렇게 고백한다.

"여성 노예에게 모성은 행복이 아니다. 어머니는 아이의 운명을 바꿔줄 수 없기 때문에 결국 무구한 어린 것을 비천과 종속의 세계에 내던지는 셈이다. 나는 어린 시절 내내, 아직 말랑말랑한 아기 정수리에 기다란 바늘을 찔러 넣거나, 독이 묻은 칼로

---

5   미국에서는 19세기 말 피임과 낙태가 금지되어 피임은 1965년까지, 낙태는 1973년까지 그러했다.

6   Maryse Condé, *Moi, Tituba, sorcière*⋯(1986), Gallimard, "Follio", Paris(1998).

탯줄을 자르거나, 한밤중에 원통한 영혼들이 떠도는 장소에 아기들을 내다 버려 죽이는 것을 보았다. 나는 어린 시절 내내 자궁의 출산력을 영원히 없애버리고 그것을 한낱 진홍빛 수의로 뒤덮인 무덤으로 바꿔버리는 물약, 하제, 주사액의 제조법들을 여성 노예들끼리 주고받는 소리를 들으며 자랐다."

마법으로 고발당한 그녀가 온갖 핍박 속에서도 끝내 다른 사람들 이름을 털어놓지 않자, 남편 존 인디언은 자신들 미래의 아이들을 위해, 살아남기 위해 할 수 있는 건 뭐든 하라고 간청한다. 그러자 그녀는 소리를 지른다.

"나는 빛이 없는 어둠의 세계에서 아이를 낳진 않을 테야!"

감옥에서 나오는 날, 대장장이가 그녀의 발목과 손목을 묶었던 사슬을 망치질해 끊어주자 그녀는 울부짖는다.

"나처럼 두 번 태어나는 불행한 사람은 아마도 세상에 거의 없을 거야."

그녀는 자신이 방금 새로운 주인한테 팔렸다는 소식을 듣고, 자신에게 모든 걸 가르쳐준 마녀 노파가 늘 하던 말처럼 생명이 정말로 하나의 선물인지 '진지하게 의심하기' 시작한다.

"생명은 우리 각자가 그것을 품을 배를 선택할 수 있을 때만 하나의 선물이 될 것이다. 그래서 가난한 여성의 몸속, 이기적인 여성의 몸속 또는 인생의 실패를 우리에게 복수할 창녀의 몸속에 떨어질 때 착취당하는 자들, 모욕당하는 자들, 이름, 언어, 믿음을 강요받는 자들 무리에 속하게 될 삶은, 아! 얼마나 가혹한

시련인가!"

스스로가 증인이 되었던 인간의 끝없는 잔인성을 보면서 그녀는 "인생의 다른 길, 다른 의미, 다른 절박함을 품기" 시작한다. "인생의 취향을 바꿀 필요가 있다"고 그녀는 생각한다. 그럼에도 모성은 계속해서 양가감정을 일으켰고, 그녀는 주저하고 자신의 결심에 회의를 품는다. 그녀는 고향 바베이도스섬으로 돌아가 임시로 지은 외딴 오두막에서 살면서 다시 치료사로 일한다. 어느 날 막 목숨을 구해준 갓난 딸이 어머니 품에 안긴 모습을 지그시 바라보며 자신의 모성 거부가 실수는 아닌지 묻는다. 이후 다시 임신했을 때 그녀는 아이를 지키기로, 아이가 태어나기 전에 세상을 바꾸기 위해 행동하기로 한다. 그러나 익히 예측할 수 있듯이 현실은 그렇게 호락호락하지 않았다.

오늘날 공포와 비탄에 빠진 상황에서 벌어지는 영아 살해는 사회적 혐오를 일으킨다. 사회는 영아 살해를 저지른 여성을 괴물 취급한다. 그녀를 이같이 극단적 행동을 하게끔 몰아간 정황에 대해서는 알려고도 하지 않으며 여성이 어떡하든 어머니 되기를 거부할 수 있다는 사실을 받아들이려 하지 않는다.

2018년 겨울, 지롱드에서 서른일곱 살 라모나 카네트는 5명의 영아를 살해한 범인으로서 판결을 받았다. 모두 부부 강간으로 태어난 아기들이었다. 여성 피고인은 "나는 분명히 거부 의사를 밝혔고, 관계 내내, 관계가 끝난 후에도 계속 울었어요" 하고 말했다.[7] 남편은 법정에 단순 증인으로 출두했을 뿐이다.

1974년 미국에서 서른여덟 살 조안 미철스키는 교외에 위치한 자기 집 정원 잔디밭에서 8명의 자녀 중 가장 어린 두 아이의 목을 푸주한의 칼로 베었다. 그녀는 심신상실자 판결을 받고 정신병원에 수용되었다. 남편은 그녀가 이전에는 한 번도 아이들에게 폭력을 행사한 적이 없으며, 오히려 아이들을 무척 사랑하는 것으로 보였다고 증언했다. 그의 증언은 그중 어떤 아이도 그녀가 원한 적이 없다는 사실만 드러냈다. 이웃집에 살던 목사는 그곳에 가족이 정착했을 때부터 젊은 어머니는 '남몰래 절망에 빠진 여자'로 보였다고 증언했다.

에이드리언 리치는 "사회는 가부장제적 모성의 제도적 폭력을 인정하는 대신 종당에는 정신이상으로 폭력을 휘두르고 마는 이 여성들을 규탄한다"고 분석한다.[8]

2006년 한 페미니스트 단체는 꽤 나이가 있음 직한 어느 익명 여성의 증언을 책으로 엮었다. 그녀는 두 번 혼자서 출산했고, 둘 다 목 졸라 죽였다. 열여덟 살에 결혼한 그녀는 스물하나에 이미 아이가 셋이었고, 그들과 함께 집 안에 갇혀 살다시피 했다.

"나는 서랍이 된 것 같았어요. 툭, 아이를 넣었다가 비우고 나면 또 다른 아이를 다시 넣어두는 그런 서랍."

---

7   "Mère infanticide en Girode : l'accusée évoque un 'enfermement' et un 'déni total'", Paris-Match.com(2018. 3. 21).
8   Adrienne Rich, *Naître d'une femme*, op. cit.

성관계를 피하려 하면 남편은 그녀를 때렸다.

"나는 욕망을 가질 필요가 없었어요. 바랄 수 있는 건 모두 가진 것 같았죠. 난 매일 먹었고 아이들은 학교에 갔어요. 남편은 내가 바라는 다른 무엇이 있는지 알려고 하지 않았어요. 그런 건 조금도 신경쓰지 않았어요."

그녀가 온갖 방법으로 낙태를 시도한 건 아홉 번에 달하지만 언제나 성공한 건 아니었다.

"이건 잔인한 상황이에요. 그러나 당신에게 이런 일이 닥치면 이것이 당신이 할 수 있는 유일한 해결책일지도 몰라요."

그녀의 책을 유포하는 여성 단체에서는, 피임과 낙태가 합법화되면 이제 프랑스에서는 원치 않는 임신이 정해진 기간 모두를 채울 일은 없으리란 헛된 기대를 경계한다.[9]

운명을 개선할 것인지 또는 단순히 운명을 견딜 수 있는 것으로 만들지의 문제는 원하는 아이를 낳을 가능성 또는 아이를 전혀 낳지 않을 가능성으로 연결된다. 쥘 미슐레는 마녀가 출현하는 것을 지켜보던 시대의 사회적 폭력을 강조한다. 그에 따르면 악마와 계약을 맺는다는 신화의 탄생에는 무자비한 철의 시대[1618~1648년 벌어진 30년 종교전쟁을 가리킨다]의 "치명적 압박이 있었음을 짐작할 수 있다. 그래서 지옥은 이 세상 지옥에 비하면

---

9   Collectif, *Réflexions autour d'un tabou:l'infanticide*, Cambourakis, "Sorcières", Paris(2015). 모든 결론에 동의할 수는 없다 해도 여태껏 결코 사색의 대상이 되지 않았던 주제에 관해 숙고를 자극하는 책이다.

하나의 피난처, 안식처로 보였던" 것이다. 이런 상황에서 농노는 "먹여 살릴 수 없는 아이들만 늘리다 처지가 더 악화될까 봐 몹시 두려워했다". 여성은 임신 강박증에 시달리며 살았다. 16세기 내내 "불임에 대한 바람은 점점 커졌다". 반면 '사제와 영주'는 자신이 소유한 농노의 수가 증가하기 바랐다.

압제자와 피압제자 모두 공유하는 상상의 세계에서 마녀집회 사바트Sabbat는 양쪽의 대치를 보여주는 상징적 장소로 나타난다. 사바트는 환상을 통해 가난한 이들이 출산의 명령을 거역할 수 있게 도와주는 장소다. 악마 연구자들은 모두 "사실 그곳에서 돌아온 여성은 결코 임신하지 않을 것"이라고 입을 모은다. 즉 "사탄은 수확물을 싹트게 하지만 여성은 불임으로 만든다"고 미슐레는 요약한다.[10] 현실 세계에서 출산을 제한하는 구체적 방법들의 중심에는 여성 치료사들이 있는데 이 사실은 그들을 잔인하게 탄압하는 이유가 된다.

미슐레와는 거리가 먼 알렉상드르 파파디아망티의 소설《어린 소녀들과 죽음》에서 우리는 이 전복된 세계, '지옥조차 피신처로 보였던' 세계를 다시 발견한다. 그리스 시골 마을의 산파이자 치료사이며, 마녀의 딸이기도 한 카둘라는 그녀가 속한 공동체 여성들의 운명을 고통스레 지켜본다. 딸들은 태어나 부모에게 봉사하고, 결혼한 후에는 남편과 자녀에게 봉사하는, 노예에

---

10   Jules Michelets, *La Sorcière* (1862), Flammarion, Paris(1966).

서 노예로 전전긍긍하는 삶을 산다. 게다가 딸을 둔 가족은 결혼 지참금을 마련하느라 파산할 지경이다. 그런 탓에 카둘라는 이웃의 어느 어린 딸의 장례식에 참가했을 때 안도감마저 느낀다.

"저녁에 그녀가 조금도 위로라고 생각지 않는 위령의식에 참석하기 위해 다시 상갓집을 찾았을 때, 노파 카둘라는 온통 환한 얼굴로 기쁜 마음이다. 그녀는 무고한 갓난아기와 아기의 부모를 위해 소리 높여 하늘에 감사의 기도를 올렸다. 그렇게 슬픔은 기쁨이 되고 죽음은 삶이 되며, 모든 게 뒤바뀌고 전복되었다."

그녀는 자문한다.

'가난한 사람들을 위해 무슨 일을 할 수 있을까? 내가 그들한테 해줄 수 있는 가장 큰 선물은 아마도, 신이여 용서하소서! 불임을 위한 약초를 주는 게 고작이겠지. 아니면 부득이한 경우, 아들을 낳게 하는 약초를 주든가…'

이제 막 태어난 손녀를 응시하면서 카둘라는 씁쓸하게 혼잣말을 한다.

"아기는 이곳에 태어나 고통을 겪고 우리를 고통스럽게 한다."

그녀는 급기야 제정신을 잃고 아기 목을 조른다. 그리고 살인자로 붙잡히기 전 도망친다. 작가 파파디아망티는 끔찍한 행동을 저지른 여주인공이 불가피한 결말에 이르러 인간사회에서 멀리 떨어진 곳에 추방당해 죽음을 맞이하는 모습을 지켜본다.[11]

---

11   Alexandre Papadiamantis, *Les Petites Filles et la Mort* (1903), Michel Saunier가 그리스어판을 번역한 Actes Sud, Arles(1995).

1348년 당시 유럽 인구 3분의 1가량을 죽음으로 몰아넣은 페스트라는 대규모 전염병이 발생하기 전, 교회는 출산율에 매우 무관심한 상태였다. 어쩌면 교회로서는 대중을 금욕으로 이끄는 것이 이상적이라고 보고 더 선호했을지 모른다. 그런데 이런 태도에 변화가 왔다. 16세기 말, 성 프란치스코회의 장 베네딕티Jean Benedicti〔16세기 프랑스 신학자〕는 새를 위한 먹이를 마련하는 것처럼 "신은 태어난 아이들에게 필요한 것을 제공할 것"[12]이라고 확언하며 제한 없는 출산을 권장한다. 18세기에 유럽 인구는 폭발적으로 증가하지만 그럼에도 출산 장려주의자들의 고집을 대수롭게 꺾을 만한 동기가 없었다. 19세기 말 프랑스 출산율은 유럽의 추세에 역행하며 한 세기 전부터 제자리걸음이었고 출산 장려주의 연맹들은 "'사회평화, 국익 그리고 종족 보존이라는 이름하에' 움직였다. 즉 노동자 세대들 간의 구직 경쟁이 그들을 좀 더 유순하게 만들었다. 전쟁을 위해서는 많은 병사가 필요하지만 식민지 출신 이민자들은 국가 정체성에 위험이 된다.[13]

풀리기 어려운 모순이지만 인류의 안녕과 생명 존중에 대한

---

12   Guy Bechtel, *La Sorcière et l'Occident, op. cit.*
13   Collectif, *Réflexions autour d'un tabou : l'infanticide, op. cit.*

관심은 정작 산아제한을 받아들이거나 권장하는 사람들 편에 있다. 마녀사냥꾼들은 임신한 여성 용의자들을 고문하고, 어린 아이들을 처형하거나 강제로 부모의 처형식에 참관하도록 하는 데 주저함이 없었다.[14]

오늘날 낙태 반대 투사들이 괴상하게 붙이고 있는 이 '낙태 반대pro-vie' 배지보다 더 기만적인 것도 세상에 없을 듯싶다. 그도 그럴 것이 그들 중 대부분은 사형에 긍정적이고, 2017년에만 1만 5,000명 이상 사망[15]한 미국 내 총기 유통에 긍정적이다. 그리고 그들이 그만큼 열정을 가지고 반전운동을 하거나 환경오염에 반대해 싸우는 걸 본 적이 없다. 환경오염은 2015년 세계에서 일어난[16] 사망 사건 여섯 건 중 한 건의 사망 요인이 되고 있다. 그들은 여성의 삶을 악화시키는 것과 관련될 때만 이 '생명' 문제에 열중한다. 산아 증대 정책은 권력과 관련이 있지 인류애와 관련된 문제가 아니다. 게다가 이 정책과 관련이 있는 것은 '좋은' 등급의 여성뿐이다. 역사가 프랑수아즈 베르제가 지적했듯 1960~1970년대 프랑스 정부는 본토에서 낙태와 피임의 합법화를 거부하고 속령인 해외 영토에서 권장한 것이다. 그리하여 인도양에 있는 프랑스령 동아프리카의 섬 레위니옹에서 백인 의

---

14 Anne L. Barstow, *Witchcraze, op. cit.*

15 자료는 www.gunviolencearchive.org.

16 "2015년 세계에서 발생한 사망 사건 여섯 건 중 한 건은 환경오염과 관련이 있었다", Huffpost(2017. 10. 20).

사들은 강제로 수천 건의 불임과 낙태수술을 실행한 바 있다.[17]

자손 대대로 이어지는 굴레의 사슬을 끊는 것은 숙명이란 속박의 끈을 늦추고, 지금 이곳에서 운신의 폭을 넓히며, 세력 관계를 구성하는 카드 패를 다시 섞어 현실의 조건에 적합한 패로 새롭게 만드는 한 방법일 수 있다.

1990년대 미국의 연구자 캐럴린 모렐과 캐런 세콤베Karen Seccombe는 무자녀로 살겠다는 선택이 소수 상류층에만 국한된 게 아님을 보여준다. 모렐의 설문 대상이었던 여성들 가운데 4분의 3은 빈곤층 또는 노동계급 출신이었다. 그녀들은 모두 자신들이 일련의 경력을 쌓고, 사회적으로 출세할 수 있었던 것은 아이를 낳지 않기로 결정한 덕분이라고 했다. 그중 하나인 마흔 네 살 의사 글로리아는 이렇게 말했다.

"만일 내가 상냥하고 고분고분한 여성이었다면 기계공과 결혼해서 지금쯤 아마도 플로리다에서 여섯 아이를 낳고 다음 달 공과금을 어떻게 낼지 걱정하며 살고 있을 거예요. 하지만 그건 내가 원한 삶이 아니에요."

필라델피아 남부 동유럽 유대인 이민자 지역에서 자란 마흔 여섯 살 사라느 이야기한다.

"그건 다분히 게토의 삶이었어요. 나는 그보다 더 나은 삶, 그

---

17   Françoise Vergès, *Le Ventre des femmes. Capitalisme, racialisation, féminisme*, Albin Michel, "Bibliothèque Idées", Paris(2017).

리고 최고의 삶이 존재한다고 믿고 싶었어요. 여덟 살인가 아홉 살쯤부터 나는 하루 중 잠시, 아무에게도 말하지 않고 종종 종적을 감추곤 했는데 그건 전차를 타고 시내 중심가에 가기 위해서였어요. 거기서 리튼하우스 광장까지는 걸었고, 그다음 다시 버스를 타고 펜실베이니아대학까지 갔어요. 오로지 다른 곳을 보고 듣기 위해서였죠."

1905년 《아이가 없는 어떤 주부Une épouse sans enfant》의 저자인 익명의 미국 여성 노동자는 이렇게 썼다.

"나는 여성이 지배를 받는 건 그녀들에겐 언제나 돌봐야 할 자식은 있고 돈이 없기 때문이라는 걸 알게 되었어요. 전자는 후자를 얻는 걸 방해하는 존재죠. 나는 정직하게 벌어들인 돈이 충분하면 그걸로 자유, 독립, 자존감 그리고 자신만의 삶을 살 능력을 획득할 수 있다는 걸 깨달았어요."[18]

출산 거부 역시 백인 여성들만의 선택이 아니다. 1900~1919년 태어난 아프리카계 미국 여성들 가운데 3분의 1은 자녀가 없었고, 이 수치는 백인 여성들보다 더 높았다.[19]

대다수가 만족하는 것처럼 보이는 생활방식과 세태에 저항하는 문제는 2007년에도 여전히 코린느 마이에르의 논고에서 핵심을 이룬다. 그녀는 학교와 기업의 연이은 수용, 즉 보통은 행

---

18   Laurie Lisle, *Without Child, op. cit.*
19   Carolyn M. Morell, *Unwomanly Conduct. The Challenges of Intentional Childlessness*, Routledge, New York(1994).

운으로 여기는 경향이 있는 감금을 규탄했다. 그리고 아이 낳는 것을 "다음 세대에 삶의 의미에 관한 문제를 전달한다"는 구실로 써먹는 것을 매우 유감스러워했다.

"우리는 개미사회에서 살고 있다. 여기서는 일하고 아기를 낳는 것이 인간조건의 최종 한계가 된다. 인생이 돈을 벌고 후손을 잇는 것으로 그치는 사회는 미래가 없는 사회다. 그곳엔 꿈이 없기 때문이다."[20]

그녀는 출산이 '먹여 살려야 할 자식들'과 갚아야 할 신용 대출이 있는 우리의 유순한 태도를 보장하고, 환경적 대재난으로 치닫게 하는 삶의 방식을 우리로 하여금 이어가게 하는 한, 현 시스템의 장애 요소가 된다고 보았다. 카미유 뒤셀리에[마녀에 깊은 관심을 갖고 다양한 형식으로 접근한 감독이자 예술가, 저술가(1985)]의 영화 〈마녀들, 나의 자매들〉[21]에서 환영받는 작가 클로에 들룸은 코린느 마이에르와 연결된다.

"나는 아이를 낳은 적이 없는 미산부Nullipara이며 결코 아이를 낳지 않을 것이다. 나는 혈통과 그 유해한 픽션 그리고 최종 보유자에게 바이러스의 전달에 불과한 유전자란 개념을 혐오한다. 또는 배 속의 무거움을 제압하고 태아로 배를 채우는 것이 여전히 당신 관심사의 전부다. 그건 무력함을 치료할 강장제 없

---

20 Corinne Maier, *No Kid, op. cit.*

21 Camille Ducellier, *Sorcières, mes sœurs,* Larsens Production, 2010,
    www.camilleducellier.com.

이는 못 사는 사람들을 위한 불안 진정제 같은 행위다."[22]

　스스로를 비교적 관대하고 온화한 사람이라고 생각하는 나조차 출산 문제나 내가 출산을 거부해야 할 이유들과 마주하면 걱정스러울 정도로 재빨리 분노에 휩싸인다. 그리고 다시금 분노가 일어난다. 출산에 대한 저항은 결핍과 실패를 책임지는 사회를 지탱하고, 면책을 거부하고, 타협은 없을 거라고 선언하는 하나의 방식일 수 있다. 어쩌면 이것이 다른 사람들이 느끼는 불편함의 원인인지도 모른다.

　출산에 대한 이 '거부'는 어떤 '긍정'의 이면이기도 하다. 다시 말해 출산 거부는 인간의 모험은 방향을 바꾸면 훨씬 더 나은 쪽으로 나아갈 수 있다는 생각에서 나왔으며, 우리가 지금 이 세계에서 하고 있는 일에 반대하는 저항의 일환이다. 그리고 자녀 없는 삶을 살 때 공동 운명이 만들어내는 함정과 억압, 체념에서 더 잘 벗어날 수 있으리라는 생각이 빚어낸 결과다. 이 선택은 일종의 산소 주머니를, 풍요의 보고를 제공한다. 그리하여 과도하고 정상에서 벗어난 어떤 태도를 허용한다. 즉 탐구할 수 있는 자기만의 시간과 자유를 만끽하게 하는 것이다. 이로써 너무 과하진 않을까 하는 두려움 없이, 보통은 여기서 멈추는 게 분별 있는 행동이라고 하는 그 지점에서 흥미로운 일은 이제부터 시

22　Chloé Delaume, *Une femme avec personne dedans*, Seuil, "Fiction & Cie", Paris(2012). 그리고 또 같은 컬렉션에 있는 소설 *Les Sorcières de la République* (2016).

작이라는 직감을 믿으며 숨이 끊어지게 내달려볼 수 있다. 생명을 남기지 않음으로써 이를 마음껏 누리도록 허용받는다는 것이 나의 논리다.

이러한 관점에서 나는 지금까지 딱 한 번 친구와 논쟁을 벌인 적이 있다. 매우 격한 토론이었지만 언성을 높이는 위험의 신호 없이 토론은 이어졌다. 그러나 제각기 노력했음에도 토론 이후 우리의 우정은 결코 진정으로 회복되지 않았다. 내 아버지와 같은 해에 태어난 이 남성은 가톨릭으로 귀의하지는 않았다. 그랬다면 우리는 친구가 되지 못했을 것이다. 하지만 그에게는 여전히 가톨릭 교육의 흔적이 강하게 남아 있었다. 어쩌면 이러한 감수성이 그의 반응을 설명해주는지도 모른다. 게다가 열띤 논쟁이 고조됨에 따라 그의 담론은 급작스레 종교적 색채를 띠었고 그는 책망하듯 검지를 높이 쳐들고 흔들어대며 내뱉었다.

"희망은 분열되지 않아!"

그런데 말이다, 때로는 아이를 낳지 않는 게 '희망을 분열'시키지 않는 최고의 방법이 되기도 한다.

무자녀는 무욕의 연금술

이러한 태도 때문에 나는 내가 속한 집단에서 성가시고 예외적인 존재가 되었다. 프랑스에서는 남성 6.3%, 여성

4.3%만이 자녀를 원하지 않는다고 조사에 답했다.[23] 예상과는 달리 무자녀 여성의 수치는 의외로 20세기 내내 감소했고, 이유가 무엇이든 오늘날 '최종 불임'은 13%에 이른다.[24] 2015년 처음으로 감소한 출산율은 2016년과 2017년 연이어 감소했다.

그렇다고 해도 프랑스는 여전히 아일랜드[25]와 함께 유럽에서 가장 높은 출산율이라는 기록을 세우고 있다. 높은 출산율의 이유로 제시되는 것 가운데 하나는 유아 돌봄 서비스의 발달이다. 덕분에 프랑스 여성은 독일 여성처럼 일과 출산 가운데 하나를 선택하지 않아도 된다.

반면 지난 몇 년간 미국에서 관찰된 무자녀 인생에 관한 출판물이 급증한 것은 2013년 국가의 출산율이 역사적으로 가장 낮은 수준으로 추락했기 때문이다. 그럼에도 특히 이민자들 덕분에 이는 그다지 심각한 문제가 아니었다. 40~45세 여성 중 아이를 낳지 않은 여성의 비율은 1976년 10%에서 2008년 18%로 증가하는데, 모든 수도회 여성도 그 결과에 포함되었다.[26] 여성 작가 로라 키프니스는 출산율의 지속적 감소를 전망한다.

"여성을 위한 더 나은 대책을 마련하지 않는 한 오랫동안 그

23 Charlotte Debest, Magali Mazuy et équipe de l'enquête fecond, "Rester sans enfant : un choix de vie à contre-courant", *Population & Sociétés*, no. 508(2014. 2).

24 Charlotte Debest, *Le Choix d'une vie sans enfant, op. cit.*

25 Gaëlle Dupont, "Natalité : vers la fin de l'exception française", *Le Monde*(2018. 1. 16).

26 Dossier, "The childefree life", *Time Magazine*(2013. 8. 12).

러할 것이다. 따라서 아버지들은 더 많이 집안일을 분담해야 한다. 뿐만 아니라 아이 돌봄을 위한 더 많은 투자와 공공정책을 마련해야 하고, 저임금 여성들이 자기 자녀들과 함께 집에 있을게 아니라 급여가 높은 전문적 팀을 갖추어야 한다."[27]

유럽에서 독일 외에 불임이 증가하는 곳은 이탈리아, 그리스, 스페인 등 남부 지역이다. 적합한 보육 방법과 대책이 부재하며 유럽연합의 정책이 경제 불안정을 야기했기 때문이다. 따라서 1970년대에 태어난 여성 4명 중 1명은 비출산으로 남을 것으로 보인다.[28]

다음 두 범주의 경계를 긋기는 어려울 것이다. 즉 원치 않아서 자녀를 갖지 않는 남성과 여성의 범주 및 원해서 자녀를 가진 남성 및 여성의 범주. 자녀를 가지고 싶어 하면서도 경제적 불가능 또는 개인적 삶의 정황 때문에 아이를 낳지 않는 사람들도 있다. 반대로 낙태가 문화적으로 거의 합법화된 상태가 아니기 때문에 정말로 계획에 없던 아이를 낳는 사람들도 있다. 다시 말해 낙태 권리에 반대하지는 않지만 임신해서 아이를 낳을 때까지 경제적·정서적 안정이 보장되는 상황이라면 커플들에겐 낙태가 내키지 않는 일일 수 있다. 더욱이 어디서나 가족을 우호적으로

---

27 Laura Kipnis, "Maternal instincts", in Meghan Daum(dir.), *Selfish, Shallow, and Self-Absorbed, op. cit.*

28 Eva Beaujouan *et al.*, "La proportion de femmes sans enfant a-t-elle atteint un pic en Europe?", *Population & Sociétés*, no. 540(2017. 1).

선전하는 분위기를 고려하면 자신의 의지보다는 사회의 압력에 짓눌려 부모가 된 경우가 상당히 많다고 짐작할 수 있다.

"나는 솔직히 오늘날 자녀를 낳고 싶은 욕망은 90%가 사회적인 것에 속하고, 10%가 주관적이고 자발적인 것이라고 생각한다."

샤를로트 데베스트의 설문 대상자 중 하나로 자발적 무자녀를 택한 산드라의 말이다.[29] 이러한 퍼센티지에 대해서 나는 언제든 토론할 의사가 있다.

아무튼 처음엔 누구나 자녀를 낳고 싶어 하거나 자녀를 낳지 않고 싶어 하는 것 중 하나에 속할 것이다. 아이를 낳고 싶어 하는 혹은 낳고 싶어 하지 않는 욕망이 미래에 어떤 결과를 불러올지 알지 못한다 해도. 그러다 이후에는 다소 또렷해진 논거를 토대로 이 욕망을 유지한다. 이러한 개개인의 경향은 복잡하고 오묘한 연금술을 통해 생겨나며 모든 편견에서 벗어나 있다. 어린 시절을 불행하게 보낸 사람은 상징적으로 그 불행을 바로잡고 싶어 하거나 혹은 더는 그것으로 인한 수고를 원하지 않을 수도 있다. 유쾌하고 긍정적 기질인 사람이 무자녀로 살기를 원할 수도, 우울한 기질인 사람이 자녀를 바랄 수도 있다. 이런 점에서 볼 때 운명의 회전 원반에서 누가 어떤 정서적 칸에 걸려들지는 예언할 수 없다.

---

29   Charlotte Debest, *Le Choix d'une vie sans enfant, op. cit.*

로리 리슬레는 "똑같은 이유들, 예를 들면 어떤 역할을 하거나 영향력을 행사하기, 정체성을 찾기, 누군가와 내밀한 관계를 맺기, 쾌락이나 불멸을 추구하기 등의 이유들로 인해 부모가 되기를 바라는 사람도, 부모가 되는 걸 바라지 않는 사람도 있을 수 있다"고 말한다.[30]

이에 더해 인간존재는 위대한 일을 할 수도 있지만 참을 수 없이 끔찍한 일을 저지를 수도 있다. 그래서 인생은 아름답지만 가혹하기도 하고, 가혹하지만 아름답기도 하다. 그러므로 '아름답다'를 강조할지, '가혹하다'를 강조할지, 그래서 후세를 이어갈지, 그렇게 하지 않을지를 남 대신 판단하는 것은 적어도 거슬리고 주제넘은 짓이다.

어떤 이들은 새로 태어나는 존재가 자신의 모습을 닮거나 파트너의 모습을 닮기를 바란다. 그리고(혹은) 태어날 자녀와 함께할 미래의 일상에 대한 상상에 푹 빠져든다. 반면 어떤 이들은 혼자인 삶을 영위하거나 커플의 삶에 전적으로 집중하고 싶어하기도 한다.

후자를 선택한 심리치료사로서 작가이기도 한 잔느 사페르는 2015년, 자신은 35년 전부터 남편과 "지적으로 그리고 정서적으로 흔치 않은 내밀한 관계"의 삶을 살고 있다고 말한 바 있다.[31]

삶을 확장하고 싶어 하는 쪽에서는 새로운 존재를 맞이하고

---

30   Laurie Lisle, *Without Child, op. cit.*

그와 더불어 발생하는 즐거운 또는 그렇지 않은 소란스러움을 수용한다. 조금 더 응축되고, 조금 더 내밀하고, 조금 더 조용한 삶을 선택하려는 쪽도 있을 것이다. 사실 이 둘은 서로 다른 강렬한 삶의 두 형태다.

출산 저하가 환경에 미치는 영향에 대해 토론할 필요도 없이, 나로서는 사회가 생활환경과 조화로운 관계를 맺는 데 처참하게 실패했을뿐더러 완전히 파괴하려 작심한 듯 보이는 상황을 보면서도 이런 사회에 구성원 하나를 추가할 순 없을 듯하다. 나는 스스로를 소비사회의 순수한 산물로 생각하며, 내가 낳은 아이가 환경 위기의 패러다임에 적응하면서 나의 도움을 기대하게 할 수 없기에 사회 구성원을 보태고 싶지 않다. 미국 소설가 팸 휴스턴은 다음과 같은 말을 했는데 나와 매우 비슷한 생각이다.

"나는 석유의 이차가공으로 만들어진 기저귀 팬티에 아무 볼일이 없었으면 했다. 그리고 예전에 불모지였던 매립지 위에 꿈의 주택을 추가로 지어야 할 원인이 되고 싶지 않았다."[32]

이제 곧 일곱 살이 되는 함자가 조그만 챙모자를 쓰고 바닷가를 향해 신나게 페달을 밟으며 이유섬의 도로를 달리는 것을

31 Jeanne Safer, "Beyond *Beyond Motherhood*", in Meghan Daum(dir.), *Selfish, Shallow, and Self-Absorbed, op. cit.*

32 Pam Houston, "The trouble with having it all", in Meghan Daum(dir.), *Selfish, Shallow, and Self-Absorbed, op. cit.*

볼 때면 내 마음은 녹아내린다. 비록 이 순간이 내 생각을 고쳐
먹게 하지는 않을지라도 세상의 아름다움은 여전히 여기에 있
음을, 대재앙이 건 최면에서 벗어나 아직은 이 아이와 아름다움
을 공유할 때임을 알고 있다.

모든 견해는 저마다 자신의 자리를 차지하고 있는 듯하다.
다만 내가 동조하는 견해는 왜 그렇게 수용되기가 어렵고, 왜 인
생의 성공이 후손을 갖는 것을 뜻한다고 모두가 지속적으로 요
지부동의 합의를 하는지 이해하기 어렵다. 규범을 위반하는 사
람들은 이제 동성애자들도 별로 듣지 않는 말을 듣는다.

"이봐, 모든 사람이 너 같으면 세상이 어떻게 되겠니?"

인문과학에서도 이런 섬세하지 못한 사고를 드물지 않게 목
격한다. 사회학자 앤 고트만은 "아이를 낳지 않으려는 의지"에
대해 남녀에게 물을 때면 다소 불순하게 그들 발언의 신빙성을
떨어뜨리는 악의적 해설을 덧붙인다. 예를 들어 그들이 "이타성
을 이해하는 방식이 혼란스럽다고"고 진단하거나 그것이 무엇
을 의미하든지 간에 "종족 보존을 위한 인류학적이고 대를 잇는
가계 원리의 수립을 소홀히 한다"고 비난한다. 그녀는 "아이들은
시간을 많이 잡아먹는다. 그러니까 일과 사회생활, 개인생활의
시간을 잡아먹는다는 말에 어떻게 반론을 제기할 것인가?"라고
쓰고는 그 즉시 "그런데 이게 왜 문제일까?"라고 덧붙인다.

그녀의 질문을 받은 한 여성이 "난 아이를 원치 않아요. 이게
왜 문제가 되는지 모르겠어요"라고 선언하자 그녀는 어설픈 정

신분석가로 분해 두 번째 문장은 "문제가 있다는 것을 시인하는 것으로 읽힐 수 있다"고 평한다. 그녀의 저서는 처음부터 끝까지 반대 일색이다. 특히 무자녀 관련 당사자들이 자신들을 희생자로 여기면서 자신들 선택의 법적 유효성을 인정하라고 '요구'하는 것을 비난한다.[33]

사색이 없는 영역

세계 인구가 75억 명[2021년 기준 78억 명]이란 점을 고려할 때 종족 절멸의 위험 자체는 사라진 듯하다. 적어도 출산 부족으로 인해 인류가 소멸할 위험은 없을 것이다. 배우이자 희극인 벳시 샐카인드는 "신이 '교배하고 증식하라'고 했을 때 지상에는 단 두 사람밖에 없었다"[34]는 사실을 강조하고 싶어 한다.

적어도 서구에서는 피임은 대체로 접근 가능한 것인 반면 태어나는 아이는 불가결한 경제적 수단을 전혀 갖고 있지 않다. 더구나 지금 우리는 인구과잉에다 맹렬한 개발 때문에 온갖 공해

---

33   Anne Gotman, "Victimisation et exigences de validation", *Pas d'enfant. La volonté de ne pas engendrer*, Éditions de la MSH, Paris(2017).

34   Betsy Salkind, "Why I didn't have any children this summer", in Henriette Mantel(dir.), *No Kidding. Women Writers on Bypassing Parenthood*, Seal Press, Berkeley(2013).

로 오염된 지구에 살고 있다. 여기에 더해 파시즘의 위협을 받고 있는 서구에서는 더 나은 미래, 간단히 말하면 미래에 대한 믿음의 상실이라고 특징지을 만한 시대를 살고 있다.

버나드 빌럼 홀트롭Bernhard Willem Holtrop〔프랑스에서 활동하는 네덜란드 만화가(1941~)〕이 2006년에 그린 만화 컷이 생각난다. 화려한 장식을 한 따뜻하고 안락한 실내에서 부르주아 가족이 모여 즐거운 시간을 보낸다. 집의 한쪽 면이 열려 있어서 황폐한 외부 세계가 보인다. 건물은 무너졌고, 망가진 자동차 골조는 길바닥에 방치되어 있으며, 뼈만 남은 앙상한 사람들이 쥐들이 오가는 바닥에 너부러져 있다. 아버지는 문턱에 서서 크게 손짓하며 겁에 질린 아들딸에게 통탄스런 바깥 풍경을 가리키고는 말한다.

"언젠가 이 전부가 너희들 차지가 될 거야!"

모두가 기겁하며 비명을 지르는 이런 환경에 누군가를 내동댕이칠 때는 최소한의 망설임이라도 있어야 하지 않을까? 물론 자녀를 바라는 이유는 언제나 수만 가지 존재한다. 그러나 그러한 이유 또한 전적으로 자명하지는 않다. 우리는 어쩌면 우리 삶의 전제조건들을 업데이트하는 것을 잊고 지내는지도 모른다.

'본능'에 속하는 것이란 미심쩍은 핑계를 대며 이러한 주제, 즉 아이를 갖고 싶어 하는 욕망을 점검하는 데는 이상할 정도로 지적 게으름과 놀라울 정도로 숙고의 부재를 보인다. 미국의 에세이스트이자 페미니스트인 레베카 솔닛은, 세상이 모두에게 무난하다 싶을 인생 레시피를 끊임없이 제공한다고 지적한다. 계속해서 실패만 하는 레시피인데도 "세상은 그 레시피를 우리에게 제공하고 또다시 제공한다. 의미를 추구하는 것이 인생이란 생각은 좀처럼 떠오르지 않는 모양이다. 결혼과 아이들이라는 규격화된 삶의 패턴은 그 자체로 유의미할 뿐 아니라 유일하게 의미를 갖는 선택지로 여겨진다"고 그녀는 평한다. 많은 사람들이 처음부터 끝까지 따르는, 하지만 '완전히 비참한' 처지에 가둬 두는 획일주의를 그녀는 개탄한다. 그러면서 상기시킨다.

"세상에는 자기 후손이 아니어도 사랑할 대상도, 사랑을 필요로 하는 것들도 많다. 그 밖에도 사랑이 해내야 할 일 또한 많고도 많다."[35]

미셸 피투시가 주간으로서 《엘르》에 실었던 코린느 마이에르의 책 《노 키드》에 대한 격노와 비판은 암암리에 이 상상력의 결핍을 드러낸다.

"그 장황한 중언부언에서 고작 꺼내 든 건 일터의 권태와 그것을 이겨내는 방법들에 관한 전작 《게으름이여, 안녕?》에서 이미 제시했던 무기력한 정신이다. 즐길 권리만이 유일한 소신이므로 귀찮은 것들은 모두 없애라. (…) 이렇게 삶의 골칫거리들을 처분하고 나면 우리의 하루하루는 오롯이 복된 즐거움을 만끽하거나 배꼽에 대한 명상을 하다가 생강쿠키를 깨작거리는 것이

---

35   Rebecca Solnit, "The mother of all questions", *Harper's Magazine* (2015. 10).

되겠지. 행복을 위한 기본적인 두 요소인 사랑도, 유머도 없이. 안 된 일이지만 이 두 가지가 그녀에게는 지독히 결핍되어 있다."[36]

〈아내는 요술쟁이〉에서처럼 이 서평에서도 사랑을 끌어들여 기존 질서를 지키는 방패로 써먹으면서 모든 비판을 입 다물게 한다.

자식이 없다는 건 당신의 죽음 뒤로 당신이 낳은, 부분적으로 당신이 만들어낸 누군가를 남기지 않는다는 것, 조상들이 축적하고 당신 자신이 물려받았던 가풍, 간혹 짓누르기도 하는 무거운 역사의, 운명의, 고통의 거대한 짐과 보물들을 물려줄 사람이 없다는 것이다. 당신은 당신의 반려자, 형제자매들 또는 당신의 친구들이 당신 죽음을 애도해주길 기대할 수 있지만 그것이 전적으로 동일한 것은 아니다. 어쩌면 이 점이 이런 상황에서 유일하게 받아들이기 어려운 것일지도 모른다.

"나의 유일한 후회는 아무도 나를 내가 나의 어머니를 생각하는 것처럼 생각하지 않을 것이라는 점"이라고 《2인 구성의 가족》[37]에서 증언자 다이앤은 말한다. 그렇다고 자녀가 없는 삶에서 아무런 전달도 이루어지지 않는다는 뜻은 아니다. 그렇게 생각한다면 똑같은 상상력의 결핍으로 인해 다양한 방법을 통해 물려주기가 가능하다는 사실을 파악하지 못하는 경우다. 후대로

---

36 Michèle Fitoussi, "Le pire de Maier", *Elle* (2007. 6. 25).

37 Laura Carroll, *Families of Two. Interviews With Happily Married Couples Without Children by Choice*, Xlibris, Bloomington (2000).

의 전달이 언제나 자식들을 통해서만 이루어지는 것도, 반드시 당신이 만족할 만한 방식으로 이루어지는 것도 아니다. 개개인의 삶은 무한한 시도로 점철되고 깊은 발자취를 남기지만 우리가 언제나 그 종적으로 이뤄진 지도를 만들지는 못한다. 자발적 무자녀의 삶을 사는 두 미국인은 직장을 그만둔 후 1년 동안 자전거를 타고 세계 일주를 하기로 하는데 해변에서 자전거 타는 사람들과 우연히 마주친 것이 그 결정의 계기였다. 하지만 당시에는 그 만남이 그들에게 그렇게 영향을 미칠 거라고는 결코 생각하지 못했다.

"우리는 우리가 남들에게 어떤 영향을 줄지 결코 알 수 없습니다."[38]

아이들은 우리들 대부분에게 우리가 이 지구에 왔다 갔다는 것을 쉽게 알아보게 하는 유일한 표시이자 가장 명확한 표시다. 아울러 그들에게는 낳아준 두 부모보다 언제나 더 많은 부모가 있다. 이 말은, 예를 들어 당신과 헤어진 전 애인이 나중에 다른 누군가와 낳은 아이의 삶 또는 당신의 소개로 만난 두 친구가 낳은 아이의 삶에 대해 당신이 느낄 법한 약간의 책임감 같은 것과도 관련이 있다.

피임이 보편화되었지만 누군가를 사랑하고 그를 욕망하면서도 아이를 낳지 않고 산다는 것은 여전히 어림없는 일로 보인

---

38   위와 같음.

다. 어머니가 되지 않겠다는 의사를 표시하는 여성은 아직 '좋은 사람을 만나지' 못해 저런다는 말을 수없이 듣는다. 또한 수태하는 관계만이 진정한 성관계라는 막연한 믿음이 지속되는 이유는 어쩌면 그런 관계가 성생활의 유일한 증거를 제공하고 또 그 관계 속의 남성 주인공과 여성 주인공이 '진짜 남성'과 '진짜 여성'임을 입증하기 때문인지도 모른다. 이건 도발적인 성격의 폴린 보나파르트〔나폴레옹 보나파르트의 여동생(1780~1825)〕가 다음과 같이 조롱 섞인 반론을 제기할 만한 관점이다.

"아이들요? 나는 단 하나로 끝내는 것보다 처음부터 100명이 있는 게 더 좋아요."

때론 성관계를 증명하기 위해 아이를 낳기도 한다는 가설을 간과해선 안 될 필요가 있다. 변변찮은 나의 생각으론 잠깐의 눈속임은 비싼 대가를 치르게 할 것이다. 게이가 아님을 증명하기 위해 아이를 낳는다는 설 또한 은근히 동성애 혐오를 드러내는 빌미가 되기도 한다.

최후의 보루가 되어주는 '자연'

이성애 커플의 생식, 좀 더 명확하게 말하면 출산은 우리가 어디서든 불신하도록 배웠던 '자연의 논리'가 지배하는 최후의 영역이다. 이건 진보주의자들에게도 마찬가지다. 가장 근거 없는—여성을 가장 억압하는—가설들도 시대의 흐름에 따라, 자연의 관찰이 제공하는 '분명하고 이론의 여지가 없는' 것으로 보이는 증거들에 의해 정당한 것으로 인정받았다. 예를 들면 1879년 귀스타브 르 봉은 "많은 여성의 뇌는 가장 발달한 남성의 뇌보다는 고릴라의 뇌 크기에 더 가깝다. 이 열등성은 매우 자명한 것으로 지금으로선 누구도 이의를 제기할 수 없다. 다만 열등성의 정도에 대해선 따져볼 필요가 있다"[39]고 주장했다. 한 걸음 떨어져서 보는 우리에겐 이런 고찰의 우스꽝스러움이 분명하게 드러난다.

이제는 신체 구조를 근거로 어떤 유형의 자질이나 어떤 결정된 행동이 요구되리라는 식의 추측을 하지 않는다. 진보 성향 측에서는 이제 아무도, 예를 들면 게이와 레즈비언에게 "미안하지만 당신은 사용법을 잘못 읽은 것 같습니다. 인간 본질은 말이죠…" 하면서 그들의 성행위엔 문제가 있고, 그들은 잘못된 사람을 욕망하며, 그들의 신체 구조가 그런 식으로 쓰도록 만들어지지 않았다고 설명하려 들지 않는다.

반면 여성과 아이에 관해선 모두가 하고 싶은 말을 쏟아붓는다. 감히 말하자면 자연에 대한 토론을 통해 저마다 뻔뻔하기 그지없는 난장판이 된다. 이제 당신 앞에는 가장 편협한 생물학적

---

39 Muriel Salle and Catherine Vidal, *Femmes et santé, encore une affaire d'hommes?*, Belin, "Égale à égal", Paris(2017)에서 인용.

결정론을 열렬히 신봉하는 사람들뿐이다.

그녀들에게는 자궁이 있다. 이건 그녀들이 아이를 낳아야 한다는 그야말로 반박 불가한 증거다. 그렇지 않은가? 18세기에 신체 구조를 묘사하고 "이 모든 사실은 여성의 용도가 아이를 낳고 기르는 것임을 증명한다"[40]고 결론을 내렸던 디드로와 달랑베르의 《백과전서》 '여성' 항목에서 한 걸음도 나아가지 못한 것이다. 우리는 여성이 어머니가 되길 바라도록 프로그래밍되었다고 계속해서 굳건히 믿는다.

예전에는 자궁을 그 자율적인 작용을 내세워 "아이를 낳고 싶은 욕망에 사로잡혀서, 격렬하게 발버둥치며 모든 것을 지배하려 하고 이성적 사고를 모르는 살아 있는, 가공할 동물"로 묘사하기도 했다.[41] 이렇게 널뛰던 자궁은 상상의 세계에서 '생물학적 시계'라 불리는 미스터리한 기관으로 대체된다. 아직 어떤 엑스선 촬영도 그 명확한 위치를 잡은 적이 없지만 35~40세 여성의 배에 귀를 대면 똑-딱 소리가 또렷이 들린다고 한다. "우리는 '생물학적 시계' 같은 메타포를 메타포로서가 아니라 인간 신체를 중성적이고 사실적으로 단순하게 묘사하는 것으로 여기는 버릇이 있다"고 에세이스트 모이라 와이겔은 지적한다.

그런데 여성의 출산 능력에 적용되는 '생물학적 시계'라는

---

40   위와 같음.

41   위와 같음.

표현은 1978년 3월 16일 《워싱턴 포스트》에 실린 '직장여성의 생물학적 시계는 돌아간다'라는 기사 제목으로 처음 등장했다.[42] 이 표현은 일찌감치 등장한 **백래시**backlash〔반격이라는 뜻으로, 수전 팔루디가 주창한 개념이며, 여성의 권리 신장을 저지하려는 반동의 메커니즘이라는 의미가 있다〕의 메커니즘에 속한다. 여성의 신체를 해부해 시계를 갖다 붙이는 이 충격적 융합은 인류 진화의 역사상 유례가 없었던 현상으로 무덤 속 다윈도 깜짝 놀랄 일이다. 여기에 더해 남성의 신체가 여성에게 임신 가능성을 제공하는 만큼 아기 기저귀를 갈고 소아과에 데려가고, 이왕이면 앞으로 25년 동안 부엌 바닥을 닦고 설거지를 하고 화장지를 사들일 생각을 하는 것도 마찬가지로 여성이 할 일이라고 자연이 주장한다면서 이를 가리켜 '모성 본능'이라고 했다.

그렇다. 자연은 매우 명확하게 이런 일을 명령하지만 예를 들어 여성이 종의 보존이라는 과업에서 가장 많은 부분을 맡고 있으니 그에 대한 보은으로 출산 때문에 그녀들이 겪는 불리한 점들을 벌충하는 데 사회가 최선을 다할 것 따위는 명령하지 않는다. 사실상 전혀 그렇지 않으며 만일 이렇게 이해했다면 자연의 말을 잘못 알아들은 것이다.

결코 아이를 낳지 않은 여성에게 따라붙는 케케묵은 표현들

---

42   Moira Weigel, "The foul reign of the biological clock", *The Guardian* (2016. 5. 10).

이 머릿속에서 맴돈다. 겪어본 여성들에 따르면 임신과 관련된 경험은 매우 다양한데도 미래의 어머니들, 임산부들에게 '성숙'과 '활짝 핌'을 붙여 강조하는 것은 이들과는 대조적으로 자궁이 무의미하게 비어 있는 노처녀들을 메마른 신체로 그려야 한다고 끈질기게 신봉하려는 의지를 함축한다. 이는 로리 리슬레가 썼듯이 비어 있다 해도 자궁은 "월경과 성적 감각으로 능동적이고", 정말로 활기찬 기관임을 알지 못하는 무지의 소산이다.[43]

이에 더해 자궁 내부가 비어 있을 때는 크기가 축소된다. 따라서 거미줄이 쳐진 빈 자궁 속에 바람이 '휘휘' 몰아치는 동굴 이미지는 판타지일 뿐이란 사실을 잊어서는 안 된다.

출산은 여성의 성적·감정적 욕구를 채우고 조절하는 효력이 있는데 그러지 않고서는 이러한 것들을 통제하는 것이 불가능하다고 여긴다. 따라서 출산을 기피하는 건 정화와 길들이기 과정을, 시간의 흐름 속에서 많은 물음과 두려움, 혐오를 담아두었던 육체를 속죄할 수 있는 유일한 기회를 저버리는 일이 된다. 다비드 르 브르통이 썼듯이 "결혼과 출산은 어쨌든 흠 있는 여성의 신체를 정화하는 해독제"[44]가 된다. 따라서 이 해독제들을 거부하는 건 계속해서 분란이 싹트게 하고 어딘가 미심쩍다는 눈초리나 동정의 시선을 유발하기 마련이다.

---

43   Laurie Lisle, *Without Child, op. cit.*

44   Claudine Sagaert, *Histoire de la laideur féminine*, Imago, Paris(2015)에 붙인 David Le Breton의 서문 "Le genre de la laideur".

그렇지만 바로 이 대목에서도 개인적 경험을 통해 이러한 편견에 반론을 제기할 수 있다. 나는 인생을 살며 건강 문제가 누적됨에 따라서 내가 한 아이, 그러니까 처음엔 배 속에 품었다가 그다음엔 품에 안고 키워야 하는 아이와 나의 신체적 잔존 능력을 나눠 쓰지 않아도 되는 상황이란 사실에 매우 안도감을 느낀다.

　　한 세미나에서 나는 여성의 운명과 출산을 분리해야 한다는 관점을 변론했는데 다음 발표자는 공교롭게도 불임 문제 전문 의사였다. 그는 심각한 표정으로 단상에 올라 자신을 찾아오는 환자들이 나의 변론을 "들었다면 경악했을" 것이라는 선언으로 말문을 열었다. 그 말을 듣고 정말 깜짝 놀랐다. 반대로 그녀들이 끝까지 임신에 실패한다면 나의 변론은 그녀들에게 어느 정도는 도움이 될 만한 것이었다. 임신에 실패할 경우 그녀들은 이루어지지 않은 바람에 대한 실망감을 극복해야 하는데 거기에 불완전하고 실패한 여성이 되었다는 느낌까지 덧붙일 필요가 없다.

　　아이를 원하지 않는 여성에게 서슴없이 "아이를 낳지 못하는 여성을 배려할 줄도 알아야 한다"며 훈계하는 의사들도 적지 않다. 그러나 프랑스에서 일어나는 의료 학대 사건을 다루는 책에서 저자 마르탱 뱅클러가 상기시키듯 "여성의 출산은 하부가 서로 통하도록 이어져 있어서 표면의 수위가 언제나 같은 높이를 나타내는 연통관 현상 같은 것이 아니다."[45] 임신에 어려움을 겪는 여성은 당연히 자신의 임신 능력을 대수롭지 않은 것으로 여기는 여성에게 질투의 감정을 가질 수 있지만 이 문제의 비합리성을 헤아리는 데는 단 2초면 충분하다. 즉 아이를 갖지 못하는 다른 여성을 생각해서 억지로라도 아이를 낳아야 한다는 건 이중의 불행으로 치닫게 하는 궤변일 뿐이며 각각의 여성을 독자적 성격과 욕망을 가진 개인이 아니라 하나의 유일한 본질을 체현하는 호환 가능한 대리인들로 보는 논리다.

그럼에도 이 기본적 사실이 상당한 저항을 불러일으키는 것으로 보아 사회 전체에 이런 사고방식이 팽배하다고 할 수 있다. 아이를 바란다면 임신 사실을 알게 되는 것은 경이로운 순간이지만 원하지 않는 경우엔 충격적인 소식이 된다. 임신 초기 증상들을 설명하는 인터넷 글들은 그 사이트를 방문하는 여성 독자들 모두가 임신을 희망한다는 전제에서 시작한다. 그러나 실제론 여성들은 십중팔구 불안감에 쫓겨 정보를 검색한다.

예를 들어 여성 전문 사이트 오페미냉닷컴Aufeminin.com은 이런 글로 시작한다. 다음은 '임신 초기 진단법'에 나오는 글이다.

"당신은 피임을 중단하고 임신을 기다리는 중이다. 그런데 기다림은 매 주기마다 더 길어지는 듯하다…"

이에 더해 관련 주제의 글들은 '그녀의 임신 부스터:우선시 해야 할 80가지 🔥 또는 임신에 유리한 최고의 체위들' 같은 제목을 달고 있다.

45　Martin Winckler, *Les Brutes en blanc. La maltraitance médicale en France*, Flammarion, Paris(2016).

생리가 늦어져 애인의 아이를 임신한 게 아닌지 매우 두려워하던 한 친구가 있었다. 여러 이유에서 그녀가 실제로 임신했을 가능성은 거의 없는 정황이었다. 그녀의 측근이었던 한 정신과 의사는 그 두려움을 그녀가 매우 사랑하는 남자친구의 아이를 낳기를 바라는 무의식적 욕망의 표현으로 해석했다. 내 친구의 생각은 달랐다. 그녀는 임신이 아닐 것이라는 절대적 확신이 없어지고 임신했을 수도 있다는 생각이 들자 공포에 가까운 큰 두려움에 사로잡혔다.

"난 정말이지 무의식의 양가감정이라는 가설에 대해 알아보고 싶어. 아주아주 무의식에 있다는 감정 말이야. 아이를 낳고 싶어 하는 욕망이 기본적으로 깔려 있다는 게 확실해?"

그녀는 얼떨떨한 표정으로 내게 물었다. 좋은 질문이다. 많은 사람들에게는 물을 가치조차 없는 문제겠지만. 마르탱 빙클러는 어느 날 동료 의사들이 자신에게 하는 말을 듣고 깜짝 놀랐다.

"그래, 자네는 피임 기구나 루프를 처방하며 그게 임신을 바라는 그 여성들의 무의식적 욕망에 폭력을 가하는 짓이라는 생각을 해보긴 했어? 피임약을 복용하는 건 어쨌든 무의식적 욕망을 잊고 자기네 억압된 충동을 충족시키는 거야!"

그는 또한 한 젊은 여성에게서 부인과 의사가 그녀에게 했다는 다음과 같은 말을 전해들었다.

"생리통을 느끼는 건 몸이 임신을 원하기 때문입니다."[46]

스웨덴 작가 마르 칸드르의 소설 《여성과 드뢰프 박사》의 제목은 한눈에 보이는 철자 바꾸기 놀이로 되어 있다[드뢰프Dreuf는 프로이트의 철자 순서를 바꾼 이름]. 이 책에서 뛰어난 여성심리 분석가 드뢰프는 자신을 찾아온 여성 환자의 낮은 지적 능력을 고갈시킬 정도인 괴로움을 진정시킬 처방으로 "그지없는 성스러움과 여성의 정신을 정화하는 효력"을 가진 것으로 보이는 보편적 치유책인 출산을 권한다. 경솔한 젊은 여성이 아이를 원하지 않는다고 말하자 그는 하마터면 안락의자에서 떨어질 뻔했다.

"이봐요, 아가씨, 모든 여성은 아이를 원합니다! (…) 이런저런 이유로 여성은 보통 자신의 감정, 욕망, 신체의 실제 욕구를 자각하지 못하고 살아요. (…) 그러다 보니 여성이 완전히 감정에 휩쓸려 침몰하지 않으려면 혼란의 원인에 대한 파악이 필요하죠. 다시 말해 문명 세계에서 가장 총체적인 혼란의 근원에 있는 여성이 인생을 망치지 않으려면 나와 격이 다른 정신분석가를 통해 자신의 진정한 감정이 무엇인지에 대한 설명을 들어야 합니다."

그는 자기 말에 힘을 싣기 위해 멘토였던 작고한 교수 포포코프의 먼지 쌓인 책 한 권을 꺼내고는 "모든 여성은 그 자신 깊은 곳에서 아이들을 원한다"라고 적힌 부분을 펼쳐 그녀에게 건네며 알아듣게 설명한다. 그러나 그녀의 손에서 황급히 책을 빼낸다. 문득 그녀가 생리 중일지 모른다는 생각이 스쳤기 때문이다. 그러고 나서 격하게 항변한다.

---

46   위와 같음.

"아무리 그렇다 해도 당신이 자신을 의학보다 더 높은 곳에 두려는 건 아니겠죠! 여성에 대한 전문지식이 이런 결과에 도달한 건 수세기에 걸쳐 영안실과 정신병원에서 이루어진 심도 깊은 연구 작업 덕분입니다. 헤아릴 수 없는 수많은 실험이 있었고 돼지, 두꺼비, 촌충, 염소 들을 대상으로 수없이 이론을 검토했습니다. 반박이 불가능한 이 연구 공적들이 어느 정도로 참고가 되는지 당신은 상상도 못할 겁니다!"[47]

이 정도면 어떻게 설복되지 않을 수 있을까?

에리카 종 같은 페미니스트조차 여성에 대한 이러한 전제들을 공유한다는 건 예기치 못한 사실이다. 1970년대 미국에서 일어난 여성운동을 회고하며 그녀는 아내이자 어머니인 베티 프리던의 운동과 무자녀 독신인 글로리아 스타이넘의 운동이 연합하는 데 실패한 까닭을 이렇게 설명했다.

"가족생활을 거부한 여성들은 그 생활을 선택한 여성들을 무시한다. 어쩌면 이 증오심은 일정 부분 쓰라린 감정으로 이루어져 있는지 모른다. 아이를 낳고 싶어 하는 욕망은 너무 강력한 것이어서 그 거부에 대한 대가로 지불해야 할 값이 터무니없이 크기 때문이다."[48]

---

47   Mare Kandre, *La Femme et le Docteur Dreuf*(1994), Marc de Gouvenain과 Lena Grumbach가 스웨덴어판을 번역한 Actes Sud, Arles(1996).

48   Erica Jong, *La Peur de l'âge, op. cit.*

이 이야기에서 무시와 증오와 쓰라린 감정의 흔적을 찾아야 한다면 그건 오히려 베티 프리던 진영 쪽이므로 이는 이상한 주장이다. 베티 프리던은 글로리아 스타이넘이 여성운동에 방탕한 여성들, 가난한 여성들, 레즈비언들을 끌어들여 명예를 훼손했다고 비난했다. 신랄하고 까다로운 인물로 묘사하는 수많은 증언들과는 달리 스타이넘은 도리어 평온한 분위기다. 따라서 출산 욕망 이론의 편견과 출산이 기여할 안도감을 예시하는 문제에 관해서라면 이 두 인물을 선택한 것이 매우 서툰 일로 보인다. 이처럼 진실에 반해 글을 쓸 수 있다는 것은 독단의 힘이 무엇인지 보여준다.

2002년 프랑스에서 정신과 의사 주느비에브 세르가 글을 쓰기 위해 자발적 무자녀 여성 다섯 사람을 인터뷰하고 회의적 태도로 접근했던 것도 같은 맥락에서 볼 수 있다. 그녀는 그 여성들에 대해 이렇게 썼다.

"그녀들 중 임신한 적이 있는 이들이 있었고, 그중 몇몇은 여러 차례 임신하기도 했지만 임신 중지를 결정했다는 사실은 자녀에 대한 욕망은 있지만 그 욕망을 인정받지 못한 것으로 추측하게 한다."[49]

임신이 아이에 대한 무의식적 욕망의 표시라는 말은 강간으

---

49 Geneviève Serre, "Les femmes sans ombre ou la dette impossible. Le choix de ne pas être mère", L'Autre, vol. 3, no. 2(2002).

로 임신한 경우에도 해당될까? 임신 중지가 불법인 상황에서 태아를 떼어버리기 위해 목숨을 거는 여성의 경우는 어떻게 설명해야 할까?

한편 무의식적 욕망 또는 양가감정을 인정해야 하는 것이라면 임신일지도 모른다는 두려움에 시달리던 내 친구의 경우는 평범한 정상 쪽에 속했으면 하는 욕망의 표출일 것이라는 추정 또한 배제할 수 없다. 한평생 내내 역류하며 노를 젓는 게 쉬운 일은 아니기 때문이다. 이런 인식 탓에 자발적 무자녀인 한 젊은 여성은 자신이 줄곧 "서커스의 동물로 여겨지는 것 같은" 기분이라고 말하기도 했다.[50]

아버지가 되지 않는 남성은 사회적 역할을 무시한 것인 반면, 여성이 어머니가 되지 않는 것은 본연의 정체성을 따르지 않는 것으로 여기는 경향이 있다. 논리적으로 생각해볼 때 아이에 대한 욕망이 자연적인 것이라면 그 욕망을 느끼지 않는 여성들에게선 생물학적으로 비정상적인 것을 발견할 수 있어야 한다. 그래서 뭔가 결함이 있다면 사람들은 의사의 진찰을 받아보라고 권하겠지만 그녀들은 규범을 내면화했으므로 스스로 문제가 무엇인지 살필 것이다. 그리하여 아이에 대한 욕망이 생겨날 때까지 자신을 점검하고 자기 몸을 돌본다.

이 대목에서 우리는 다시금 미용 영역에서 관찰할 수 있는

---

50   Charlotte Debest, *Le Choix d'une vie sans enfant, op. cit.*

역설과 접하게 된다. 즉 '진짜 여성'이 된다는 것은 깊은 본성에서 비롯하는 것으로 보이는 무언가가 생겨나게 하기 위해 피땀을 흘리는 걸 함축한다.

출산과 관련해 정신분석과 정신의학의 담론은 최악의 고정관념에 학문적 권위의 아우라를 희미하게 덧씌워 본성 담론을 이어가는 식으로 매우 뛰어난 활약상을 보여준다.

정신과 의사 주느비에브 세르는 자신이 만났던 여성들에게서 자신의 "남성적 눈에 비쳤던 독립, 능률, 규율 준수, 정치 같은 주요 관심사들"과 동일한 자질을 확인한 후 이렇게 적었다.

"자율과 독립 등 남성적 자질들은 생명의 선물을 수용하는데, 즉 모성의 접근에 꼭 필요한 것으로 보이는 수동적이고 수용적인 여성의 자세에 접근하는 데 방해가 되는 듯하다."[51]

어머니들, 이 게으르고 의존적 피조물들은 생명의 거대한 신비 속에 빠져 허우적대는 것으로 만족하며 정치는 남성들에게 맡긴다.

네, 당신은 19세기를 요청하셨습니다. 끊지 말고 기다리세요.

---

51 Geneviève Serre, "Les femmes sans ombre ou la dette impossible", art. cit.

대리만족을 위한 빈터

출산을 거부하는 여성은 또한 아이들을 싫어한다는 선입견에 부딪친다. 마녀집회에 모여 아이를 불에 구워 먹어대거나 이웃집 아들에게 죽음의 주문을 거는 마녀들 같다는 선입견이다. 이 선입견은 이중으로 화를 북돋는다. 먼저, 이건 항상 사실과 거리가 먼 이야기기 때문이다. 때론 아이들에 대한 강한 감정이입으로 인해 아이 낳기를 꺼리기도 한다. 반면 어떤 이들은 바람직하게 볼 수 없는 동기에서 아이를 낳기도 한다. 루시 주베르는 다음과 같이 풍자한다.

"찾아오는 사람도 없고 오락거리도 없는 양로원에서의 오랜 삶이라는 끔찍한 미래에 대한 전망보다 출산 욕망을 진작하는 게 또 있을까? 요일마다 한 아이씩 한 주를 채우고도 하나가 남도록 8명의 아이를 둔 어떤 이들은 이 악몽을 피해 간다. 이들에겐 지나친 신중함이란 존재하지 않는다."[52]

학대받고 구타당하고 유린당하는 수많은 아동들의 사례를 볼 때 아이를 낳는 모든 사람이 정말로 그 자식들을 사랑하는지 의문을 갖게 된다. 한편 우리에겐 아이들과 함께하지 않을 권리가 있다. 한층 더 솔직히 말하면, 즉 여성과 연결되는 부드러움과 헌신의 이미지를 짓이기고 여성을 둘러싼 환상들을 가차없

---

52   Lucie Joubert, *L'Envers du landau, op. cit.*

이 깨버릴 각오로 말하자면 그들을 미워할 권리가 있다. 어쨌든 이 문제에도 적절한 태도란 없다. 어떤 여성들은 아이를 보고 감동을 하거나 아이를 품에 안아보기라도 할라치면 득달같이 쏟아지는 "너하고 정말 잘 어울린다", "넌 정말 좋은 엄마가 될 거야" 등의 말에, 말 안 해도 안다는 듯한 시선에 넌더리가 나서 괴물 취급을 받는 걸 각오하고 철저하게 무시하는 쪽을 택할 수도 있다. 실제로 아이들을 사랑하고 그들과 어울리는 걸 좋아한다고 해서 꼭 자기 아이를 원하라는 법은 없기 때문이다. 만화《그런데 넌 언제 시작하는 거니?》의 여주인공이 "난 요리도 아주 잘해. 그렇지만 식당을 차리고 싶은 맘은 조금도 없어!"라고 소리를 내지르는 것도 같은 맥락이다.[53]

작가 엘리자베스 길버트[회고록《먹고 기도하고 사랑하라》(한국어판은 민음사, 2017)를 쓴 미국 작가(1969~)]는 여성은 세 범주로 나뉜다고 말한다. 즉 "어머니가 되기 위해 태어난 여성들, 이모가 되기 위해 태어난 여성들 그리고 어떤 경우에도 최소 3미터 이내로 아이들에게 가까이 가는 걸 허용해서는 안 되는 여성들. 자신이 어느 범주에 속하는지 아는 건 매우 중요하다. 자신이 속한 범주를 혼동하는 바람에 그 모든 슬픔과 비극이 생기기 때문이다". 그녀 자신은 '이모 부대'에 속한다.[54]

---

53   Véronique Cazot and Madeleine Martin, *Et toi, quand est-ce que tu t'y mets?*, vol. 1, *Celle qui ne voulait pas d'enfant*, Fluide. G, Paris(2011).

2006년, 한 젊은 여성이 프랑스의 어느 여성지에 이모 부대가 할 수 있는 멋진 행동을 투고한 적이 있다. 그녀는 어릴 적 여름방학에 한 친구와 여행을 떠났는데 목적지는 바로 친구의 이모 집이었다. 그녀는 비행기에서 내려서야 문제의 이모가 사빈느 아젬마라는 걸 알았다. 사빈느 아젬마는 모성 문제에 대해 질문을 받을 때면 어머니가 되지 않겠다는 자신의 선택을 담담하게 수용하는 자세를 보여주곤 했던 보기 드문 프랑스 여배우 중 하나였다. 이 여름방학 여행은 수년간 해마다 이어졌다.

"사빈느는 우리에게 작은 카메라를 빌려줬고 시나리오를 써 보라고 북돋았다. 우리는 그 시나리오로 영화를 만들었고 소품으로 쓸 의상을 찾느라 몇 시간이고 시장을 헤매기도 했다. 사빈느는 작은 자동차를 마련했지만 운전하는 걸 싫어해서 우리와 트럭 뒤에 타고 긴 시간을 함께하며 연신 요란하게 웃어댔다. 우리는 아이가 아니었고, 사빈느는 어른이 아니었다. 그건 마법의 시간이었다. 자크 타티 감독의 영화 〈월로 씨의 휴가〉 같은 휴가, 맥도날드가 없는 대신 프랑크 카프라 감독의 영화 〈아세닉 엔 올드 레이스〉에 나올 법한 분위기의 찻집이 있고, 사람들이 가득한 작은 공원 대신 호텔 정원이 있는 휴가였다.

사빈느는 우리에게 신기한 물건들을 주었다. 뉴욕의 팽이,

---

54 "What Elizabeth Gilbert wants people to know about her choice not to have children", HuffPost(2014. 10. 10).

영국의 색연필 그리고 무엇보다 그녀의 행복의 감각을 우리에게 불어넣었다."[55]

이모 부대가 할 수 있는 이 다양한 역할은 자원으로서 저평가된 경향이 있다. 글로리아 스타이넘이 40대에 〈투나잇 쇼〉에 출연했을 때, 사회자 조앤 리버스가 물었다.

"딸은 내 인생에서 가장 큰 기쁨이었어요. 그 애가 없는 삶은 상상도 할 수 없지요. 당신은 아이를 낳지 않은 걸 후회하지 않나요?"

그녀는 대답했다.

"그런데 조앤, 모든 여성이 아이를 가지면 아이를 낳지 않는 게 어떤 건지 당신에게 말해줄 사람이 아무도 없잖아요."[56]

적지 않은 여성이 자신이 추구하는 인생의 의미와 어머니 되기가 양립할 수 없는 이유를 설명했다. 자유와 고독과 여행을 사랑하는 샹탈 토마는 그 이유를 아주 단순하게 설명한다.

"이 문제에 관한 어떤 것도 내 마음을 끌지 못합니다. 임신도, 출산도, 아이에게 젖을 먹이고 돌보고 교육하는 일상도."[57]

시몬 드 보부아르가 젊은 시절의 삶을 저술한 자서전적 작품 《나이의 힘》을 읽으며 인상 깊었던 것은 한계를 모르는 그녀의

55　*Cosmopolitan* (2006. 9).

56　Henriette Mantel이 *No Kidding, op. cit.*에서 인용.

57　Chantal Thomas, *Comment supporter sa liberté*, Payot & Rivages, "Manuels", Paris(1998).

절대적 욕구다. 그녀는 많은 책을 탐독하고, 보고 싶은 대로 마음껏 영화를 보고, 작가가 되고 싶은 욕망에 벅차 감격한다.

물질계에 대해서도 똑같은 탐욕이 그녀를 사로잡는다. 마르세유에서 교수로 임명된 그녀는 걷기의 즐거움을 발견한다. 그녀는 시간이 날 때마다 산책에 나섰다. 언제나 적절한 장비를 갖추지 않은 채 몇몇 위험한 상황에서도 사고의 두려움이나 공격의 두려움에 굴하지 않고 풍경들과 감각들에 취해 몇 킬로미터를 쉼 없이 끝까지 걷곤 했다.

그녀는 따라나서려는 친구들을 뿌리쳤고 자신만의 자유를 아꼈다. 자신이 차지하고 살았던 일련의 방들이 가진 매력을 몇몇 특징으로 요약할 때 즐거움을 내비침으로써 이를 증언한다. 그녀는 파리에서 대학생활을 하던 시절부터 혼자 사는 것에 무척이나 흡족해했다.

"나는 새벽에 귀가하고, 밤새 침대에서 책을 읽다가 정오까지 잠을 자고, 24시간 내내 집 안에 틀어박혀 있다가 불현듯 거리로 뛰쳐나가기도 했다. 도미니크 식당에서 동유럽식 수프 보르시로 점심 식사를 하고, 라쿠폴〔1927년 문을 연 레스토랑으로 파리 14구 몽파르나스에 있다〕에서 저녁으로 초콜릿 한 잔을 마시곤 했다. 나는 초콜릿과 보르시, 긴 낮잠, 깨어 있는 밤을 좋아했다. 무엇보다 좋아한 건 내 변덕스런 기분이었다. 그 무엇도 그걸 저지할 수 없었다. 어른들이 귀에 못이 박이도록 말하던 '존재의 진지함'은 사실 무게 있는 게 아니었다."

임신이 어떻게 이 존재의 비약, 이 열정을 돌연 중단시키고 그녀가 사랑하던 모든 것, 그녀에게 중요하던 모든 것에서 그녀를 멀어지게 할 수 있을지 모르겠다. 같은 책에서 시몬 드 보부아르는 자신의 표현대로라면 '주로 그녀를 공격했던 주제'인 임신 회피에 대한 생각을 밝힌다.

"나의 행복은 너무 옹골져서 새로운 어떤 것도 나의 마음을 끌 수 없다. (…) 나는 내게서 하나의 육체가 나오는 상황은 전혀 생각해보지 않았다. (…) 내가 어머니 되기를 거부했다는 인상을 받진 못했다. 그건 내 몫이 아니었으니까. 나는 아이가 없는 채로 나의 본성적 임무를 완수했다."[58]

몇몇 여성은 임신이 중단되면 이상한 느낌을 받는데 스무 살에 낙태했던 한 친구는 나에게 그 느낌을 설명해주었다. 그녀에게는 그 수술이 완전히 추상적인 것으로 남아 있어서 "꼭 맹장염을 앓았던 것만 같다"고 했다.

글로리아 스타이넘의 경우, 2015년 출간된 그녀의 자서전 《길 위의 인생》[한국어판은 학고재(2017)]은 이렇게 끝을 맺는다.

이 책을 빈년의 손 샤프 박사님께 바치고 싶다. 그는 1957년 인도를 향해 나선 스물두 살 된 한 미국 여성

---

58   Simone de Beauvoir, *La Force de l'âge* (1960), Gallimard, "folio", Paris (1986).

의 낙태수술을 수락하는 엄청난 위험을 감수했다. 영국에서 건강상의 이유가 아닌 이유일 때도 여성의 임신중절수술이 법적으로 허용된 것은 그로부터 10여 년이 더 지나서였다. 그는 그녀가 미지의 운명에 몸을 던지기 위해 고국에서 치르려던 약혼식을 깨고 나왔다는 사실밖에 몰랐고 그녀에게 이렇게 말했다.

"당신은 나에게 두 가지를 약속해야 합니다. 첫째, 내 이름을 아무에게도 말하지 않을 것. 둘째, 당신이 원하는 인생을 살 것."

친애하는 샤프 박사님, 법이 부당하다는 것을 알고 있었던 당신은, 당신의 죽음 뒤 오랜 시간이 지난 지금 이렇게 말하는 저를 원망하지 않으리라 생각합니다.

저는 제 인생에 최선을 다했습니다.

이 책은 당신을 위한 것입니다.[59]

그녀의 경우, 세대를 연계하지 않았다는 사실이 어머니에 대한 배신을 상징하는 게 아니라 어머니의 가치를 인정하고, 그녀의 유산을 수용하며, 가족의 역사를 존중하는 수단이 되었다. 그녀의 어머니 루트Ruth는 글로리아 스타이넘이 태어나기 전 저널리스트로서의 커리어를 막 시작했고, 남편과 글로리아의 언니인

---

59   Gloria Steinem, *My Life on the Road, op. cit.*

큰딸을 버리고 자신의 가능성에 도전하기 위해 친구와 함께 뉴욕으로 떠날 참이었다.

"나는 엄마에게 그 이야기를 해달라고 졸랐다.

'엄마는 왜 그렇게 하지 않았어? 왜 언니를 데리고 뉴욕으로 가지 않았어?'

엄마는 그건 별일 아니라고, 자신은 우리를 갖게 되는 행운을 얻었다고 했다. 내가 끈질기게 묻자 그녀가 덧붙였다.

'만일 그때 떠났다면 넌 결코 태어나지 못했을 거야.'

그런 엄마에게 '그래도 그랬다면 엄마는 태어났잖아' 하고 말할 용기가 결코 나지 않았다."

부모가 헤어진 후 어린 글로리아는 어머니와 단둘이 살았는데 어머니는 우울증에 빠져들었다. 그녀는 우울증에서 벗어날 상황이 되자마자 뉴욕으로 떠났고, 어머니를 대신해 자신의 꿈을 실현했다. 그녀는 다음과 같은 글로 감사의 마음을 표했다.

"그녀 이전의 수많은 여성들처럼 그리고 오늘날도 여전히 다른 많은 여성들이 그러는 것처럼 그녀는 결코 자기만의 여행을 떠난 적이 없다. 지금이라도 그녀가 사랑했던 길을 따라 떠날 수 있으면 난 정말로 좋겠다."[60]

이번 장章을 준비하다 우연히 아버지 것으로 보이는 서류들

---

60   위와 같음. 또한 "Ruth's song(because she could not sing it)", in Gloria Steinem, *Outrageosu Acts and Everyday Rebellions*, Holt, Rinehart and Winston, New York(1983) 참고.

을 뒤적이게 되었고 '뇌샤텔 고등 비즈니스 스쿨'이라고 적힌 빛 바랜 파란색 공책을 발견했다. 안에는 아버지의 각지고 우아한 필체로 적힌, 긴 목록의 문학 레퍼런스 말고는 아무것도 적혀 있지 않았다. 아버지는 《내일의 책Le Livre de demain》이라는 잡지의 목차를 옮겨 적었는데 거기엔 모리스 마테를링크 또는 에드몽 잘루의 책 제목이 있었다.

아버지는 열두 살 때 할아버지가 일찍 세상을 뜨시는 바람에 들이닥친 인생의 격변으로 열망했던 문학 공부를 포기해야 했다. 교양이 풍부하고 호기심이 아주 많았던 그는 전혀 자질이 없는 상업 공부를 시작해야 했고 이내 돈을 잘 벌게 되었다. 그러나 어긋난 자신의 인생 경로를 바로잡지는 못했고 그 어떤 것도 이 아쉬움과 묻혀버린 재능으로 인한 괴로움을 가시게 하지는 못했던 듯하다.

이 비통함이 어떤 것인지 제대로 의식하기도 전에 나 자신도 책과 글쓰기보다 더 관심을 받을 만한 것이나 그보다 더 현실적인 것은 아무것도 존재하지 않는 듯한 세계로 빠져들었다. 어쩌면 우리 부모들은 때로 너무 격렬해서 다른 것에는 아무런 여지도 남기지 않을 만큼 격한 열정들을 우리에게 전해주었는지도 모른다. 특히 자신들이 원한 만큼 그 열정에 몰두할 수 없었던 경우, 보상받으려는 욕구로 인해 어중간한 태도를 허용하지 않으면서 세대들의 숲속에 빈터를 만들어 그곳에 자리를 잡고 나머지는 잊으라고 명하는지도 모른다.

그렇지만 이 모든 열정은 많은 이들에게 여전히 받아들일 수 없는 것으로 남는다. 여배우 마샤 메릴은 "아이를 낳지 않은 여성들은 이단자들이고, 스스로의 과부들"이라고 단언했던 자신의 책에서, 시몬 드 보부아르의 혼령에 이런 말을 건네는 게 적절하다고 생각했다.

"천재적인 시몬, 당신은 여기서 불신의 죄를 지었습니다. 당신도 아이를 낳고 싶었을 텐데 당신의 선택들과 사르트르라는 악마는 당신을 그 꿈에서 멀어지게 했어요. 당신은 미국인 애인인 작가 넬슨 올그런과 사귀면서 여성인 당신의 몸이 어머니가 되는 걸 거의 수용할 뻔했잖아요. 그랬더라도 당신은 역시 명석했을 거고 당신의 두뇌 역시 빨리 돌아갔을 겁니다."

이 글을 인용한 루시 주베르는 이렇게 해설을 단다.

"뇌, 아니면 펜일지도 모르지, 알게 뭐람?"[61]

코린느 마이에르의 책 때문에 격노했던 《엘》의 저널리스트 미셸 피투시는 1987년, 가족을 돌보는 것과 일을 겸할 때의 어려움 및 여성해방의 유감스런 결과 들이 수세인 《슈퍼우먼들이 혐오하는 것들Le Ras-le-bol des superwomen》이라는 책을 출간했다. 적어도 여기에서는 삶에서 방정식을 구성하는 요소 가운데 하나를

---

61   Lucie Joubert, *L'Envers de landau, op. cit.*

제거함으로써 삶을 가볍게 하는 사람들에 대해 논의하지 않는 것이 분명하다.

자발적 무자녀 여성들의 '선의'를 의심하지 않는 경우, 사람들은 그녀들에게서 모성을 대체할 대상을 찾는다. 직업이 교사라면 그녀는 학생들의 어머니가 되고, 여성 작가들에겐 책이 자식들이 된다. '아이의 부재로 인한 상처를 극복'하는 방법을 고찰하는 에세이에서 미국 작가 로리 리슬레는 상징적 모성을 길게 설명한다. 이는 상당 부분 개인적 필요에 따른 것으로 보이긴 하지만 책에 대한 인터넷 평가에 따르면 이러한 그녀의 강조는 같은 처지에 있지 않은 많은 여성들에게는 거슬리는 것이었다.[62] 그중 자발적 무자녀인 클로틸드는 간호학교에서 자신의 교사 활동과 학생들과의 관계를 설명하며 "나는 모성애적 보살핌이라는 것은 잊고 싶다"고 말한다.[63]

상식적으로, 어머니 됨과는 완전히 다른 삶의 실현은 대체일 뿐만 아니라 부득이한 수단으로 보인다. 가브리엘 샤넬의 데뷔 시절을 그린 안느 퐁텐 감독의 영화 〈코코 샤넬〉은 그 예시를 보여준다. 젊은 여주인공은 한 남성과 사랑에 빠지는데 그는 영화가 끝날 무렵 자동차 사고로 사망한다. 그녀가 울고 있는 모습을 보여주던 영화 장면이 갑작스레 바뀌고 그녀가 직업적으로 거

---

62   Laurie Lisle, *Without Child, op. cit.*
63   Charlotte Debest, *Le Choix d'une vie sans enfants, op. cit.*

둔 첫 성공을 보여준다. 패션쇼가 끝난 후 청중은 그녀에게 갈채를 보내며 환호한다. 반면 그녀는 공허한 시선으로 쓸쓸하게 한 구석에 앉아 있다. 영화는 결론을 자막으로 덧붙인다. 그녀는 대대적으로 성공을 거듭하지만 결코 결혼한 적도, 아이를 낳은 적도 없다고. 이 마지막 설명은 그녀가 위대한 사랑을 잃은 뒤 수녀 같은 삶을 살며 오로지 일에만 몰두한 듯한 인상을 남긴다.

그러나 현실의 샤넬은 화려하고도 파란만장한 인생을 살았다. 적어도 몇몇 사람들이 볼 때 그녀에게는 사랑했던 것으로 보이는 친구와 연인들이 있었다. 영화에서는 그녀의 직업을 사적 불행을 일시적으로 완화하는 대체물로 보이게 하는 다소 조작적인 무엇이, 더욱 그럴듯하게 말하면 클리셰의 용이한 사용이 있다. 그러나 그녀는 애인이 죽기 전부터 절실한 필요에 따라 의상 디자인 작업을 시작했으며, 이 일이 그녀에게 큰 만족을 안겨준 것이 분명하다.

엘리자베스 길버트는 대화 중 상대가 선뜻 묻지 못하고 머뭇거리는 것을 보면 자신의 비출산에 관해 질문해도 좋다고 부추기는 편인데 그건 그녀가 이 문제를 거론할 필요가 있다고 판단했기 때문이다 반면 레베카 솔닛의 경우는 사람들이 자신에게 자주 같은 질문을 하는 걸 매우 유감스러워했다.

"작가로서 추구하는 목표 가운데 하나는, 포착하기 어려워 등한시하는 것에 가치를 부여하고, 의미의 섬세한 뉘앙스와 차이를 묘사하고, 공적인 삶과 고독한 삶을 동시에 칭송하는 방식들을 찾는 것 그리고 존 버거의 문구를 빌리면 '다른 방식으로 이야기하는 법'을 찾는 것이다. 이 말이 내가 왜 이야기를 하는 똑같은 방식과 계속해서 마주칠 때마다 그토록 절망하는지에 대한 설명이 될 듯하다."[64]

비출산에 관한 레베카 솔닛의 글은 그녀의 버지니아 울프에 대한 강연에서 시작되었다. 이 강연에서 이어졌던 토론은 매우 놀랍게도 본래 주제를 벗어나 삽시간에 《댈러웨이 부인》과 《등대로》의 작가 버지니아 울프의 무자녀 문제로 넘어갔다.

2016년 대서양 이편 프랑스에서는 마리 다리외세크〔프랑스 소설가(1969~). 《암퇘지》, 《유령들의 탄생》 등의 대표작이 있다〕가 똑같은 상황에 처하는 일이 벌어졌다. 프랑스 라디오 방송 〈프랑스 퀼튀르〉에 초대받아 그녀가 새로 번역한 버지니아 울프의 《자기만의 방》에 대해 설명하는 자리였는데 사회자는 원저자의 무자녀 문제를 토론 테이블에 올렸다. 그녀는 인내심을 갖고, 버지니아 울프의 고통은 당연히 컸지만 무자녀인 상황이 그녀의 불행에 작용했다고 생각할 만한 아무 근거도 없다는 말로 답변을 시작했다. 그러나 그는 다시 집요하게 물었고, 그녀는 폭발하고 만다.

"정말 난처하게 하는군요. 죄송해요. 예의를 갖춰야지만 정말 성가시다고 말하지 않을 수 없네요! 아니, 무자녀 남성 작가한테도 이런 질문을 하나요? 무슨 답을 하시든 **상관없어요!** 이런

---

64   Rebecca Solnit, "The Mother of all questions", art. cit.

태도야말로 그녀를 여성의 몸에 한정하는 것입니다. 그리고 이건 그녀가 이 책에서 말하려는 게 아니에요."[65]

이런 맥락에서 울프를 선두로 내세우는 '문학 마녀들'을 축하하는 서문에서 팸 그로스만이 "아이들 아닌 다른 것을 만들어내는 여성들은 여전히 많은 이들에게 위험한 여성 취급을 받는다"[66]고 쓴 것은 옳은 말이라고 인정할 만하다. 그러니 버지니아 울프 같은 작가가 된다 해도 어머니가 되지 않는다면 당신의 존재는 정당화되지 않는다는 것을 알아두는 편이 좋을 것이다. 당신이 출산을 생각하지 않거나 출산에 무관심하다면 그런 경고를 받을 것이다. 당신이 모르는 사이에 틀림없이 당신을 매우 불행하게 만들고 마는 이 비출산이라는 심각한 결핍에서 주의를 돌리고자 걸작을 쓰려 애써봤자 소용없는 짓이다. 걸작을 쓰고 싶다면 다른 이유들을 위해, 당신의 즐거움을 위해 써라. 아니면 차라리 불미스러운 당신 삶의 여유를 나무 아래서 한가롭게 책을 읽는 데 혹은 당신이 하고 싶은 다른 일들에 바쳐라.

1970년대의 페미니즘운동이 안겨준 트라우마는 수많은 신화를 낳게 했다. 예컨대 당시 시위에서 공개적으로 어떤 브래지어도 불태운 적이 없다. 그런데도 수신 팔루디가 썼듯이 모든 사

---

65   "Virginia Woolf(4/0). Un lieu pour les femmes", *La Compagnie des auteurs*, France Culture(2016. 1. 28).

66   Pam Grossman, "Avant-propos", in Taisia Kitaiskala and Katy Horan, *Literary Witches, op. cit.*

람이 여전히 "페미니즘이 란제리 제품을 모두 화형대에 제물로 바친"[67] 것으로 아무 의심 없이 믿는다. 마찬가지로 페미니즘은 모성을 무시하거나 어머니가 되기를 갈망하는 여성들에게 죄의식을 갖게 했다고 간혹 비난받기도 한다. 몇몇 개인이 그런 행동을 보였을 수는 있고 이는 분명 안타까운 일이지만 당시 생성된 이론에는 이런 일이 속해 있지 않다. 연구자 앤 스니토우는 당시 미국의 자료집에서 '어머니들에 대한 증오'로 여길 만한 어떤 증거도 찾아내지 못했다.[68]

1972년 엘렌 펙Ellen Peck이 설립한 비-부모를 위한 임시국가기구National Organization for Non-Parents(NON)〔1972년 조직했으며, 아이를 갖지 않는 것을 선택할 수 있다는 개념을 발전시켰다〕는 페미니즘운동과는 관련이 없었다. 사실, 비록 적긴 해도 아이를 낳지 않을 가능성이 금지되었던 것은 아니다.

1960년대 아프리카계 미국 여성 단체가 서명한 '피임 선언'은 주목할 만한 항변이었다. 그녀들은 피임을 집단 학살로 간주하는 몇몇 흑인 남성에 대항해 피임은 반대로 "흑인 아이들과 여성들의 집단 학살에 반대해 싸우는 자유"라고 항변했다. 무자녀 여성들이 더 많은 사회적 영향력을 갖고 있었기 때문이다.[69] 프

---

67   Susan Faludi, *Backlash, op. cit.*
68   Ann Snitow, "Motherhood:reclaiming the demon texts", in Irene Reti(dir.), *Childless by Choice. A Feminist Anthology*, HerBooks, Santa Cruz(1992).
69   Laurie Lisle, *Without Child, op. cit.*

랑스에서 시위 여성들은 "아이는 내가 원하면, 내가 원할 때"라는 구호를 외치곤 했는데 크리스틴 델피는 이렇게 분석한다.

"'내가 원하면'이라는 표현의 급진성은 '내가 원할 때'라는 표현으로 완화되었다. 시위는 언제나 출산 시기와 자녀의 수 조절을 강조하면서도 결코 출산의 원칙에 중점을 두지는 않았다. 분명한 건 페미니스트운동은 여성이 조금도 아이를 낳고 싶어 하지 않을 수 있다는 생각을 감히 표출하지 못했다는 점이다."[70]

《무자녀 삶의 선택》 저자인 사회학자 샤를로트 데베스트는 "1970년대의 사회적이고 정신분석적이고 반성적인 사고의 격동이 이 놀라운 명령에 이르게 한" 것으로 보았다. 즉 "하고 싶은 대로 다 하되 부모가 돼라"는 것이었다. 특히 여성은 어쩔 수 없이 "아이를 갖고 싶어 하라"는 모순된 명령을 따를 수밖에 없었다. 여성 사회학자가 만났던 자발적 무자녀 여성 한 사람이 지적하듯이 여성은 "자신이 원하는 것과 사회가 자신에게 원하는 것을 구분하지 않는" 경향이 있어서 더욱더 이 모순된 명령에 예민하게 반응한다.[71]

미국 정신분석학자 잔느 사페르는 어느 날 자신은 자녀를 원치 않는나는 셀 깨달았다고 한다. 그녀는 "아이를 갖고 싶어 하

---

70   Christine Delphy, "La maternité occidentale contemporaine : le cadre du désir d'enfant", in Francine Descarries and Christine Corbeil, *Espaces et temps de la maternité*, Éditions du Remue-Ménage, Montréal(2002).

71   Charlotte Debest, *Le choix d'une vie sans enfant, op. cit.*

기를 바랐다".[72] 우리가 갖고 있다고 여기는 '선택의 자유'는 이렇게 다분히 착각일 수 있다. 아이를 낳지 않는 여성에 대한 찬동과 지지가 이토록 전적으로 부재하는 원인에는 이러한 문화적 맥락이 있다.

"나는 당신이 자녀를 원치 않는 선택을 어떻게 담담하게 유지할 수 있을지 모르겠어요."

샤를로트 데베스트의 인터뷰에 응한 한 여성은 그녀에게 말했다.[73]

이처럼 정당성이 거의 없다시피 미미하기에 뭔가 일이 풀리지 않을 기미만 보여도 그 불운이 다 아이가 없어서가 아닐까 하는 의구심으로 무자녀 여성들을 몰아간다. 나 또한 가구에 발가락이라도 부딪치는 일이 생기면 아무런 과장 없이 이게 다 벌이 아닐까 하는 생각부터 한다. 나는 다소 의식적으로 내가 원하는 삶을 살기 위해 받아야 하는 벌이라면 언제든 기다리겠다고 마음먹는다.

반면 자녀를 둔 어머니는 어떤 난처한 상황에 처해도 아이를 낳기로 한 결정이 그러한 상황을 초래했다는 생각 따위는 하지 않는 듯하다. 프랑스 작가 샹탈 토마가 들려주는 다음과 같은 일화는 이를 증언한다.

72　Jeanne Safer, "Beyond *Beyond* Motherhood", in Meghan Daum(dir.), *Selfish, Shallow, and Self-Absorbed, op. cit.*

73　Charlotte Debest, *Le Choix d'une vie sans enfant, op. cit.*

"한 여성이 나를 찾아왔어요. 자신이 탐욕스런 며느리의 음모 때문에 어떻게 브르타뉴에 있는 자기 집에서 쫓겨났는지 말하기 위해서였죠. 자기 이야기가 별로 관심을 끌지 못한다는 걸 깨닫자 그녀의 태도가 공격적으로 변했어요. '당신은 어떤가요? 자녀들이 잘하나요? 애들과 사이는 좋은가요?' '저는 자식이 없습니다.' 침묵과 긴 응시 후 '끔찍하군요' 하고 그녀가 말했어요. 그러고는 등을 돌렸죠."[74]

열다섯 살에 이미 어머니가 되지 않겠다는 나의 결심은 확고했다. 그러다 우디 앨런의 영화 〈또 다른 여인〉을 보고 난 뒤 약간 흔들렸다. 제나 롤런즈가 분한 여주인공은 50대 철학 교수였다. 영화 막바지에 이르러 그녀는 주저앉으며 흐느낀다.

"자식을 낳았더라면 얼마나 좋았을까!"

이 장면이 객관적이고 준엄한 현실의 반영이 아니며, 우디 앨런은 결코 참조할 만한 페미니스트가 아님을 이해하기까지는 다소 시간이 필요했다.[75] 아무리 그렇다 해도 자발적 무자녀 여성들에게 여전히 이런 협박을 들이댄다면 문제의 소지가 있다.

"두고 봐, 언젠가 아이 낳지 않은 걸 후회하고 말걸!"

매우 이상한 논법을 드러내는 말이다. 오로지 먼 미래에 생

---

74 Chantal Thomas, *Comment supporter sa liberté, op. cit.*

75 주변에서 그를 강간 혐의로 고발한 것에 대해 말하지 않더라도, Alain Brassart, "Les femmes vues par Woody Allen", *Le Monde diplomatique* (2000. 5) 참고.

길 것으로 추측되는 후회를 예방하기 위해 조금도 하고 싶지 않은 어떤 것을 억지로 해야 할까? 이 논법은 관계되는 대부분의 당사자가 피하려 하는 논리, 즉 아이의 존재가 유발할 것으로 전망되는 삶과 미래가 보장될 것을 기대하며 현재를 탕진하는 논리로 이끈다. 즉 은행 대출 때문에 과로로 건강을 해치고 물려받을 재산과 학자금 마련에 전전긍긍하는 삶으로.

우디 앨런에게는 미안한 일이지만 어쨌든 아이를 낳지 않겠다는 결정이 미래에 그토록 확실한 불행을 야기하는 것 같진 않다. 주느비에브 세르는 그녀가 만났던 여성들은 자신이 섣불리 예측했던 것과는 달리 "결핍도, 후회도"[76] 느끼지 않는다는 사실을 인정해야만 했다. 부인과 의사 피에르 파넬은 불임시술을 한 여성들에게서 매우 '경미한' 후회를 확인할 따름이다.

"후회하는 사람들은 대부분 합법화되기 이전[77]에 나팔관 불임수술을 치른 환자들이다. 나는 '치른'이라고 했다. 다시 말해 여성이 스스로 선택한 것이 아니라 대체로 의사의 결정에 따라 겪은 상황인 것이다."[78]

후회를 드러낸다면 물론 그것은 진심에서 우러난 것일 수 있

---

76 Geneviève Serre, "Les femmes sans ombre ou la dette impossible", art. cit.
77 2001년 자발적 불임이 합법화됨.
78 *J'ai décidé d'être stérile*, webdocumentaire de Hélène Rocco, Sidonie Hadoux, Alice Deroide and Fanny Marlier, www.lesinrocks.com(2015).

다. 그러나 연구자들은 또한 **강요된 후회**일 수 있다는 가정을 제시했다.

루시 주베르는 "분명히 말하지만, 그건 아기를 낳지 않았기 때문에 평생 여성으로서 완벽하지 않다는 말을 들으며 살고, 나이가 들어서는 어떤 결핍을 느끼거나 자신이 과소평가되었다고 생각하기 때문"이라고 요약한다. 그러고 나서 덧붙인다.

"메시지를 바꿉시다. 그렇다면 어쩌면 후회의 유령이 사라지는 걸 보지 않을까요."[79]

그리고 자신이 원하는 사람이 될 여성의 자유가 법적으로 유효하다는 사실을 사회가 인정하는 것도. 그다음엔 또 뭐가 있을까?

"나한테 결혼해라, 아이 낳아라, 일해라, 이래라저래라 하지 않으면 좋겠어요. 난 그냥 어떤 사람이 되고 싶을 뿐이에요."

서른일곱 살 린다가 외치는 말이다.[80]

후회라는 마지막 비밀

별로 후회하지 않거나, 아니 전혀 후회가 없는데도 어떤 후회에 대해서는 사람들이 어지간하게 떠들어댄다. 반

---

79   Lucie Joubert, *L'Envers de landau, op. cit.*

80   Charlotte Debest, *Le Choix d'une vie sans enfant, op. cit.*

면 더 많이 존재하는데도 말을 해서는 안 되기에 금지되는 후회가 있다. 이따금 모성이 불러일으키는 후회가 그렇다. 부모가 되는 것에 대해 온갖 싫은 감정을 원하는 대로 말할 수는 있다. 단, 그럼에도 부모가 되는 것이 너무 행복하다는 결론을 잊어서는 안 된다. 코린느 마이에르가 저서 《노 키드》에서 거칠게 위반했던 것은 바로 이 규칙이었다.

"아이들이 없다면 책을 써서 번 돈으로 지금쯤 세계 일주를 하고 있을 텐데. 대신 집에서 식사를 준비한다. 주중에는 매일같이 아침 7시에 일어나 어리석은 훈계를 읊어대고 세탁기를 돌리지 않으면 안 된다. 나를 하녀로 여기는 아이들을 위해 이 모든 일을 한다. 어떨 땐 후회를 한다. 그렇다, 감히 말하건대 나는 후회한다."

더 나아가 "아이들이 없고, 장보기와 식사 준비, 아이 돌보기에 덜 매였다면 내가 무엇이 되었을지 누가 알겠는가? 고백컨대 나는 오로지 한 가지만 기다린다. 아이들이 바칼로레아를 통과하고 드디어 내가 더 많은 시간을 창작 활동에 집중하는 것. 그쯤이면 내 나이 쉰 살이겠지. 나중에 더 나이가 들면 그때의 인생이 내겐 이제 막 시작한 것이겠지".[81]

이 금기의 위반은 미셸 피투시를 격분하게 만들었다.

"우리를 지치게 하고, 우리 삶을 망치는 자식이 없어졌으면

---

81   Corinne Maier, *No Kid, op. cit.*

하는 바람을 품어보지 않은 사람이 있으랴? 잡지 《엘》에서 가장 신랄한 글빨이 궂은일을 떠넘기는 데 필요한 재능과 우스꽝스런 소리로 온통 장광설을 늘어놓았네."[82]

여기서 '우스꽝스런 소리'와 '재능'은 '절제'와 '순응주의'를 가리라고 지시하는 암호명들이다. 감정의 발산은 규범을 재천명할 때만 허용된다. 하지만 위험을 무릅쓰고 감히 감정을 표출한 사람은 마이에르만이 아니다. 2011년 여배우 아네몬은 "난 바보같이 속아서 아이를 낳았어요"라고 부르짖었다. 그녀는 세 번의 임신중절을 치른 뒤 체념하고 임신을 받아들였다. 세 번의 낙태 중두 번은 상황이 아주 나빴다. 자녀 둘을 가진 그녀는 자신에게 더 필요한 것은 고독과 자유라서 아이가 없었다면(그녀는 자녀가 둘이다) 훨씬 더 행복했을 거라고 말했다.

"20년을 예상해야 해요. 아주 통통한 아기가 다음번에는 앙상하게 마른 아이가 돼요. 그쯤 되면 아이를 이런저런 수업에 등록해 데리고 다녀야 해요. 힘든 일이에요. 삶의 시간은 빨리 지나가는데 그 삶이 더는 당신 것이 아니에요."[83]

저널리스트 프랑수아즈 지루도 아들에 대해 이렇게 말한 적이 있다

"그 아이가 태어난 날부터 나는 목에 돌덩이를 매단 채 걸었

---

82 Michèle Fitoussi, "Le pire de Maier", art. cit.
83 Nolwenn Le Blevennec, "Être mère et le regretter : 'Je me suis fait un enfant dans le dos'", Rue89(2016. 6. 28).

어요."[84]

"이 여자는 길바닥에 질질 끌고 다니며 망치로 쳐서 이를 뽑고, 온 동네 아이들이 칼을 들고 나와 줄 서서 그녀의 살점을 오려내게 해야 한다. 그다음 산 채로 불태워야 한다."

이는 독일의 토론 포럼에서 이스라엘의 사회학자 오나 도나스에게 가해진 공격적인 악플이다. 그녀는 어머니가 된 것을 후회하는 여성들에게 발언 기회를 주었던 앙케트의 작가였다.[85]

많은 사람들이 코린느 마이에르에게 매우 분개했다. 그녀가 깊은 신중함 없이 자녀를 낳은 것에 대한 후회와 그들에 대해 느끼는 부담을 공개적으로 발언하면서 그녀 자녀들까지 상처받게 했다는 것이다. 반면 오나 도나스의 연구를 위해 증언했던 어머니들은 모두 익명이었다. 그런데도 보다시피 그녀들에 대한 적대감이 덜하지 않았다.

늘 똑같이 격렬한 반응만 있었던 건 아닌데 사방에서 그녀의 연구 결과를 부정하려 애썼기 때문이다. 예를 들어 프랑스 라디오 방송에서 한 발언자는, 설문 대상인 여성들이 보여준 태도는 특히 그 나라가 겪고 있는 전쟁 상황을 통해 분명하게 설명할 수 있다고 선언했다. 그러나 팔레스타인 점령과 그것이 이스라엘 사회에 미치는 영향을 결코 후회의 동기로 언급하진 않았다.

---

84   위와 같음.
85   Orna Donath, *Regretting Motherhood, op. cit.* 상반되는 언급을 제외하고는 다음 인용문들도 같은 출처.

또 어떤 이들은, 도나스가 만난 어머니들은 어린 자녀를 둔 어머니들일 테고 몇 년 지나 다시 생각해보면 긍정적 감정을 회복하리라 예측했다. 하지만 그녀들 중 어떤 이들은 벌써 할머니가 되어 있었다.

독일의 사회관계망에서 이 연구는 2016년 #RegrettingMotherhood라는 해시태그 아래 끝날 줄 모르는 논쟁을 불러일으켰다. 두 청소년 자녀를 둔 한 어머니는 연구에 참여한 여성들을 꾸짖었다.

"이 여성들이 자녀들과 함께하는 동안 그녀들 내면이 부유해지지 못하고, 성장하는 것을 배우지 못하고, 아이들과 깊은 감정의 교류를 나누지 못한 것, 새로운 눈으로 세상을 보게 되거나, 삶의 작은 것들을 더 높이 평가하거나, 존경, 관심, 사랑이 무엇인지 새로이 정의 내리지 못한 것, 또한 크나큰 기쁨을 누리지 못한 것은 매우 유감스러운 일이다. 사실, 답은 이기주의를 내려놓고 겸손함을 보이는 데 있다."

그녀는 이런 말로 결론을 내렸다.

"사랑은 토론하는 것이 아니다!"[86]

정말이지 '사랑'이 언제부터 여성들의 입을 막는 재갈이 되었을까? 사랑은 그보다는 더 높은 가치를 지닌 것이 아닐까? 여

---

86   "Regretter d'être mère? 'L'Amour n'est jamais à débattre'", Rue89 (2016. 7. 1).

성은 이보다 나은 대우를 받을 자격이 있지 않을까?

"어머니 되기에 대해서 사회는 어머니들에게 단 하나의 대답만을 허용한다. 즉 '아주 좋아해요'라고 하는 것."

오나 도나스의 요약이다. 그래도 여전히 후회가 존재한다. 모든 비밀이 그렇듯 표출되지 못할 때 그것은 안에서 곪는다. 또는 위기나 갈등의 순간에 터져버린다. 아이들이 어머니 마음속의 이 비밀을 느낄 수 없고 간파하지 못한다고 생각하는 것은 착각인 듯하다.

공저 《이기적이고, 피상적이고, 자기중심적인 자들》(한국어판은 《나는 아이 없이 살기로 했다》, 현암사(2016))에서 자신들의 출산 거부를 증언했던 미국의 많은 남녀, 동성애자, 이성애자 작가들은 이상화한 가족의 모습을 결코 믿을 수 없었다고 말한다. 왜냐하면 그들은 자기 부모들의 욕구불만과 고통의 증인이었으며, 특히 어머니의 고통과 욕구불만을 지켜본 증인들이었기 때문이다.

다니엘 헨더슨은 "나의 어머니라는 실례를 통해 나는 모성은 보장할 수 없는 것이란 사실을 배웠다"고 말한다.[87] 미셸 허니븐 또한 자신의 어머니는 "분명히 자식을 원한" 사람이지만 얼마나 자신들의 존재를 버거워했는지 말한다. 아주 사소한 것 하나만으로 그녀는 격분하곤 했다. 즉 "자녀의 질문 하나, 잘못 놓은

---

[87]   Danielle Henderson, "Save yourself", in Meghan Daum(dir.), *Selfish, Shallow, and Self-Absorbed, op. cit.*

책 한 권만으로도". 미셸이 청소년이 된 후에도 그녀의 어머니는 잘못된 행동을 혼내기 위해 시도 때도 없이 딸의 방에 난입했다. 어느 날, 그녀가 당뇨병 때문에 통증에 시달릴 때였다. 옆에는 남편이 있었고, 그녀는 공처럼 몸을 움츠린 채 침대에 누워 있었다. 그러다 두 딸이 방문 앞에 있는 것을 보고 소리를 질렀다.

"저 빌어먹을 애들은 뭐야? 애들을 안 보이게 해! 난 애들을 원하지 않아! 애들을 치워버리라고!"

당시 미셸은 열 살이었는데 그 말에 일종의 안도감을 느꼈다고 한다.

"오래전부터 내가 의구심을 품던 것이 마침내 입 밖에 튀어나왔다."[88]

어머니의 이런 감정에 어떤 틀을 만들어주고 그것을 순화하도록 유도함으로써 가급적 파생되는 고통을 줄일 수 있을지도 모른다. 이런 문제에 놓인 여성이라면 가까운 사람에게 속내를 말하거나 적절한 시기에 자녀들에게 이런 감정을 털어놓아도 좋을 것이다. 대화 중에 자연스럽게 "내가 너를 정말 좋아한다는 거 알지? 네가 있어서 난 정말 행복해. 하지만 내가 이 역할에 적합한 사람인지는 확신이 없어"라고 말하는 것은, "너는 우리 인생의 방해물이고 결코 태어나지 않는 게 더 좋았을" 거라고 퍼부

---

88   Michelle Huneven, "Amateurs", in Meghan Daum(dir.), *Selfish, Shallow, and Self-Absorbed*, op. cit.

붓는 것과는 천지 차이다. 이로써 아이가 막연히 느꼈을지도 모르는, 어머니의 후회의 원인이 자신의 부족함이라는 강박적 오해를 해소할 수도 있다. 즉 어머니의 기대에 미치지 못하고 실망스런 모습을 보인 것에 대한 걱정을 가시게 할 수 있다.

오나 도나스도 어머니가 되기를 원치 않았다. 그리고 나중에 후회할 거라는 말을 노상 들었다. 그녀는 "반항하는 여성에게 출산을 강요하기 위한 협박 수단으로 후회를 이용한다. 요즘은 임신중절이 문제가 되지 않는데도"라고 분석한다. 아이를 하나 또는 여럿 낳은 것을 후회할 수 있다는 가능성을 아무도 추론조차 하지 않는 게 놀라웠던 그녀는 이 주제에 관해 연구 조사하기로 마음먹었다.

애초에 모성을 거부했던 이런 태도 덕분에 그녀는 연구에 필요한 설문 대상자들인 응답 여성들과 이해와 공감의 관계를 형성했다. "누구의 어머니도 되고 싶지 않은" 공통된 바람이 그녀들을 가까워지게 한 것이다. 그녀는 또한 원하지만 아이를 낳을 수 없는 여성들이 자발적 무자녀 여성들보다는 어머니가 된 사실에 만족스러워하는 어머니들한테서 분명 더 강한 친화력을 느낀다는 사실을 관찰한다. 이런 과정을 거치면서 그녀는 가족 내에서 우리의 신분이 반드시 우리의 깊은 정체성에 대해 중요한 무언가를 말해주진 않는다는 사실에 주목한다. 일반적으로 그녀는 어머니들과 비-어머니들과의 비교를 피한다.

미국에서 출판된 그녀의 저서는 최근에 작고한 할머니에 대한 오마주로 시작된다. 자신이 어머니라는 사실이 기뻤던 할머니 노가 도나스와 손녀 오나 도나스는 서로에게 관심과 호의를 보이며 상대방 말을 경청했고, 서로의 행복을 기원하고 그 성취를 자기 것인 양 기뻐하며 긴 담화를 이어갔다.

에이드리언 리치 또한 이렇게 말한다.

"'자녀가 없는 여성'과 '어머니'를 대조하는 것은 잘못된 설정이다. 이 둘을 견주는 식의 대조가 출산 제도와 이성애 제도에 기여했다. 보통 이 둘을 단순한 범주로 간주하지만 실상은 그렇게 단순하지 않다."[89]

도나스의 연구 주제는 바로 후회였고, 단순한 양가감정이 아니었다. 그녀가 만난 여성들은 과거로 돌아갈 수 있다면 자신의 선택을 되풀이하지 않겠다고 말한다. 모성이 '결함이 있는 여성'에서 '완벽한 여성'이 되게 할 줄 알았는데 실제로 그녀들에게 일어난 일은 그 반대였다.

소피아는 "작은 요정이 나타나서 그 애들을 사라지게 하고, 결코 아무 일도 없었던 것처럼 해주길 바라냐고 내게 물으면, 주저 없이 '네'라고 답할" 거라고 말한다. 그녀는 어린 아들이 둘 있다. 칭그녀 찌니를 셋 둔 스카이는 "나로선 버티기 힘든 무거운 짐"이라고 속내를 털어놓는다. 모든 어머니는 자녀를 사랑한다. 그녀들이 좋아하지 않는 건 모성 체험이고, 그로 인해 그녀 그리

---

89   Adrienne Rich, *Naître d'une femme, op. cit.*

고 그녀들 인생이 변하는 것이다.

"내가 바란 건 아이들이 없었으면 하는 게 아니에요. 다만 내가 어머니가 아니었으면 하는 거예요"라고 샤를로트는 요약한다. 소피아는 "나는 훌륭한 어머니예요. 틀림없는 사실이죠"라고 똑 부러지게 말한다. 그러고는 말을 잇기를, "나는 아이들을 내게 중요한 존재로 여기는 엄마예요. 나는 아이들을 사랑해요. 이야기를 들려주고, 전문가들의 충고를 찾아보면서 아이들에게 좋은 교육을 제공하고, 많은 열의와 사랑을 주기 위해 최선을 다합니다. 하지만 나는 어머니이고 싶지 않아요. 한계를 정하고 벌을 줘야 하는 어머니인 게 싫어요. 나는 자유와 자율성이 결핍되는 걸 못 견뎌해요."

아네몬 역시 이러한 차이를 말한다.

"내 앞에 아이들이 있을 때, 아이들을 보면서 차마 후회한다는 생각을 할 수는 없어요. 그건 무의미한 짓이죠. 하지만 난 어머니가 된 건 후회해요."[90]

티르자의 경우 자식들이 30대이고 그들도 다 부모가 되었다. 그녀는 첫아이를 낳았을 때 자신의 실수를 깨달았다.

"이것이 내게 맞는 일이 아님을 곧바로 알아차렸어요. 아니, 맞지 않는 정도가 아니라 인생의 악몽이었어요."

---

90   Nolwenn Le Blevennec, "Être mère et le regretter : 'Je me suis fait un enfant dans le dos'", art. cit.

두 청소년의 어머니 카르멜도 유사한 경험을 했다.

"바로 그날, 나는 내가 무슨 짓을 저질렀는지 깨달았어요. 세월이 흐를수록 그 생각은 더 견고해졌죠."

이 증언들을 접하고 도나스는 결론을 내렸다. 출산 후 어머니가 되고 싶어 했던 자신들의 깊은 열망이 손상되지 않을 정도로 그리고 미래의 행복을 속단하지 않을 정도로만 산욕기 우울감을 겪는 여성들이 있는가 하면 출산을 차후 어떤 조정도 허용치 않을 충격의 순간으로 체험하는 여성들도 있다. 도나스는 이 사실을 인정받고 자신들이 체험한 것에 말문을 열 수 있도록 그 여성들을 옹호한다.

어떤 어머니들은 부모 역할에 대해 일반적으로 진실로 받아들이는 담론이나 부모가 겪는 상황을 재검토하기도 했다. 예를 들어 네 아이의 어머니 서니는 이렇게 주장한다.

"'아이의 미소보다 값진 것은 없다'고들 하는데 이건 쓸데없는 소리고, 전혀 사실이 아니에요."

그런데 그녀들이 모성에서 인정하는 보기 드문 이점 중에는 자신들을 사회의 기대에 부응하는, 사회에 통합된 존재로 느끼게 해준다는 사실이 있다. 그녀들은 데브라가 말하듯이 "자신들의 의무를 완수했다"는 느낌을 갖고 있다. 따라서 적어도 사회가 그녀들을 귀찮게 하지는 않는다.

아이가 셋인 브렌다는 각각의 아이가 태어날 때마다 느꼈던 행복감을 기억한다.

'아기와의 친근감, 내밀함, 소속감, 꿈을 실현했다는 자부심. 그건 다른 누군가의 꿈이지만 어쨌든 네가 그걸 실현했어.'

많은 여성이 첫아이 때부터 자신은 부모가 되는 데 맞지 않다는 생각을 하면서도 자녀를 여러 명 두었다면 그건 사회의 압력 때문이라고 고백한다.

로즈는 아이가 둘인데, 앞으로 자신의 미래에 무엇이 기다리는지 알기에 자신의 결정을 받아들이고 지지할 만한 사람이 주변에 있다면 결코 다시는 이런 일을 되풀이하지 않을 거라고 말한다. 그녀의 말은 샤를로트 데베스트가 만난 젊은 여성 제랄딘이 설명하는 상황과 정확히 반대다. 제랄딘은 "차분하게 자녀를 원치 않기"[91]는 거의 불가능하다고 생각한다.

한쪽 편에는 자신의 뜻과는 거리가 멀고 고통스럽지만 사회적 인정을 받아 고통이 약간 완화되는 선택이 있고, 또 한쪽 편에는 자신의 뜻에 따른 것이라 잘 견딜 것처럼 보이지만 주변에서 가하는 다소 막연한 지탄으로 인해 힘든 선택이 있다. 다니엘 헨더슨도 "아이를 낳지 않는 쪽을 선택한 여성으로서 내겐 통틀어 단 하나의 문제만이 남는다. 그건 곧 다른 성인들이다"라고 말한다.[92]

요컨대 이 문제에 관한 한 현 상태에서 자신의 뜻에 부합되

---

91   Charlotte Debest, *Le Choix d'une vie sans enfant, op. cit.*

92   Danielle Henderson, "Save yourself", in Meghan Daum(dir.), *Selfish, Shallow, and Self-Absorbed, op. cit.*

고, 사회의 인정을 받으며, 전적으로 평화롭게 자신의 삶을 살 수 있는 여성은 딱 한 가지 유형뿐이다. 즉 원하던 자녀를 하나나 둘 낳고, 이 경험으로 자신이 더 보완되었다고 느끼고, 재정이 넉넉하며, 자아를 충족시키면서도 가정생활을 위해 충분한 시간을 허용하는 직업, 가사와 교육을 도맡는 남성 또는 여성 배우자, 도움을 주는 부모나 친구 같은 측근들이 있는 여성 혹은 이 모든 혜택을 동시에 누리면서도 너무 많은 희생을 치르지 않는 여성뿐이다. 좋은 재정 상황 덕분이라 해도 그녀의 편안한 삶은 집에 고용한 여성 가사도우미 또는 보수도 낮고 성취감도 없는 일자리를 위해 편안한 삶을 희생한 보모 덕분일 가능성이 높다. 다른 모든 여성은 크든 작든 괴로운 상황 속에서 서로를 부러워한다. 바로 이 점이 그녀들을 분열시키는 원인이 된다.

에이드리언 리치는 그녀 세대에 속하면서 자녀가 없는 한 '뛰어난 여성 지식인'과 나눈 대화에 대해 말한 적이 있다.

"그녀는 대부분 자녀가 있거나 자녀를 갖고 싶어 하는 교사들의 배우자 모임에서 어떤 인상을 받았는지 얘기해줬어요. 열정적인 탐구와 가치로 인정받는 연구 작업 덕분에 그녀는 이 모임 집단이 유일한 유명인이었죠. 그런데 어머니가 된 많은 여성들 속에 있다 보니 그녀가 볼 때 '불임'인 여성은 인간적으로 실패한 삶인 것 같다고 했어요. 그래서 물었어요. '일하기 위해서, 명상하기 위해서, 여행하기 위해서, 아이들의 어머니나 한 남성의 아내로서가 아니라 당신처럼 자기 자신으로서 방에 들어가기 위해서 당신과 같은 독립생활을 누리고 싶어 하는 많은 여성들에 대해 생각해본 적이 있나요?"[93]

자신이 갖지 못한 것을 선망하지 않고 자기 상황을 잘 안다는 것은 모든 여성들에게 때때로 매우 어려운 일이 된다.

오나 도나스의 책에서 증언하는 모든 여성은 죄의식으로 괴로워하는 동시에 마침내 자신에게 말할 기회가 생겼다는 사실에 안도한다. 그러면서 책에서 고백한 사실을 자식들이 알게 되지나 않을까 두려워한다.

셋째 아이를 임신한 마야도 자신이 매우 좋은 어머니라는 사실을 강조하면서 단언한다.

"아무도 내가 어머니 되는 걸 좋아하지 않으리라곤 예상하지 못했어요. 그런데 내가 그러리란 걸 아무도 짐작하지 못했다면 어느 누구도 그러리라 짐작할 수 없다는 말과 같죠."

자녀들이 이해하지 못한 채 엄청난 상처만 받을 거라고 확신한 나머지 자녀들에 대한 자신의 감정을 결코 발설하지 않기로 결심한 여성들도 있다. 하지만 모든 여성이 그렇지는 않다. 예를 들어 로템은 연구서 출간을 매우 반긴다. 부모 되기가 반드시 거쳐야 하는, 정확히 말해 딸들이 행복을 위해 반드시 거쳐야 하는 관문이어서는 안 된다는 생각의 확산이 중요하다고 판단했기 때문이다.

---

93   Adrienne Rich, *Naître d'une femme, op. cit.*

"난 너무 늦었어요. 이미 두 아이가 있으니까요. 그러나 적어도 내 딸들에게는 부모 되기가 선택 사항이 되기를 바랍니다."

연구자 오나 도나스는 그간 만났던 어머니들의 경험을 통해 사회는 어머니 역할이 덜 어려운 것이 되도록 개선해야 할 뿐만 아니라 어머니가 될 여성들에게 짐 지우는 의무를 재검토할 필요가 있음을 알려준다. 어떤 여성들은 "어머니가 되지 않는 비-어머니라는 대안적 길이 엄연히 존재하는데도 사회가 이를 싹 지워버리고 접근하지 못하도록 금지하는 것"을 안타깝게 여긴다. 이 금지된 길들을 연다고 세계가 무너지지는 않는다. 어쩌면 그 길을 엶으로서 많은 비극과 헛된 고통, 혼란을 피할 수 있을지도 모른다. 그리고 생각지도 못했던 또 다른 행복의 가능성들이 활짝 열릴지도….

3장

정상에서 맛보는 도취

'할망구'라는 이미지 제거하기

몇 년 전 어느 여름 저녁, 나는 친구 D와 한 레스토랑에서 저녁 식사를 하고 있었다. 그곳은 테이블 간의 거리가 아주 가까웠다. D로 말하면 대화의 달인이었다. 열정적이고 너그럽고 통찰력이 있으며 남의 이야기를 한없이 들어주는 놀라운 경청 능력을 갖고 있다. 그런데 열띤 토론에 빠지다 보면, 아니 어쩌면 연단에 서서 학생들에게 말하는 습성 때문인지 그녀는 목소리의 높낮이 조절을 잊는 경향이 있었다. 이런 점 때문에 당신의 애정 문제를 제대로 분석해주겠다며 정체 모를 한 무더기 사람들에게 얻은 팁을 적용해 당신 사생활의 최근 변천사를 읊어대는 바람에 난처한 상황을 만들기도 한다.

　　그날 저녁 우리 옆 테이블에서는 한 커플이 저녁 식사를 하고 있었다. 가까스로 10분을 견디던 여성은 마침내 폭발했다.

"마드무아젤, 미안하지만, 이건 아니죠. 우리 말소리가 들리지 않아 대화가 힘들어요!"

친구는 당황해서 즉시 사과하고 어쩔 줄 몰라 접시에 머리를 박다시피 했다. 그러다 얼마 지나지 않아 고개를 살짝 들고 환한 얼굴로 나를 쳐다보았다. 그러더니 눈을 반짝이며 의기양양하게 소곤거렸다.

"나한테 '마드무아젤'이래!"

나는 친구의 말이 무슨 뜻인지 정확히 안다. 우리는 둘 다 40대 초반, 말하자면 직업적으로 힘든 일을 하지 않아도 될 만큼 상황이 안정된 지적 활동 종사자로서 몸에 신경을 쓰고, 건강에 좋다는 음식을 먹고, 운동을 할 수 있는 경제적 능력을 갖춘 나이대지만 아직은 관례상 '마담'이라는 호칭으로 불리는 와중에 어쩌다 예상치 못하게 '마드무아젤'이라는 호칭으로 불릴 권리가 있다. 나 또한 '마드무아젤'이라는 호칭을 예사로 흘려듣지 않는다. 어떻게 그 호칭에 주목하지 않을 수 있겠는가?

남성은 열여덟부터 생이 끝날 때까지 '무슈Monsieur'라는 호칭을 듣는다. 그러나 여성은 어느 날 문득 일상에서 마주치는 사람들이 악의는 없을지라도 이제 그녀가 더 이상 싫지 않다는 것을 알리기 위해 일치단결한 것 같은 순간을 어김없이 맞이한다.

나도 '마담'이라는 호칭을 처음 들었을 때 당황하고 모욕감마저 느꼈던 기억이 난다. 마담이란 호칭으로 불린 초창기 나는 충격을 받았다. 그게 모욕이 아니고 나의 존재가치가 나의 젊음에 달려 있지 않음을 확신하기까지 내겐 다소 시간이 필요했다. 알릭스 지로 드 랭이 길거리 청과물 상인들이 자신을 '마드무아젤'이라고 불러주는 것을 좋아한다고 순진하게 털어놓았을 때 그녀에게 빈정대긴 했지만 나 또한 젊음이 표상하는 것 가운데 '마드무아젤'이라 불리는 그 귀중한 특권에 익숙해 있었다. 부지불식간에 나 자신의 정체성에 깊이 끼어든 그 특권을 포기하기란 쉽지 않은 일인 듯했다.

나는 이 장을 시작하는 게 마뜩하지 않아 숨을 거칠게 몰아쉬었다. 벌써부터 나이 문제를 대하고 싶지 않다는 마음이 한 켠에 있었다. 어쨌든 난 아직 마흔다섯이 아니라고 마음을 다잡는다. 1980년대에 미국 작가 신시아 리치가 지적했듯이 "우리는 아주 어린 나이부터 늙은 여성들과 비교하면서 우리가 그녀들과는 거리가 멀다는 것, 우리의 우월성에 우쭐해하는 걸 배운다".[1] 이렇게 학습된 바를 떨쳐버리기는 쉬운 일이 아니다. 나는 노년이 불러일으키는 두려움과 편견들에 대해 여태껏 내가 얼마나 무관심했는지 점차 깨닫고 있다. 우리 사회에서 노화와 죽음에 대해 말하는 건 흔히 금기가 되어 있다. 단, 여성의 감춰진 노화를 제외하면.

영어권의 매우 근사한 현대 마법 잡지 《사바》[2]는 한 호 전체

---

1   Cynthia Rich, "Ageism and the politics of beauty", in Barbara Mac-
      donald(with Cynthia Rich), *Look Me in the Eye. Old Women, Aging
      and Ageism*, Spinsters Ink., San Francisco(1983).

를 할애해 '노파The Crone'의 원형을 다루며 노파의 역량을 찬양했다. 그러면서도 표지를 비롯해 본문에 삽입된 이미지는 대부분 매끈한 얼굴과 탄력 있는 육체를 가진 젊은 여성의 모습이다. 그중 한 사람은 모델 기획사 엘리트 모델 매니지먼트Elite Model Management의 매우 전형적 모델이었다. 여성지는 매주 그리고 매달 패션 화보들을 통해 여성 독자들이 열여섯 살에서 스물다섯 살 사이 패션 모델들과 자신을 동일시하게 하면서 스스로의 나이와 외모를 잊게 만든다.

노인 차별주의에 관한 초벌 원고의 작가이자 신시아 리치의 동반자인 바바라 맥도날드(1913~2000)는 1984년 출간한 저서에서 늙어가는 동안 자신이 어떻게 새로운 형태의 비가시성 문제에 직면했는지 말한다.

"나는 평생 레즈비언이라는 것이 존재하며, 레즈비언으로서 행복하게 살 수 있다고 이야기하는 소설이나 영화, 라디오, 텔레비전을 본 적이 없다. 그리고 지금껏 그 무엇도 늙은 여성들이 존재한다는 것을, 늙은 여성이 되는 것이 행복할 수 있다는 사실을 말해주지 않았다."[3]

그녀는 특히 페미니스트 계마저도 이런 침묵과 편견의 폐단을 비켜가지 않는 걸 보며 분노하고 슬퍼했다. 어느 모임이든 그

---

2   "The Crone issue", *Sabat*(2017년 늦봄), www.sabatmagazine.com.
3   "Barbara's introduction", in Barbara Macdonald(with Cynthia Rich), *Look Me in the Eye, op. cit.*

녀는 늘 자신이 가장 연장자임을 확인하면서 젊을 때 함께 투쟁하던 다른 여성들은 모두 다 어디로 갔는지 자문한다. 예순 살이 된 그녀는 매사추세츠주에 속하는 케임브리지시에서 한 페미니스트 시네마 카페에 종종 들르곤 했다. 그곳 내부 벽은 버지니아 울프를 비롯해 메리 울스턴크래프트[잉글랜드의 작가, 철학자, 여성의 권리 옹호자(1759~1797)], 거트루드 스타인Gertrude Stein[미국의 시인, 소설가(1874~1946)], 엠마 골드만[러시아 출생 미국의 무정부주의자(1869~1940)]의 모습이 있는 포스터들로 장식해놓았다. 그녀는 자신보다 젊은 모든 단골 여성에 대해 이렇게 적었다.

"그녀들 머릿속에는 나를 위한 자리는 없다. 내가 왜 여기 오는지에 관한 물음 따위는 전혀 없는 듯하다. 그렇지만 나는 그녀들이 영감을 얻는, 벽에 붙은 포스터 속 여성 대부분과 비슷한 나이다."[4]

그녀는 자신이 겪은 쓰라린 경험을 상세하게 이야기한다. 그녀 나이 예순다섯 살 때 일이다. 보스턴에서 열리는 페미니스트들의 야간 가두행진 출발을 앞두고, 그녀는 행사 주최자들 가운데 한 여성이 자신보다 스무 살 어린 신시아 리치와 대화하는 것을 얼핏 보았는데 아마도 자신에 관한 이야기 같았다. 주최 측 여성은 걷는 속도를 따라오지 못할 거라 걱정하며 바바라가 다

---

4   Barbara Macdonald, "Do you remember me?", in Barbara Macdonald(with Cynthia Rich), *Look me in the eye, op. cit.*

른 행렬로 자리를 옮기기를 바랐다. 바바라는 화가 치밀었고 모욕감을 느꼈다. 그 젊은 여성은 바바라를 자신의 신체적 능력도 제대로 파악 못하는 사람으로 치부한 데다 바바라의 문제인데도 그녀에게 직접 말하지 않았다. 그 여성은 자신의 무례함을 깨닫고 죄송하다며 여러 차례 사과했지만 바바라의 불쾌함이 완전히 가시지는 않았다. 바바라가 실망했던 건, 그녀는 평생 여성으로서 남성의 세계에서 자신의 존재가 문제시되는 걸 느끼며 살았는데 이제는 나이든 여성으로서 여성의 세계에서 자신의 존재가 문제시되고 있음을 느껴야 한다는 사실이었다.

"내가 여기서도 편히 있을 수 없다면, 대체 어디서 편안할 수 있을까?"[5]

또한 바바라는 1979년 《미즈 매거진》이 뽑은 '1980년대에 주목해야 할 80명의 여성들' 명단을 보고 흥미로운 지적을 한다. 즉 이들 가운데 50대는 6명, 60대는 한 사람뿐이었는데 그녀는 "여성의 비가시성은 바로 이런 것이다"라고 말한다. 여기서 선정한 40대를 위한 메시지도 실망스럽기는 마찬가지였다. 앞으로 10년 뒤에는 그녀들 또한 보이지 않는 투명 인간이 될 것이란 결론이었다. 그럼에도 잡지는 실상 사상으로 더 연장자인 사람들을 분류해 리스트 작성을 요구했고 "저명한 여성들은 다른 여성들의 위상을 높일 책임이 있다"며 이 분류 작업의 이유를 설명했

---

5   위와 같음.

다. 바바라 맥도날드는 이러한 논리에서 "모성의 희생과 비가시
성"[6]의 흔적을 엿볼 수 있다고 말한다.

일반적으로 그녀와 신시아 리치는 페미니스트들 편에 서면
서 그녀들이 가부장제 가족의 역할과 지표에서 벗어날 수 있기
를 희망한다. 리치는 두 여성이 자유롭게 토론을 벌이다가도 그
중 한쪽이 '저 애는 내 딸뻘인데' 또는 '저 여자는 내 할머니뻘인
데'라는 생각을 하는 순간 둘의 대화는 갑자기 정지될 수 있음을
지적한다. '여성 연대'라는 개념도 그녀에게는 경계심을 불러일
으킨다.

"이런 분류들은 우리가 계속해서 착한 하녀들로 있을 것이
며, 착한 하녀들이 늘 그러하듯 우리 자신을 통제하고 남들을 통
제하면서 그렇게 할 것이라고 말한다. 그렇게 우리가 서로를 각
자의 역할에 묶어놓고, 전복시킬 수 있는 우리의 힘을 서로 인정
하지 않을 때 그것은 가능성의 영역으로만 남을 것이다."

나는 최근 출판계에서 펴낸 글로리아 스타이넘의 인물전에
붙은 안일한 제목을 보았을 때 놀라움과 약간의 괴로움을 느꼈
다.[7]

'할머니는 저항운동가'.

스타이넘은 누군가의 할머니가 아니므로 이는 부적절한 말

---

6   위와 같음.
7   인터넷 사이트 *Vanity fair* (2017. 2. 3).

일 뿐만이 아니라 우리 어휘에는 이런 전형적 예를 가리킬 만한 말이 전혀 없음을 보여주는 제목이다. 그녀를 상투적으로 너그러운 인물에 가두고 다른 이미지를 생각할 수 없게 하는 것이다.

신시아 리치는 "우리가 매번 여성 연장자를 '할머니'로 본다면 우리는 자립하려는 그녀의 존재의 용기를 부정하는 셈이다. 그리고 그녀의 자유를 무효화하고, 그녀 자신의 선택과는 반대로 그녀에게 '당신이 진짜 있어야 할 곳은 집'이라고 말하는 셈"[8]이라고 적고 있다.

여성은 항상 늙어 있는 존재

미국의 지성 수전 손택은 1972년 '두 개의 저울, 이중 잣대'라는 제목으로 남녀의 노화에 대한 탁월한 기사를 썼다.[9] 그 글에서 그녀는 스물한 살 생일에 이렇게 한탄했던 한 친구를 떠올린다.

"내 인생 최고의 시기는 끝났어. 난 이제 젊지 않아!"

서른한 살이 된 그녀는 '끔찍한 불상'이라고 선언했다. 그러고

---

8   "Cynthia's afterword", in Barbara Macdonald(with Cynthia Rich), *Look me in the Eye, op. cit.*

9   Susan Sontag, "The double standard of aging", *The Saturday Review*(1972. 9. 23).

나서 10년이 더 지나서는 파티에 참석하지도 않은 수전에게 자신의 마흔 번째 생일은 인생 최악의 날이라고 하면서 그렇지만 이제 얼마 남지 않은 인생을 만끽하기로 굳게 마음먹었다고 말했다.

내 경우를 생각해보면 나는 스무 살 생일의 저녁 파티 때 이젠 늙은이가 되었다는 생각에 초대한 사람들 앞에서 오로지 나의 불안에 대해서만 떠들었다. 아주 탁월한 분위기 메이커였던 것이다. 그래도 초대받은 친구들은 초대에 응한 것을 후회하지 않았던 듯하다, 가엾은 친구들. 이제는 그날 저녁 나의 기분이 잘 이해되지 않지만 그 기억만은 매우 또렷하다.

최근 몇 년 사이 문제에 직면했던 두 거장 테레즈 클레르와 작가 브누아트 그루는 프랑스 페미니즘 영역에서 나이 문제를 부각시켰다.[10] 파리 북동부 외곽 몽트뢰유에서 자치적으로 운영하는 여성 양로원을 설립한 테레즈 클레르와 브누아트 그루는 둘 다 2016년에 작고했지만 나는 이 계획된 노화라는 느낌에 대해, 여성들이 일생 내내 표명함으로써 여성 고유의 것이 된 이 유통기한에 대한 강박에 대해 말하지 않고 넘어갈 수는 없다. 남성의 경우라면 스무 살 생일 저녁에 이젠 늙었다고 한탄하며 바닥을 뒹구는 장면을 쉽게 상상하기 어려울 것이다. 여배우 페넬

---

10   Juliette Rennes, "Vieillir au féminin", *Le Monde diplomatique*(2016. 12) 참고.

로페 크루즈는 "나는 스물두 살 때부터 기자들한테 '당신은 늙는 게 두려운가요?' 하는 질문을 받았어요" 라고 증언한다.[11]

바바라 맥도날드는 1986년 이렇게 지적한 바 있다.

"젊은 여성이 받는 메시지는, 젊다는 건 멋진 것이고 늙는 건 끔찍하다는 것이다. 끝이 얼마나 끔찍한지를 출발과 동시에 말해준다면 인생 출발이 어떻게 좋을 수 있을까?"[12]

물론 여성의 유효 기간에 대한 강박은 상당 부분 그녀들의 출산 능력과 관계가 있다. 출산 문제를 고려할 때 이 강박은 생물학적 자료들을 근거로 하면서 얼핏 타당성이 있는 것처럼 보인다. 서른다섯 살이 지나면 임신이 힘들어진다 혹은 마흔 살 이후에는 기형아를 낳을 위험성이 더 높아진다 등이다.

그런데 마르탱 빙클러는 의사들이 견지하는 지나친 비관론을 지적한다.

"35세 여성의 임신 가능성은 83%이고, 40세 여성도 여전히 임신 가능성이 67%나 된다. 이 수치는 많은 의사들이 채색하는 매우 끔찍한 그림과는 거리가 멀다."[13]

또한 고령에 아버지가 되는 유명 남성들의 사례는 남성은 나

11   Klhoé Dominguez, "Penélope Cruz agacée par l'obsession pour l'âge de Hollywood", *Paris Match* (2017. 10. 9).

12   Jean Swallow, "Both feet in life : interviews with Barbara Macdonald and Cynthia Rich", in Collectif, *Women and Aging. An Anthology by Women*, Calyx Books, Corvallis (1986).

13   Martin Winckler, *Les Brutes en blanc, op. cit.*

이가 문제가 되지 않는다는 환상을 심어준다. 예를 들어 영국 록 그룹 롤링스톤스의 멤버 믹 재거의 경우 2016년에 여덟째 아이를 보았는데 당시 일흔세 살의 나이였고 이미 증손주가 있었다. 남성의 생산력 또한 나이와 더불어 쇠퇴한다. 서른 살에서 서른네 살에 최고치에 달하고, 이후 점점 줄어들어 쉰다섯 살에서 쉰아홉 살쯤에는 두 배나 감소한다. 지연임신[임신 42주가 지난 후에도 출산의 징후가 나타나지 않는 상태]과 유산이나 염색체 이상 또는 태아의 유전성 질환의 위험성도 아버지의 나이에 비례해 높아진다.[14]

물론 여성도 임신과 분만을 지탱할 수 있을 정도로 충분히 건강해야 한다. 그리고 아이가 태어난 뒤에는 부모 둘 다 아이 돌보는 방법을 아는 편이 좋다. 어머니 나이만을 문제삼는 것은 결국 돌봄과 교육이라는 힘겨운 일을 오로지 여성에게 의존하는 구조를 강화한다. 한편 믹 재거의 자녀 중 가장 어린 두 아이는 그들 각각의 엄마가 양육한다. 그는 아이들이 태어나기 전에 이미 그녀들과 헤어진 상태로 자신의 수입에 상응하는 양육비와 주거를 제공했을 뿐이다.[15] 요컨대 남성들에게는 똑같은 요구를 하지 않으면서 어머니가 되어야만 진짜 '여성'이 되고 성숙해진다고 생각하는 것은 터무니없이 압력을 가중시킬 뿐이다.

14 Daphnée Leportois, "L'anormal silence autour de l'âge des pères", Slate.fr(2017. 3. 2).

15 "À 73 ans, Mick Jagger est papa pour la huitième fois mais séparé de la maman", Gala.fr(2016. 12. 8).

또한 불안은 신체 및 외모와도 관계가 있다. 젊음 지상주의 분위기는 여성과 남성 모두에게 어느 정도 영향을 미치고 후자 또한 나이의 영향에 괴로워하기도 한다. 그러나 남녀를 바라보는 사회의 시각은 매우 다르다. 남성은 결코 나이로 인해 연애와 성적 차원에서 손해를 보지 않으며 노화의 표시들이 나타날 때도 여성과 똑같은 동정의 시선이나 혐오를 불러일으키지는 않는다. 사람들은 내가 이 글을 쓰는 현재 시점에 여든일곱 살인 클린트 이스트우드의 잘생긴 구릿빛 얼굴을 황홀해하며 바라본다.

한 연구에 따르면, 할리우드의 스타 여배우들은 서른네 살까지는 개런티가 상승하다가 이후 급격히 감소하는 반면, 그들의 남성 파트너는 쉰한 살에 최고에 달하고 이후 지속적으로 유지된다.[16] 2008년 미국 대선을 위한 민주당 예비 선거 기간에 보수주의 칼럼니스트 러시 림보는 힐러리 클린턴에 대해 이렇게 말했다.

"이 나라는 정녕 한 여자가 눈앞에서 하루하루 늙어가는 꼴을 보려는 걸까?"

그런데 버락 오바마 대통령이 연임하는 동안 전 세계는 미국 대통령의 머리가 희끗희끗해지고 또 "이것은 백악관 효과입니다"라며 그것을 받아들이는 우아한 태도를 지켜보고는 측은하

---

16 Irene E. De Pater, Timothy A. Judge and Brent A. Scott, "Age, gender, and compensation : a study of Hollywood movie stars", *Journal of Management Inquiry* (2014. 10. 1).

게 여겼다. 어쩌면 러시 림보는 측은하다는 생각을 하지 않았을지 모르지만 적어도 머리 색깔의 변화 때문에 오바마를 공격할 생각은 결코 없었을 것이다.

2015년 영화 〈스타워즈〉 시리즈의 새 에피소드가 공개되자 관객들은 캐리 피셔, 즉 레아가 갈색 머리에 비키니를 입고 은하계를 돌아다니던 40년 전 모습이 아닌 것을 보고 실망해서 비난을 하고 어떤 이들은 환불을 요구하기도 했다.[17] 다음은 당시 이제는 고인이 된 캐리 피셔가 리트윗했던 성찰의 말이다.

"남성이 여성보다 더 잘 늙고 있는 건 아니다. 다만 그들에겐 늙는 게 허용될 뿐이다."

간혹 머리를 염색한 남성은 조롱의 대상이 되기도 한다. 2012년 프랑스 대선에서 사회당 프랑수아 올랑드〔프랑스 24대 대통령〕가 당선되자 전임자이자 경쟁자였던 니콜라 사르코지는 주변에 떠들어댔다.

"자네도 알지, 머리를 염색하는 남성들이 어떤지?"

5년 뒤 '사회당' 대통령 프랑수아 올랑드의 전 대변인은 여전히 프랑수아 올랑드가 염색했다는 게 거짓말이라고 밝히고 있

---

17 Lauren Said-Moorhouse, "Carrie Fisher shuts down body-shamers over *Star Wars: The Force Awakens* appearance", CNN.com(2015. 12. 30). 이 영화를 위해 제작사 측에서는 여배우에게 15킬로그램 감량을 요구했는데 이는 그녀가 2016년 12월 27일 예순 살 나이에 심장마비로 사망한 요인 가운데 하나였을 수도 있다. Joanne Eglash, "Carrie Fisher autopsy: did *Star Wars* weight loss, drugs, bipolar disorder contribute to death at 60?", Inquisitr.com(2017. 1. 2).

었지만 그건 이런 모욕을 면해주려는 이야기였다. 그런데 대부분의 여성들이 머리를 염색해도 이를 우스꽝스럽게 여기는 사람은 아무도 없다. 2017년 하반기 6개월 동안 프랑스에서 마흔다섯 살 이상 남성 중 2%가 염색을 했다고 답한 반면, 여성 63%가 염색을 했다고 답했다.[18]

수전 손택은 파블로 피카소에 관한 기사를 썼는데 파블로 피카소는 죽기 몇 달 전쯤 작업실에서 팬티만 입고 있는 모습 또는 자신보다 마흔다섯 살 연하인 마지막 아내 자클린 로크 옆에서 수영복 차림으로 장난치는 모습을 사진 찍혔다.

수전 손택은 이렇게 평했다.

"구십 먹은 여성이라면 프랑스 남부에 있는 자기 소유지의 한데에서 그처럼 샌들에 팬티만 입고 사진을 찍는 건 상상도 못할 일이다."[19]

"마음은 제 나름대로 이유를 갖고 있다"

여성이 ∩ 동기안는 노한 많은 커플에서 관찰할 수 있는 나이 차에서도 드러난다. 2012년 프랑스에서 한 지붕 아

18   Guillemette Faure, "Teinture pour hommes, l'impossible camouflage?", *M le Mag* (2017. 12. 29).

19   Susan Sontag, "The double standard of aging", art. cit.

래 사는 커플들 가운데 열에 여덟은 남성이 1년이라도 나이가 더 많았다.[20] 그중 19%는 남편이 아내보다 다섯 살에서 아홉 살 더 많았던 반면 그 반대 경우는 4%에 지나지 않았다. 물론 여성이 연상인 커플의 비율은 증가하고 있다. 2000년대에 맺어진 커플 중 여성이 연상인 경우는 16%인데 이는 1960년대의 여성 연상 커플 10%에 비하면 증가한 수치다. 그런데 1950년대와 비교하면 파트너 나이가 10년 이상 차이 나는 커플의 수는 8%에서 14%로 거의 두 배가 되었다.[21]

젊은 연하를 선호하는 취향을 노골적으로 드러내는 사람도 있다. 예를 들어 최근에 파트너와 헤어진 마흔세 살의 사진작가는 이렇게 털어놓는다.

"나이가 같은 여성과 사귄다는 생각만 해도 내 모든 게 마비되고 맙니다. 한번은 틴더에서 파트너를 찾으며 서른아홉 살까지 올려봤는데 정말이지 계속 진행할 수가 없었어요."[22]

마흔여덟 살에 스물네 살 여성과 결혼한 작가 프레데릭 베그베데는 "커플의 지속 비결은 나이 차"라고 부르짖는다. 그는 J. D. 샐린저와 나중에 찰리 채플린의 아내가 되는 어린 우나 오닐의 관계를 조명하는 데 한 권의 소설[《우나와 샐린저》(2014).《호밀밭의 파

---

20   Fabienne Daguet, "De plus en plus de couples dans lesquels l'homme est plus jeune que la femme", *Insee Première*, no. 1613(2016. 9. 1).

21   Vincent Cocquebert, "L'irrésistible attrait pour la jeunesse", *Marie Claire*(2016. 9).

22   위와 같음.

수꾼》작가 제롬 데이비드 샐린저와 미국의 여배우이자 유진 오닐의 딸인 우나 오닐의 관계를 그린 전기소설]을 바쳤다. 찰리 채플린과 우나 오닐은 서른여섯 살 차이였다.

극우 잡지 《코제르Causeur》[2007년 창간된 인터넷 시사지]의 창립 멤버인 스위스 작가 롤랑 자카르는 일흔네 살에 자신보다 쉰 살 연하인 부인 마리 세에르Marie Céhère와 그들의 만남 이야기를 공동 집필했다[《위험한 관계Une liaison dangeureuse》(2015)]. 그는 "여성들이 순식간에 남성들보다 훨씬 더 늙어가는 걸 보았다"고 말한다.[23]

한편 잡지 《에스콰이어》가 갑작스레 태도를 바꿔 그렇게 혐오스럽지 않은 '마흔두 살 여성들'을 예찬했을 때, 온라인 잡지 《슬레이트》는 《에스콰이어》 기사의 논조를 그대로 본떠 빈정대며 '쉰여섯 살 남성'을 예찬하는 식으로 반박했다.[24] 《에스콰이어》의 기사를 집필한 기자의 나이가 바로 쉰여섯이었다.

영화는 이 추세를 일반화하는 데 기여했다. 2015년 미국 여배우 매기 질렌할은 서른일곱 살에 쉰다섯 살 남성의 애인 역할을 하기에는 너무 늙었다는 평가를 받고 공개적으로 이의를 제기했다.[25] 미국의 몇몇 대중매체는 현실보다 영화에서 상투적으

---

23 위와 같음.

24 "Breaking news : les femmes de 42 ans sont belles", Meufs(2014. 7. 11), http://m-e-u-f-s.tumblr.com.

25 Sharon Waxman, "Maggie Gyllenhaal on Hollywood ageisme : I was told 37 is 'too old' for a 55-year-old love interest", The Wrap. com(2015. 5. 21).

로 더 큰 나이 차를 그래프로 그려 보여주었다. 그들은 이 그래 프를 영화가 여전히 남성의 환상을 표현하는 남성 산업이라는 징후로 보았다.[26]

인터넷 신문 〈허프포스트〉도 프랑스 영화에서 적용하는 남 녀의 나이 차를 그래프로 그렸다. 비록 대서양 저편, 미국보다는 차이가 약간 적은 편이긴 해도 이 그래프 역시 매우 의미 있는 차이를 보여주는 곡선을 드러냈는데 특히 남성 배우들, 다니엘 오떼유, 티에리 레미트, 프랑수아 클루제의 경우가 그랬다. 그리 고 기사는 이런 말로 끝이 난다.

"우리는 현재 프랑스 영화계에서 비슷한 나이의 여성을 파 트너 삼은 헤비급 영화는 단 한 편도 만나지 못했다."[27]

2014년 할리우드 골든글로브 시상식에서 희극 배우 티나 페 이와 에이미 포엘러는 조지 클루니와 산드라 블록이 우주비행 사로 분한 〈그래비티〉의 줄거리를 이렇게 요약한다.

"이 영화는 조지 클루니가 자신과 나이가 같은 여성과 한 우 주선에 갇혀 단 1분이라도 시간을 더 보내기보단 차라리 우주를 표류하다가 죽는 쪽을 얼마나 선호하는지 보여준다."

---

26   Kyle Buchanan, "Leading men age, but their love interests don't", Vulture.com(2013. 4. 18) ; Christopher Ingraham, "The most unreal-istic thing about Hollywood romance, visualized", *Wonkblog*(2015. 8. 18), www.washingtonpost.com 참고.

27   "Et dans le cinéma français, les hommes tombent-ils amoureux de femmes de leur âge?", Huffpost(2015. 5. 22).

여성의 경우 아주 드물긴 하지만 파트너가 그녀보다 연하일 때 둘의 나이 차는 예사로 넘어가는 법 없이 매우 두드러지게 강조되고 언급된다. 보통 연하의 애인을 둔 여성을 가리켜 '쿠거cougar'라고 하는데 연하 애인을 둔 남성을 지칭하는 같은 의미의 남성형 명칭은 존재하지도 않는다. 나의 남성 친구는 그의 딸이 다니는 초등학교에서 저학년 남학생을 사랑하게 된 선배 여학생은 으레 이러한 명칭하에 분류된다고 알려주었다.

2017년 프랑스 정치권은 남녀의 나이 차를 받아들이는 태도가 어떻게 다른지 완벽하게 보여주었다. 남편보다 스물네 살 많은 현 프랑스 대통령 에마뉘엘 마크롱의 아내 브리지트 마크롱은 그칠 줄 모르는 성차별적 '농담'과 지적의 표적이 되었다. 주간 풍자 신문 《샤를리 에브도》는 2017년 5월 10일 1면에 리스[Riss는 필명이며 본래 이름은 로랑 수리소Laurent Sourisseau. 프랑스 만화가이자 작가]의 만평을 게재했다. '그가 머지않아 기적을 일으키리라!'라는 제목의 만화에서 새로 당선된 공화국의 대통령은 아내의 부푼 배를 자랑스럽게 가리키고 있다. 언제 어디서나 여성을 출산의 도구로 축소하고 폐경기 여성들을 폄훼하는 바로 그 방식이다. 이와는 대조적으로 도널드 트럼프는 거의 모든 측면에서 수없이 조롱의 대상이 되었으나 아내 멜라니아와 무려 스물세 살이나 나이 차가 나는 점은 조롱 대상이 되지 않았다.[28]

지난 몇 년 사이 이 주제에 접근했던 여성 저자들의 책은 여성혐오가 어느 정도로 깊은지 그리고 이른바 애정이라는 관계에서 자행되는 힘의 관계에 따라 얼마나 폭력이 난무하는지 숨김없이 폭로했다.

카미유 로렌스의 《당신이 생각하는 여성》은 다소 힘 빠지게 하는 소설이다. 여주인공은 나이가 오십으로 접어드는데 페이스북에서는 나이를 속이고 자신이 스물네 살의 매력적 독신녀라고 소개한다. 출판사는 이 소설이 '욕망을 포기하고 싶지 않은' 한 여성의 이야기라고 말한다.[29] 이 소설의 어떤 설정이 내게 가장 흥미로웠는지 판단할 수가 없다. 마흔여덟에도 여전히 연애를 하는 것은 좋지만 남을 방해해서는 안 된다는 이야기였는지, '포기하지 않는다'는 게 자기 나이를 반으로 줄이는 걸 의미한다는 이야기였는지. 어쨌든 소설의 진짜 주제는 하나같이 불쾌하기 짝이 없는 남성 주인공들의 비천한 행동들인 듯하다.

여성 지리학자 실비 브뤼넬은 자신의 이야기로 시작해 오늘날 여성들의 상황을 분석하는 책을 출간했다.[30] 그녀의 남편 에릭 베송은 그 말 많고 유감스런 '이민과 국가 정체성부' 장관으로 재직 중이던 2009년 바람이 나서, 세 아이를 낳고 26년 동안 함께 결혼생활을 해온 그녀를 버렸다. 스물세 살 된 한 여대생과

---

28   Clément Boutin, "Les hommes sont-ils eux aussi victimes d'"age-shaming'?", LesInrocks.com(2017. 6. 17).

29   Camille Laurens, *Celle que vous croyez*, Gallimard, "Blanche", Paris(2016).

30   Sylvie Brunel, *Manuel de guérilla à l'usage des femmes*, Grasset, Paris(2009).

살기 위해서였다. 실비 브뤼넬은 책에서, 그녀 주변에서 '일방적으로 이혼당한' 여성들에 대해 언급한다. 예를 들어 아네스 같은 경우 마흔 살이 되었을 때 남편은 '살찐 암소'라고 비난하며 그녀를 집에서 내쫓고 스무 살 연하인 젊은 여성과 새 출발을 하기 위해 수단과 방법을 가리지 않았다.

실비 브뤼넬은 여성의 자유라는 것이 무엇보다 남성의 자유를 말하는 건 아닌지 질문을 던진다. 이혼이 이처럼 확산되기 전에는 남성들은 정부를 두면 두었지 아내를 떠나지는 않았다. 그녀는 그럼으로써 적어도 여성들에게 물질적 안정을 보장했다고 지적한다. 그녀의 전남편은 하루라도 빨리 자유로운 몸이 되고 싶은 나머지 전 재산을 남겨주고 떠났다. 하지만 많은 여성에게 이혼은 갑작스레 빈곤의 나락으로 떨어지는 것임을 그녀는 인정한다.

"버림받았을 뿐만 아니라 인색하고 이기적이고 싸우기 좋아하는 남편과 맞닥뜨려야 했던 많은 여성을 나는 알고 있다. 남편들은 이혼 후 양육비를 지불하지 않기 위해 만반의 준비를 하고 자식들에게 필요한 가장 기본적인 생활비 지급조차 거부한다."

아이들 양육은 당연히 아내 몫이나. 일반적으로 이 배우자들은 여태껏 가사와 교육 대부분을 떠맡고 살아오면서 자신의 직업을 소홀히 했거나 희생했던 여성들이다. 실비 브뤼넬은 남편 에릭 베송이 세탁기 작동법도 모르는 사람이라고 했다. 하지만 그가 지방 선거에서 당선되자 길거리에서 만난 지역 주민들은 그녀를 붙잡고 마법의 주문과도 같이 "당신 남편이 매우 바쁘다는 걸 아니까 말인데…"라며 지역 문제를 털어놓았다.

블랑딘 르느와르 감독의 영화 〈오로르〉도 비슷한 상황을 보여준다. 다만 배경이 약간 덜 부르주아적일 뿐이다. 배우 아네스 자우이가 이 영화에서 두 딸의 어머니인 50대 여주인공으로 분했다. 그녀는 오랫동안 남편이 운영하는 소기업에서 회계 일을 보았다. 그러나 그녀가 몇 년간 일한 근무의 흔적은 없었고 무엇보다 그녀 몫으로 연금이 전혀 납부되지 않았다. 다른 여성과 살림을 차리려고 그녀를 버리고 떠난 남편이 아내의 급여 명세서는 만들 필요가 없다고 생각했었기 때문이다. 이혼 후 그녀는 레스토랑에서 종업원으로 일했고 집으로 돌아와서는 전체적으로 불안정해진 상황에서 고독과 마주해야 했다.

이렇듯 이혼은 커플 관계의 주조를 이루던 불균형을 드러내고 이긴 쪽이 판돈을 싹쓸이하는 진실의 순간이 된다. 프랑스에서 커플 가족 구성원의 빈곤율은 11.8%인 데 비해 한부모가족 구성원의 빈곤율은 34.9%, 즉 200만 명이 빈곤의 문턱에서 살고 있다. 이 중 82%가 여성이 혼자서 자녀들과 사는 경우다.[31]

진화론적 심리학에서는 불평등이 유전에 의한 것임을 정당화하는 데 급급해서 문화의 영향을 가볍게 무시[32]한다. 따라서 남성이란 존재는 젊은 여성들, 다시 말해 온갖 생식 능력의 표시

---

31 "Famille monoparentale rime souvent avec pauvreté", Inegalites. fr(2017. 11. 30).

들을 외적으로 드러내는 젊은 여성들에게 최대한 자신의 유전자를 뿌리도록 프로그래밍되어 있으며, 폐경 전 단계 여성들을 폐기 처분하는 것은 종의 존속 요구에 따른 필연이기에 매우 슬프지만 체념할 수밖에 없는 결과라고 설명할 것이다.

그렇지만 이 대목에서 폐경의 아내를 사랑하고 욕망하는 남성이 단 한 사람이라도 있다면 그에게서 유전적 결함을 검출하지 못하는 한, 이 진화론적 유전 이론을 충분히 무력화할 수 있다. 게다가 이런 남성이 많다는 건 말할 필요가 없는 사실이다.

이런 상황에서 오히려 옛 가부장제 질서의 지속성을 볼 수 있다. 프랑스에서 2006년까지 결혼 적령기는 남성은 열여덟 살, 여성은 열다섯 살이었다.[33] 사회학자 에릭 마세는 실제 커플의 나이 차를 "여성이 사회적으로, 생식적 부부 관계의 구성원으로 정의"되던 시대의 흔적을 나타낸다고 보았다. 그 시대 남성은 늙어갈수록 "경제력과 사회적 영향력이 증대한 반면, 여성은 신체적 자본인 아름다움과 생식 능력을 잃는다".[34] 이 사물의 질서가 지금도 그다지 소멸된 것 같지는 않다. 이혼한 여성들은 이론상으로는 자유롭게 생활비를 벌고 경제력과 사회적 힘을 축적한

32 Irène Jonas, *Moi Tarzan, toi Jane. Critique de la réhabilitation scientifique de la différence hommes/femmes*, Syllepse, Paris(2011) 참고.

33 Michel Bozon and Juliette Rennes, "Histoire des normes sexuelles : l'emprise de l'âge et du genre", *Clio*, no. 42, dossier "Âge et sexualité"(2015).

34 Clément Boutin이 "Les hommes sont-ils eux aussi victimes d'age-shaming'?", art.cit.에서 인용.

다지만 종종 자녀 부양을 떠맡는 현실, 다시 말해 여전히 '생식적 부부 관계로 정의'되는 현실에 머물러 있기에 자유롭지 못하다. 따라서 쉽게 이혼할 수 있는 가능성은 분명 좋은 것이지만 남편이 순결한 '신체적 자본'을 가진 다른 여성을 얻기 위해 아내를 떠나는 걸 허락하는 데 이용된다.

미틱이라는 만남 사이트에서 나이 지표 용도를 연구하는 또 다른 사회학자 마리 베리스트룀은 이혼 후 좀 더 젊은 여성만을 찾는 마흔이 지난 남성 이용자들 비율이 부쩍 증가하는 게 사실이라고 말한다. 일반적으로 자녀를 돌보는 일은 전처 몫이고 그들은 전처보다 자녀 교육에 따르는 어려움을 덜 겪는다는 사실로 이런 현상을 설명할 수 있다. 한 예로 마흔네 살 된 한 이혼남에게 새 애인이 생겼는데 무엇보다도 서로의 거주지가 멀다는 점을 애인이 걱정하자 남성은 그건 전혀 문제삼지 않아도 된다고 안심시켰다. 자신이 비록 청소년기인 두 아이를 둔 아버지라곤 해도 살고 있던 도시를 떠나지 못할 이유가 조금도 없다는 것이다. 그는 "사랑을 위해서라면 나는 대양도 건널 수 있어요"라고 말한다. 사회학자는 이렇게 끝맺음을 한다.

"이혼은 남성을 젊게 만든다. 독신에다 돌볼 자녀도 없는 그들에겐 새로운 출발이 준비되어 있다. 그리하여 그들이 소망하는 삶에 공감하는 여성들을 유혹한다. 젊은 여성들까지도."

흥미롭게도 연하를 찾는 남성이 드러내는 젊음에 대한 이 같은 생각을 마흔아홉 살 여성 작가처럼 자녀 없이 독신으로 사는 여성들에게서도 찾아볼 수 있다. 새 동반자를 찾는 이 작가는 상대의 나이를 최소 서른다섯 살에서 최대 쉰 살로 정해놓았다.

"나이 문제로 이미 트러블을 겪었거든요. 50대 남성들 사진을 보면 왜 그렇게 늙어 보이는지!"[35]

나이와 연관된 성의 불평등은 가장 확인하기 쉬운 동시에 가장 이의를 제기하기 어려운 문제 가운데 하나다. 여성에게 나타나는 노화의 징후들을 아름답게 보라고 강요할 수는 없지 않은가. 소피 퐁타넬이 인스타그램 구독자들이 지켜보는 가운데 자신의 머리가 백발로 변해가는 과정을 사진으로 올렸을 때, 나는 거기에 달린 "나 자신을 속이지는 않겠다. 못생겼다"라는 댓글을 보고 한참 망연자실했다. 다행히 퐁타넬은 공격적 댓글은 발언자 자신에 대한 증오심이나 그 밖의 무언가를 말해주지 그녀에 대해 말하는 게 아니라고 생각할 정도로 지혜로웠다.

그런데 우리의 시선을 결정하고, 멋진 것 또는 추한 것의 개념을 만들어내는 표현들의 긴 역사 및 편견과 조건화에 대해 어떻게 이 정도로 이해가 부족할 수 있을까? 트위터에서 페미니스트들을 괴롭히는 익명의 유저는 흔히 그녀들이 '못생겼다'고 말한다. 다비드 르 브르통[프랑스 인류학자, 사회학자(1953~)]은 클로딘느 사게르의 책 서문에서 이에 대해 "복종하지 않는 여성이라

35   Marie Bergström, "L'âge et ses usages sexués sur les sites de rencontres en France(2000)", *Clio*, no. 42, dossier "Âge et sexualité"(2015).

면 모두가 못생긴 것"이라고 해독한다.[36] 여성 철학자 메리 데일리도 "창조적이고 강한 여성들의 아름다움"은 "여성혐오적인 미적 기준의 관점을 따르면 '추한 것'"이라고 평한 적이 있다.[37]

나이를 먹는다는 건, 다시 말해 출산 능력을 잃고, 적어도 지배적인 기준의 관점에서 보는 매력을 잃는 것이다. 그리고 남편이나 자녀들을 돌보는 역할을 더 이상 하지 않는다는 건 자기도 모르는 사이에 복종하지 않는 여성이 된다는 것이다. 이는 신시아 리치가 썼던 것처럼, "여성이 오로지 다른 존재들을 생산하고 그들을 돌보기 위해서 존재하는 게 아니라 스스로 자신을 창조하고 자신을 돌보며 살 때"면 늘상 불러일으키는 두려움을 깨어나게 하는 것과 같다. 노화하는 여성의 신체는 "여성이 자아를 갖고 있고 이 자아는 다른 사람들을 위해서만 존재하는 게 아니라는 사실을 환기시키는 것"[38]처럼 작용한다. 이런 맥락에서 늙어가는 여성의 신체를 어떻게 추한 것으로 여기지 않을 수 있을까?

나이 차와 관련된 문제는 커플들이나 40대 중후반쯤에 버림받은 여성들에게서 똑같이 제기된다. 일반적 여론은 이 문제를 어쩔 수 없는 숙명으로 여긴다는 것이다. 그리고 이 시나리오는 너무 평범해서 여론을 받아들이게 하는 데 한몫한다.

---

36 David Le Breton, "Le genre de la laideur", préface à Claudine Sagaert, *Histoire de la laideur féminine, op. cit.*

37 Mary Daly, *Gyn/Ecology, op. cit.*

38 Cynthia Rich, "The Women in the tower", in Barbara Macdonald(with Cynthia Rich), *Look Me in the Eye, op. cit.*

"남편은 더 젊은 여자랑 떠났어요. 하하."

폴 마주르스키〔미국의 영화감독이자 배우(1930~2014)〕 감독의 영화 〈독신녀 에리카〉의 여주인공 에리카가 씁쓸하게 내뱉은 말이다. 그렇다고 남성이 더 이상 사랑하지 않는 여성을 떠나지 못하도록 막을 수도 없는 노릇이고, 페미니스트들이 남의 연애사에 참견하려다 그들의 처지를 더 악화시키는 상황도 봐주기는 힘들다. 요컨대 우디 앨런이 전처 미아 패로의 양녀이자 자기보다 서른다섯 살 연하인 순이 프레빈의 관계에 대해 한 말[39]처럼 "마음은 제 나름대로 이유를 갖고 있다"〔파스칼의 《팡세》에는 "마음은 이성이 전혀 모르는 나름의 이유들을 갖고 있다"는 경구가 나온다〕.

한편 더욱 심각한 문제는 남성에게 유리한 커플의 나이 차는 풍습에 매우 깊숙이 새겨져 있어서 매우 다양한 상황들을 은폐한다는 점이다. 나이 차가 매우 크게 나는 커플의 경우라도 파트너의 나이가 매력 어필에 결정적인 역할을 한 게 아니라 단지 사회가 허용하기 때문에 커플이 되었을 가능성을 배제할 수 없다. 또한 이런 커플의 남성 모두가 군림하는 비열한 작자들이고 여성 모두가 순종하는 바보나 기회주의자들이라고 주장할 수도 없다.

한편 이러한 주장에 내 주변 사람들 80% 정도가 반대하리라 전제할 수 있는데 그건 아무래도 좋다. 어쨌든 이 도식적 사고는

---

39   *Time Magazine*(2001. 6. 24).

검토해볼 문제다.

여성에게 영원히 고정된 이미지는?

미국의 TV 시트콤 〈브로드 시티〉는 가진 것 없는 젊은 두 여성 뉴요커 일래너와 애비의 모험들을 보여준다. 2017년 10월에 방영된 한 에피소드[40] 초반에서 일래너는 애비에게 처음 생긴 흰머리를 발견하고 부러움을 느낀다.

"넌 마녀가 됐어! 매우 숙련되고 강력한 마녀! 너 굉장하다!"

애비는 이 열광에 공감하지 않는다. 한참 뒤, 새로이 획득한 신분을 누리겠다는 듯 그녀는 실제로 마녀를 만나러 간다. 도중에 산책 중인 옛 애인과 마주치는데 그는 아내 그리고 아이와 함께였다. 우울해진 그녀는 맥빠진 걸음으로 보톡스를 맞으러 피부과 여의사를 찾아간다. 애비가 이러는 동안 일래너는 트럼프 당선 후 성교할 때 더 이상 오르가슴에 이르지 못하는 문제로 섹스 전문 점집을 찾아간다. 애비가 방문한 쉰한 살의 피부과 여의사는 스무 살은 더 젊어 보였다. "젊게 보이려는 노력은 이제 여성들이 풀타임으로 뛰어들어야 하는 제2의 직업이 되었어요. 그

---

40   "Witches", *Broad City*, season 4, episode 6, Comedy Central(2017. 10. 25).

런데 문제는 돈을 버는 게 아니라 잃는 직업이란 거죠" 하고 그녀가 발랄하게 말한다. 진료실은 시술 전후의 사진들로 꾸며놓았는데 애비는 시술 후 급격한 모습의 변화에 놀라서 피부과에 온 것을 후회하기 시작한다. 그곳에서 빠져나오기 전 그녀는 의사에게 말한다.

"선생님은 정말 멋져 보여요. 장담컨대 선생님은 이런 시술을 하지 않아도 멋져 보일 거예요. 틀림없어요."

이 말에 의사는 참지 못하고 웃음을 터트리다 깜짝 놀라며 다시금 굳은 표정이 된다.

"오, 안 돼! 내가 웃다니…"

그리고 불안해하며 손으로 얼굴을 더듬는다.

이 에피소드는 센트럴파크 한가운데서 벌어지는 마녀대집회로 마무리되는데, 이 집회에는 일래너와 섹스 전문 점쟁이, 그밖의 마녀들이 참여 중이다. 애비도 피부과 여의사를 데리고 그곳으로 간다.

사실 여성들은 버림받고 모욕당하는 아내의 슬픈 운명을 면하기 위해, 더욱 포괄적으로는 나이로 인한 수모를 면하기 위해 온갖 방법을 동원해 피로폭이나 변함없는 외모를 유지하려 애쓴다. 이 불합리한 도전에 뛰어든 그녀들은 시간이 멈추길 바라며, 우리 사회가 서른 살 넘은 여성들에게 허용하는 유일한 모습, 즉 늙지 않도록 방부 처리를 한 것처럼 영원히 젊은 여성이 되려고 한다. 우리가 품을 수 있는 가장 큰 꿈은 '잘 유지된' 상태로 있는 것이다.

특히 여성 유명인들이 큰 압박감을 느끼는 건 당연하다. 이네스 드 라 프레상주는 예순 살이 넘었지만 40년 전 샤넬 모델 시절의 늘씬한 몸매, 주름 없는 얼굴, 갈색 머리칼을 그대로 유지한 모습이다. 1990년대 톱 모델들이었던 여성들은 다시 대중 앞에 모습을 보일 때마다 "와우! 하나도 변한 게 없어!" 하는 반응을 끌어내려고 주어진 시간을 그리고 재산의 상당 부분을 바친 듯하다.

2017년 베르사체 패션쇼가 담고 있는 의미는 바로 그런 것이었다. 카를라 브루니, 클라우디아 쉬퍼, 나오미 캠벨, 신디 크로퍼드, 헬레나 크리스텐센이 한자리에 모였다. 몸에 딱 달라붙는 금빛 드레스를 똑같이 차려입은 그녀들은 여전히 매끈한 다리와 늘씬한 몸매를 과시했다. 디자이너 도나텔라 베르사체는 이 패션쇼에 대해, 신디 크로퍼드가 1994년 당시 다른 모델들과 똑같은 드레스를 입었던 데서 영감을 얻었다고 설명했다. 소셜 미디어들은 이 이벤트를 '진짜 여성들'의 컴백으로 보았다. 그러나 소피 퐁타넬은 이렇게 설명했다.

"성형외과에서 거의 모조리 재구성한 여성을 '진짜'로 보는 것 자체가 이미 코미디다. 저마다 하고 싶은 대로, 할 수 있는 만큼 하고 사는 법이니 이에 대해 악의는 없다. 다만 이 전염성 이미지는, 마치 변한다는 것이 정말로 해서는 안 될 어떤 것인 양 우리에게 여성의 우스꽝스러운 모습, 25년 동안 가능하면 제일 덜 변한 여성, 주름도 처진 데도 없고 흰머리도 없는 어떤 여성의 모습을 보여준다."

그러고는 결론을 내린다.

"쉰 살 여성의 표현, 그녀의 아름다움과 자유의 표현이 어떤 모습일지는 여전히 미개척지로 남아 있다."[41]

여성 노화를 바라보는 이러한 시각과 대척점에 있는 미국 사진작가 니콜라스 닉슨은 1975년부터 해마다 아내 베베 브라운과 그녀의 세 자매 헤더, 미미, 로리의 단체 사진을 흑백으로 찍었다. 그는 그렇게 그녀들의 노화 모습을 담담히 기록하면서 노화를 흥미와 감동의 대상으로 제시하고 그녀들 개개인의 내면이나 서로의 관계, 그녀들이 헤쳐나간 사건들에 대해 생각할 여지를 남겨놓는다. 저널리스트 이자벨 플라워는 평한다.

"우리는 매일같이 수많은 여성들의 이미지와 맞닥뜨리지만 가시적으로 늙어가는 여성들의 모습은 거의 보지 못한다. 한층 이상한 것은 이제 늙었다는 걸 우리가 잘 알고 있는 여성들이 생명공학의 혜택을 받아 젊음에서 멈춰버린 비현실적 모습으로 나타나는 것이다. 니콜라스 닉슨은 단지 이미지로서만이 아니라 주체로서의 인성에 관심을 가졌다. 그가 원한 건 바로 시간의 흐름을 보여주는 것이지 시간에 저항하는 것이 아니었다. 한 해 한 해

41 Sophie Fontanel, "Les super-models défilent pour Versace : l'image la plus virale de la mode", *L'Obs* (2017. 9. 25).

그가 찍는 브라운 자매의 사진들은 급기야 우리들 각자의 삶의 진행에 리듬을 불어넣기에 이르렀다."[42]

2017년 미국 잡지 《얼루어》가 화장품이나 치료제를 설명하는 내용에서 '노화 방지'라는 수식어 사용을 금지하겠다고 공표한 것은 주목할 만한 일이다. 잡지 편집장 미셸 리는 이렇게 적었다.

"인생에서 피할 수 없는 게 있다면 그건 우리가 매 순간, 매초마다 늙는다는 사실이다. 그리고 늙는다는 것은 경이로운 일이다. 그건 우리에게 매일 충만하고 행복한 삶을 살 수 있는 가능성이 있음을 의미하기 때문이다. (…) 말은 중요한 것이다. 사람들은 마흔 살이 넘은 여성에게 이렇게 말하는 경향이 있다.

'눈부시게 아름다운 여성이군… 나이에 비해.'

혹시 이런 말을 할 기회가 생긴다면 그저 '눈부시게 아름다운 여성이군'이라고만 말하라. 늙어야 모든 게 멋있다는 말은 아니다. 하지만 서른다섯부터는 인생이 자유롭게 굴러떨어지는 내리막길에 서 있다고 생각하는 건 관둬야 한다."[43]

그때부터의 삶은 일종의 진부한 일들의 컬렉션일까? 어쩌면 그럴지도 모른다. 그러나 이 진부한 일들이 삶과 죽음의 사건이

---

42   Isabel Flower, "Looking at Nicholas Nixon's forty-third portrait of the Brown sisters", *The New Yorker*(2017. 12. 12).

43   Michelle Lee, "*Allure* magazine will no longer use the term 'anti-aging'", Allure.com(2017. 8. 14).

되기도 한다. 2016년 스위스의 조력자살협회 엑시트Exit는 아무 불치병도 없는 80대 노파의 죽음을 도왔다는 이유로 수사를 받게 되었다. 노파는 "멋 내기를 몹시 좋아했고 늙어가는 것을 견딜 수 없어 했다"[44]고 담당 의사는 설명했다. 그녀의 정신이 온전했다는 것이 확인되면서 사건은 매듭지어졌다. 그런데 똑같은 이유로 죽고 싶어 할 남성이 있을까?

소피 퐁타넬은 저서 《출현》에서 자신의 철학을 명시한다.

"여성이라고 해서 젊을 때 모습 그대로 유지해야 한다는 법은 없다. 그녀들도 다른 모습으로, 다른 아름다움으로 자신을 풍요롭게 할 권리가 있다."[45]

그녀는 "내 말은 그게 의무라는 게 아니라 각자 저 좋을 대로 해야 한다는 말이다"라고 분명하게 밝힌다.

마찬가지로 여기서 나는 사회가 우리에게 기대하는 것이 무엇이고, 금하는 것이 무엇인지 분명히 밝히고자 한다. 그렇다고 철저히 사회에 반대하는 관점에 서야 한다고 주장할 생각은 없다. 여성으로 존재한다는 것은 단순한 게 하나도 없다는 말과 같다. 우리들 여성 각자가 할 수 있는 만큼 그리고 원하는 만큼 조정을 한다. 이 조정은 인세나 어떤서던 방향으로 변화할 수 있다. 브누아트 그루처럼 두려움 없는 완벽한 페미니스트조차 아름다

---

44 Christine Talos, "Elle ne supportait pas de vieillir, Exit l'a aidée à partir", *La Tribune de Genève* (2016. 10. 6).

45 Sophie Fontanel, *Une Apparition, op. cit.*

움과 젊음이 별개의 두 영역일 수 있다는 점을 간과했다. 그녀는 "아름다움에 대한 관심 자체가 여권신장 반대가 아니다"라고 주장하며 자신의 리프팅에 대해 설명했는데 그런 위치에 있는 그녀가 늙어가는 여성들에게 가해지는 운명의 혹독함을 말했다고 해서 누구도 비난할 수는 없을 것이다.[46] 반대로 소피 퐁타넬은 젊음과 아름다움을 구별하자고 주장하면서 "나는 젊음을 추구하는 게 아니라 아름다움을 추구한다"고 쓰고 있다.[47]

나의 경우, 스물다섯 살의 내 사진 속에서 아기 피부와 흰머리 하나 없이 온통 갈색인 머리를 보면 먼저 후회가 밀려들며 괴로운 심정이 된다. 대체로 나는 지금의 내 새치를 더 좋아한다. 나 자신이 덜 평범해 보이기 때문이다. 간혹 난감해하거나 나무라는 듯한 남들 시선을 배제하고 생각한다면 나의 머리카락이 천천히 변해가게 내버려두고 싶다. 그래서 변화가 가져다주는 완만함과 광도에 따른 머리칼의 미묘한 명암과 반사광이 모두 제빛을 발하게 하고 싶다. 획일화된 빛깔이 이 변별성을 덮어버린다고 생각하면 맥이 빠진다. 나는 시간에 저항하고 격분하기보다는 흐르는 시간의 품에 안겨 편안하게 나를 맡기는 듯한 이 느낌이 좋다.

완벽한 젊은 외모를 유지하고자 안달하는 마음은 결과적으

---

46   Juliette Rennes가 "Vieillir au féminin", art. cit.에서 인용.
47   Sophie Fontanel, *Une apparition, op. cit.*

로 '젊음'과 '늙음'이라는 카테고리에 집중하게 하며 흰머리는 거의 나이든 여성에게만 나타나는 것이라며 노화나 불임과 연관 짓는다. 그러나 흰머리가 20대 후반, 심지어 그보다 더 일찍 나타나는 경우도 드물지 않다.

2017년 가을, 긴 반백 머리로 유명한 영국 패션지《보그》편집장 사라 해리스는 인스타그램에 자신의 경이로운 출산 사진, 즉 그녀의 품에 안겨 있는 갓 태어난 딸 사진을 올리기도 했다. 그녀에겐 열여섯 살에 처음 흰머리가 생겼는데 20대 중반에 염색하는 걸 그만두었다고 했다.[48]

영원한 젊음은 무엇보다도 실현 불가능한 일 가운데 하나인데 이 당치도 않은 강요는 여성들로 하여금 가식과 자기혐오 속에 살게끔 한다.

미국인 앤 크리머는 2007년, 흰머리를 받아들이는 문제를 두고 책을 한 권 썼는데 마흔아홉 살에 금발의 딸과 흰머리가 있는 한 친구와 함께 찍은 사진이 그 계기였다. 사진에서 그녀는 별 문제의식 없이 몇 년 전부터 해온 염색 머리였고 친구는 흰머리 그대로였다. 사진 속 모습은 그녀에게 충격이었다.

"옷음이 디끼떠는 순산 쏘삭뇐 내 진구 아키와 밝은색 옷을 입은 딸 케이트 사이에서 나는 하나의 까만 점과 같았다. 어둡

48   "Sarah Harris:'I've had grey hair since I was 16'", *The Telegraph*(2016. 9. 16).

고 진한 적갈색 모자와 거무튀튀한 색상의 옷이 내 존재에서 발하는 모든 빛을 빨아들이고 있었다. 이 사람, 이런 모습의 나 자신을 보자 주먹으로 복부를 한 대 얻어맞은 기분이었다. 그 순간 내가 젊은 외모라고 생각하는 것을 유지하기 위해 몇 년간 꾸밈 노동에 들인 인위적 시간들이 분해되어 사라졌다. 남은 것은 너무 짙은 색으로 염색한 머리에 당황한 듯한 표정의 후줄근한 중년 여성이었다. (…) 케이트는 진짜처럼 보였다. 아키도 진짜처럼 보였다. 그런데 나는 내가 아닌 다른 누군가를 흉내내는 것처럼 보였다."[49]

이 또한 소피 퐁타넬의 사기 저하를 불러왔던 은폐에 대한 생각을 소환했다. 그녀는 "더 이상 염색한 자신을 볼 수 없었다". 흰머리를 감추라는 이 같은 강요가 그녀의 생활을 망치고 있었다. 휴가를 가서도 물놀이와 일광욕을 맘껏 즐기는 게 아니라 물에서 나올 때 젖은 머리카락의 흰 뿌리가 드러나는 건 아닌지 걱정해야 했다. 그녀는 영원히 젊게 보이라며 여성들에게 가하는 강요를 여성의 힘을 빼는 교묘한 방법으로 보았다. 다시 말해 여성들이 젊게 보이기 위해 속임수를 쓰도록 강제하고서는 그녀들의 거짓을 고발하고 더욱 폄훼하기 위해 이 속임수를 트집잡는다.[50] 사실 여배우들은 늙었다는 이유로 증오에 찬 비난을 받

---

49 Anne Kreamer, *Going Gray. What I Learned about Beauty, Sex, Work, Motherhood, Authenticity, and Everything Else that Really Matters*, Little, Brown and Company, New York(2007).

지 않으려고 성형을 감행한다. 그녀들은 조심성 없는 성형외과 의사들로 인해 결과에 따라 비웃음의 대상이 될 위험을 감수한다. 수전 손택은 여배우들을 다른 여성들이 재미 삼아 하는 일을 하면서 아주 비싼 임금을 받는 직업인들이라고 규정했다.[51]

여성이 말대꾸를 시작할 때

한편 여기서 한 가지 의문이 생긴다. 이 모든 노력이 아무런 소용이 없다면? 앤 크리머는 "젊은 척하는 것과 젊은 것은 각각 다른 것으로, 누가 봐도 가까이서 보면 그 차이를 알 수 있다"고 적었다.[52] 승산이 없는 이 싸움에 여성을 끌어들인 저의에는 악의가 깔려 있다. 설령 누군가 용케 서른 살 외모를 유지하는 데 성공하거나 일반적 견해로 보아 '그 나이에 비해 여전히' 아름답다 해도, 그녀의 남편으로서는 더 젊은 여성과 새 출발을 하는 것이 대체로 거부할 수 없는 좋은 기회가 될 것이다.

앞서 인용한 폴 마주르스키 감독의 〈독신녀 에리카〉는 영화 초반 이상적 커플의 모습을 보여준다. 결혼한 지 17년 지난 에리

---

50   "Dans le genre de… Sophie Fontanel", interview with Géraldine Serratia, Radio Nova(2017. 5. 14).

51   Susan Sontag, "The double standard of aging", art. cit.

52   Anne Kreamer, *Going Gray, op. cit.*

카와 마틴은 경제적으로 넉넉한 뉴요커이자 청소년기의 딸 하나를 둔 부모이고 여전히 금실 좋은 부부다. 원숙한 성생활을 누렸고 자주 함께 웃었으며 대화도 부족하지 않았다. 하지만 어느 날 남편이 눈물을 흘리며 스물여섯 살 여성과 사랑에 빠졌다고 고백하자 에리카의 세상은 한순간에 무너져 내린다. 아무리 젊을 적 몸매를 그대로 유지한다 해도 결코 막을 수 없는 일이었다.

현실의 삶에서는 어쩌면 가장 열심히 늙지 않으려 노력하는 유명 여성이며, 이 분야의 대기록으로 여성지나 대중매체가 주기적으로 떠받드는 샤론 스톤조차 남편이 젊은 애인을 데리고 보란 듯이 등장했을 때 결혼생활이 와르르 무너져 내리는 것을 목도했다. 제인 폰다 역시 스무 살이나 어린 여성 때문에 남편한테 두 번째로 버림받았다. 프랑스 배우 뱅상 카셀은 두 살 연상의 고혹적인 모니카 벨루치와 18년간 결혼생활을 끝내고 헤어진 후 서른 살 연하의 모델과 다시 커플이 되었다.

실비 브뤼넬은 남편이 떠나갈 때 함께 살던 남성의 모습은 가버리고 낯선 이방인을 보는 듯했다고 책에서 적고 있다. 남성이 함께 살던 아내를 버리고 젊은 여성으로 대체하는 경우, 과거를 돌이키며 그가 첫 번째 아내와 살기로 했던 동기가 무엇이었는지 물음을 던져볼 수 있다. 버림받은 아내는 남편이 자신의 젊음만을 사랑한 것은 아닌지 생각해본다. 또는 커플이 되고 부모가 되어 얻은 신분도, 이를 위해 쏟았던 노고도 그에게는 아무 의미가 없었던 것은 아닌지 묻지 않을 수 없다. 그래서 특히 한

가지 의문에 몰두하게 된다. 그는 자신이 지배할 수 있는 여성만 사랑하는 건 아닐까? 이 물음은 이중의 폭력을 전제한다. 첫째는 버림받은 아내에게 가하는 폭력이며, 더욱 암묵적으로는 새로운 동반자에 대한 것이다. 우디 앨런은 순이 프레빈과의 관계를 언급하면서 그 커플 관계에서 평등을 전제조건으로 여기지 않음을 분명하게 밝힌다.

"커플 관계에서 평등의 원칙이 매우 좋을 때도 있지만 때때로 관계를 원만하게 만들어주는 것은 불평등함일 때가 있다."[53]

항상 나이의 불균형이 큰 커플만 있는 게 아니며 다행스럽게도 언제나 고의적으로 이를 추구하지는 않는다 해도 나이 차는 남성이 사회, 직업, 재정, 지식 차원에서 적어도 어느 하나라도 더 나은 조건에 있을 가능성이 높음을 뜻한다. 그런데 나이 차가 있는 관계에서 일부 남성이 바라는 것은 젊은 여성의 육체가 아니고 그 육체가 나타내는 것, 즉 열등한 지위, 경험 부족일지도 모른다. 마흔다섯 살이 넘은 남성의 신체가 성적으로 매력이 있는 것으로 통용된다는 사실에서 볼 때 오로지 젊은 육체에만 집중하려는 에로티즘은 잘못된 확신에서 비롯되었을 수 있다.

남성이 교육받고 사회화되는 과정에서 흔히 말하듯 "매력적인 공주는 존재하지 않는다". 반대로 그들은 사랑을 경계하라고 배운다. 그들은 사랑을 함정 혹은 그들의 독립을 저해하는 하나

---

53   *Time Magazine* (2001. 6. 24).

의 위협으로 보아야 하며 커플은 거의 필요악처럼 여기라고 배운다.[54]

한편 여성은 사랑을 기다리라고 교육받는다. 그러면 사랑이 그녀들을 행복하게 해주고, 함께하는 내밀한 삶의 쾌락과 풍요로움을 알게 해주고, 그녀들의 참모습을 깨닫게 해줄 거라고 배운다. 따라서 그녀들은 사랑이 '원만하게 이루어지도록' 모든 희생을 각오하고 심지어 마조히즘까지 받아들일 자세다. 여성이 마음을 다 바쳐 갈망하며 하나의 관계 속으로 들어가는 반면 남성은 뒷걸음질치면서 관계를 시작한다면 속임수를 구성하는 모든 요소가 결합된 상황인 것이다.

실비 브뤼넬의 말에 따르면 결혼식에서 에릭 베송은 신랑 신부가 서약해야 하는 부부의 충실 의무에 큰 소리로 강력한 이의를 제기하면서 하객들 앞에서 그녀를 모욕했다. 하나의 관계를 맺는 데 동의하고 거기에 열중하는 듯한 착각을 일으킬지라도, 이 관계 형식에 들어가면서조차 남성은 내면적으론 혼자로 남아 있을 것이다. 특히 아내가 열망하는 생활의 분담을 원하지 않을 거라는 의미에서 그러하다. 그들은 분담을 일종의 부역이나 골칫거리, 위협이라고 여긴다. 그들이 원하는 것은 오로지 평화다. 이는 '귀찮게 구는 여성'이라는 이미지에 사로잡혀 있는 심리

---

54 이 주제와 관련된 Liv Strömquist의 만화 *Les Sentiments du prince Charles*(2010), Rackham, Paris(2016) 참고.

학 개론서들, 즉 남성의 짜증을 돋우지 않으면서 남성과 대화하는 법을 여성 독자에게 가르치는 심리학 개론서들이 줄곧 하는 말이다. 그런 유의 책들 가운데 하나의 예를 들면 이런 식의 충고다.

"짜증스럽고 긴 하루 일과를 마치고 지쳐서 귀가한 그에게 달려들어 당신 커플의 미래와 당신에 대한 그의 감정이 어느 정도인지 따위의 당신 눈에만 중요해 보이는 주제들에 대한 질문을 퍼부어 그를 질리게 하지 말 것."[55]

무엇보다도 함께 있어달라고 요구한 건 여성 쪽이고, 따라서 노력해야 하는 것도 여성 쪽이라는 식의 충고다. 같은 이유로 남성에게 저녁 식사를 준비하거나 쓰레기를 버려달라고 부탁하지 말라고 한다. 부득이 해야 한다면 수많은 완곡어법이나 달콤한 속삭임 또는 아첨의 말을 사용할 것을 권한다.

이런 상황에서 이 남성들에게 나이드는 아내의 문제는, 이제 그녀가 다소 의식적으로 생기발랄하다, 순진하다, 무고하다는 정신적 수식어들을 붙이게 되는, 언제나 약간은 통칭적 범주를 대표하는 그 '젊은 여성'으로 보이지 않는다는 것이다. 시간이 흐르면서 이 문제에 관한 건 반드시 그런 것은 아닐지라도 그녀의 개성적 측면이 더욱 선명하게 도드라지는 경향이 있다. 그녀에게는 자신감이, 그게 아니면 관록이 붙는다. 그런데 이는 좁은 한

---

55   Irène Jonas가 *Moi Tarzan, toi Jane, op. cit.*에서 인용.

계 내에서만 허용된다. 말하자면 자신감에 찬 여성이나 자신의 의견, 욕망, 거부 의사를 표명하는 여성은 남편이나 주변 사람 눈에 급격히 사나운 여성인 하피〔그리스 신화에 나오는 괴물〕나, 심술궂은 여성인 메가이라〔복수의 여신〕로 보인다.

한 친구가 들려준 이야긴데 남편 친구들 앞에서 남편 말에 토를 달거나 이의를 제기하면 남편 친구들은 그 말에 곧바로 응수할 기회를 결코 놓치지 않는다. 반대의 경우, 아내 말에 남편이 토를 달거나 이의를 제기할 경우 언제 그랬는지 알아차리지도 못한다. 밸러리 솔라나스〔미국의 급진적 페미니스트(1936~1988)〕는 여성들에게 줄기차게 강요하는 이 침묵의 결과들을 이렇게 묘사했다.

"상냥함, 예의 바름, '품격', 불안정한 느낌, 정신적 유폐 등은 대화라고 부를 만한 대화에서는 없어서는 안 될 자질인 유머, 강인함과는 결합될 가능성이 거의 없다. 거만하고 개방적이고 영리한, 완전히 자신을 확신하는 여성들만이 진정한 잡년들의 영적이고 깊은 대화를 가질 수 있는 만큼 대화라는 이름에 걸맞은 대화는 그리 흔치 않다."[56]

대등한 관계의 대화에 관심이 없는 남성은 젊은 연하의 여성 쪽으로 기울어진다. 비록 아내가 여전히 그를 사랑한다 해도 그는 10년, 15년, 경우에 따라서는 20년을 함께 살아 자신에 대

---

56   위와 같음.

해 속속들이 꿰뚫는 아내의 시선보다는 젊은 연하 여성에게서 훨씬 더 값지게 여길 만한 무조건적 예찬을 획득할 것이다. 나는 《치명적 아름다움》에서 남성이 젊은 여성을 선호하는 것은 무엇보다도 정신적 편안함을 찾기 위해서라는 가설을 주장했다. 그러면서 엘리트 모델 에이전시〔프랑스 파리의 모델 기획사〕 설립자 존 카사블랑카(1942~2013)와 협력 관계였던 한 여성 측근의 다음과 같은 말을 인용했다.

"여성은 열여덟 살에 깊이 생각하고 똑똑해지기 시작한다. 여성이 좀 더 성숙해지고 자기 의견을 갖기 시작하면 모든 관계는 끝이 났다. 그건 존은 애지중지 대우만 받고 싶었던 반면 그녀들은 그에게 말대꾸를 시작했기 때문이다."[57]

이 정신적 편안함은 너무 널리 퍼져 있어서 우리가 일반적으로 에로티즘 그 자체와 혼돈하는, 피지배자의 주체성을 지워버리는 '복화술의 에로티즘'에 속한다.[58] 최소한 모호한 인물이라할 수 있는 카사블랑카는 2016년 '여성들을 사랑했던 남성', 더 정확히 말하면 열여덟 살 미만인 여성들을 사랑했던 남성이라는 제목의 전기傳記 영화의 주인공이 되었고, 이 영화는 모든 여성지의 갈채를 받았다. 프랑스 가수 클로드 프랑수아도 똑같은 말을 했다.

---

57   Michael Gross가 *Top model. Les secrets d'un sale business*, A Contrario, Paris(1995)에서 인용.

58   Mona Chollet, *Beauté fatale, op. cit.*

"나는 여성들을 열일곱, 열여덟 살까지만 사랑하고 그 이후엔 경계하기 시작한다. 내가 열여덟 살 이상의 여성과 사귄 적이 있던가? 다행스럽게도 물론 그렇다. 그러나 나는 그런 여성들은 조심한다. 그녀들은 생각이란 걸 하기 시작하고 더욱더 타고난 그대로가 되기 때문이다. 이런 변화는 더 이른 나이에 시작되기도 한다."[59]

마녀사냥이 누구보다도 늙은 여성을 대상으로 삼았던 이유는 그녀들이 보이는 자신감을 용납할 수 없었기 때문이다. 앤 바스토우는 그녀들은 이웃들에게, 사제와 목사들에게, 심지어 재판관과 사형집행인 앞에서도 **말대꾸를 했다**고 적고 있다.

"여성의 순종을 점차 요구하던 시기에 그 여성들은 말대꾸를 했다."

그녀들은 더 이상 아버지나 남편 또는 자녀들의 울타리에 둘러싸여 있지 않았기에 그렇게 자신의 목소리를 높일 수 있었다.

"그녀들은 목소리를 높여 자신의 생각을 주저 없이 말했고, 자립정신을 가지고"[60] 있었다. 심한 혐오와 부정적 반응을 불러일으킨 그녀들에 대한 이러한 말은 저주와 동일시되었는데 이는 전혀 놀라운 사실이 아니다. 역사가 존 데모스John Demos는 뉴잉글랜드에서 중년 또는 그보다 연배가 높은 여성을 대상으로

---

59   *Cloclo, 40 ans, ultimes révélations*, TMC(2018. 1. 31).
60   *Anne L. Barstow, Witchcraze, op. cit.*

시행된 마녀 고발은 거만함, 특히 남편에 대한 거만한 태도가 그 이유였다고 말한다.[61]

전형적 메가이라의 모습을 보이는 여성은 오늘날에도 여전히 생명력이 강하며 죽음으로 대가를 치른다. 16세기 영국과 스코틀랜드에서는 여성의 오만함에 대해 '메가이라의 굴레' 또는 '마녀의 굴레'라 불리는 형틀로 벌을 주었는데 이 철제 도구는 입을 조금이라도 움직이면 머리를 압박해서 그 도구에 달려 있는 바늘이 혀를 찌르는 것이었다.

변방을 지키는 여성들

전반적으로 나이든 여성의 경력은 중대한 결점으로 보이게 된다. 바로 그것 때문에 많은 노파들이 화형을 당해야 했다. "주술은 일종의 기술이었다. 따라서 [마녀들은] 수업을 받아야 했고, 지식을 배워 노련한 마녀가 되었다. 당연히 나이든 여성들은 젊은 여성들보다 더 의심의 대상이 되었다"고 기 베슈텔은 적고 있다.[62]

크리스틴 솔리[63]는 〈백설공주와 일곱 난쟁이〉나 〈잠자는 숲

---

61   위와 같은 책에서 인용.

62   Guy Bechtel, *La Sorcière et l'Occident, op. cit.*

63   Kristen J. Sollee, *Witches, Sluts, Feminists, op. cit.*

속의 미녀〉 같은 디즈니 영화사의 고전들은 "늙은 마녀들과 젊고 아름다운 여성들을 대립시키면서 다산과 젊음에 여성 존재의 가치를 부여할 뿐 여성이 힘들게 습득한 지혜에 그 가치를 두지는 않는다"고 지적한다. 어쩌면 이것이 남성의 흰머리는 쉽게 수긍하면서 여성의 흰머리는 흉하게 보는 이유 중 하나인지 모른다. 그래서 전자, 즉 남성이 드러내는 경력은 매력적이고 신뢰를 주는 것으로 비치는 데 비해 후자의 경력은 위협적인 것으로 보인다.

《르몽드》[64]에 따르면 "자신의 신체 일부가 공격 대상이 된" 데 분개한 프랑스 우파 정치인 로랑 보키에는, 경력을 드러내고 신뢰감을 얻기 위해 머리를 잿빛으로 염색했을 거라는 추측은 사실이 아니라고 부인했다. 이 추측이 수긍할 만하다는 단순한 사실이 남녀의 흰머리에 대한 차별적 반응을 여실히 말해준다.

독일어 Hexe(마녀)와 영어 hag(마귀할멈:노파, 할망구라는 뜻의 crone과 동의어)와 hedge(울타리라는 뜻이며, 넓은 의미의 가장자리, 한계)에는 공통된 어근이 있다. 스타호크는 이 Hag라는 어근에는 경멸적 의미가 들어 있지 않으며, "변방, 즉 마을과 들판 사이, 인간 세계와 영적 세계의 경계에 살고 있는 정숙한 여성"을 가리켰다고 설명한다.[65] 마녀사냥이 시작되면서 이 성스러운 지식과 과거엔 칭송받던 능력이 위험하고 치명적인 것으로 묘사되었다. 역사학

---

64   Bruno Jeudy, "Laurent Wauquiez : l'horizon se dégage", Paris Match(2017. 10. 11).

자 린 보텔로Lynn Botelho는 노파가 정중앙에 있는 한스 발둥의 그림 〈인생의 세 시기와 죽음〉(16세기)을 분석하면서 이렇게 설명한다.

"시선을 약간 아래로 하면 밤, 어둠 그리고 확연히 악과 연결되어 있는 동물인 올빼미가 보인다. 그림의 배경은 올빼미의 불길한 징조를 확인해준다. 황폐화되어 삭막하고 스산한 곳이다. 이끼 낀 죽은 나무들과 전쟁으로 파괴된 성벽이 보이고 태양은 구름에 가려져 있다. 노파는 파괴, 쇠퇴, 세상의 종말 같은 이 장면을 압도한다. 마치 그녀가 이 장면을 유발하기라도 한 것처럼."[66]

여성의 경력이 결격사유가 된다면 막대한 손실이자 왜곡이다. 되도록이면 변하지 말 것이며 진화의 표시들은 없는지 검열하라고 여성을 유도하는 것은 사기를 꺾는 논리에 그녀들을 가두는 것이다. 젊음에 대한 숭배가 낳은 무분별한 이상화를 헤아려보는 데는 1분 동안만 숙고해도 충분하다.

나로 하여금 모성을 회피하게 하는 이유 중 하나는 내가 낳은 새로운 존재가 본디 척박한 유년기와 청소년기라는 시기를 통과하는 것을 지지고프 싶은 바람이 조금도 없기 때문이다. 그

---

65   Starhawk, *The Spiral Dance. A Rebirth of the Ancient Religion of the Great Goddess. 20th Anniversary Edition*, HarperCollins, New York(1999).

66   Lynn Botelho, "*Les Trois Âges et la Mort* du peintre Hans Baldung(16세기)", *Clio*, no. 42, dossier "Âge et sexualité"(2015).

를 통해 그 시기들을 다시 느끼고 싶지도 않고, 그가 똑같은 시련과 낙담을 겪고 서투름이나 순진함, 무지로 인해 똑같은 실망에 빠지는 것을 보고 싶은 마음이 조금도 없기 때문이다. 지각능력과 놀라운 상상력이 평생 향수를 느끼며 간직하는 유년기를 대변하지만 또한 이 시기는 쉽게 상처받고 괴롭기 그지없는 무력함도 특징으로 갖는다.

우리는 오랜 세월에 걸쳐 이해하고 배우고 얻은 것을 모두 헤아려보며 이 여유로움이 눈덩이처럼 불어나는 것을 느낄 때면 일종의 즐거움을 맛본다. 흐르는 시간 속에서 때론 불행, 실망, 후회의 계기를 접하게 되는 것도 당연한 일이다. 운이 좋아서 커다란 불행을 겪지 않거나 혹은 간혹 겪는 경우에도 시간 속에서 후퇴할 공간이 넓어지며 이로써 운신의 폭이 커지고 스스로의 인생을 살아가는 능력이 증대된다.

나는 내 안에서 누그러지고 균형 상태가 되고 순화된 모든 것을 생각해본다. 그리고 불안과 망설임이 점차 줄어들고 마침내 자유롭게 처신하며 눈치 보지 않고 본론을 말할 수 있게 되었음에 만족하며 내가 비워버렸던 마음의 짐들을 생각해본다. 인생의 모든 사건과 만남은 앞서 일어났던 그것들과 공명하면서 더욱 의미가 깊어진다. 우정, 사랑, 성찰 들은 점차 그 지평을 넓히고, 원숙해지고, 가다듬어지고, 풍요로워진다.

시간의 흐름은 등산을 할 때 정상이 가까워짐에 따라 그 위에서 발견하게 될 경치를 미리 예견하기 시작하는 것과 같은 느낌이다. 어쩌면 도달하기 전에 죽어서 결코 정상을 못 볼 수도 있지만 그곳에 가까워지고 있다는 단순한 느낌만으로도 도취에 빠진다. 언제까지고 젊은 사람들의 연약함과 무력함을 모방하는 식의 처세는 자신감에 찬 당당한 여성들을 마뜩잖게 보는 사회에 들어가는 암호가 될 수는 있다. 그러나 그렇게 함으로써 인생을 살아가는 즐거움과 힘의 원천은 포기하게 된다. 몇 년 전 잡지 《마리 클레르》는 "스물다섯보다 마흔다섯이 더 아름답다!"라고 엉뚱한 논거를 제시하는 제목의 글을 싣기도 했다. 기자는 50대 여성들은 자신들이 그 어느 때보다도 더욱 남성들을 즐겁게 한다는 말을 쉽게 납득하지 못한다고 설명하면서 이 말을 덧붙였다.

"하지만 그녀들이 믿지 못하면 못할수록 그녀들은 남성을 자극한다. 모두 알다시피 유혹이라는 문제에서 연약함은 불가항력의 무기 아니었던가."

몇 살이 되었든 가여워 보이도록 무방비 상태의 능력을 보존하는 것이 중요한 듯하다.

사회가 아무리 우리가 힘을 갖는 것을 방해해도 우리는 인생의 시련을 바꾸기까지 한 어떤 힘을 믿을 수 있나. 1978년 아프리카계 미국 여성 에세이스트이자 시인 오드르 로르드가 유방암에 걸렸을 때 그녀 나이 마흔넷이었다. "보통은 대중매체에서 여성이 시들어가고 그녀의 성적 정체성의 특징들이 쇠퇴해간다고 묘사하는 나이"였는데 그때 그녀는 다음과 같은 사실에 주목

했다.

"대중매체가 유포하는 이러한 이미지와는 반대로 현재 나는 능력과 정신력이 최대치에 이르러 충분한 재력을 갖추고 자신의 욕망을 최고로 만족시키는 여성으로 나 자신을 인지한다. 내 젊은 시절의 결단성 없음과 두려움, 속박에서 상당 부분 자유로워졌고, 오랜 시간 축적된 생존 경험으로 스스로의 아름다움을 존중하고 타인의 아름다움을 인정하는 법을 배웠다. 또한 생존이 가르치는 교훈과 나 자신이 획득한 인식을 값지게 여길 줄 알게 되었다. 나는 이 모든 것의 가치를 제대로 평가할 줄 알게 되면서 더 많은 것에 감동을 느낀다. 그리고 이 감동과 내가 알고 있는 지식을 연결하여 나 자신의 세계관을 구축하고, 진정한 변화에 이르게 할 길을 닦는다. 이처럼 자신을 발휘하고 긍정하는 상황에서는 잠재적으로 치명적인 암의 출현과 유방절제에 따르는 정신적 외상조차 더욱 본질적이고 역동적 실존을 위한 가속 장치로서 삶에 통합되기에 이른다."[67]

세월은 회상의 감각을 선사한다. 글로리아 스타이넘은 나이 예순쯤에 쓴 《셀프 혁명》에서 이러한 감각을 멋지게 파악해서 들려준다. 그녀는 몇십 년 전부터 활보하던 뉴욕의 친숙한 장소들에서 가졌던 덧없는 만남들을 떠올리며 예전의 자기 모습들

---

67 Audre Lorde, *Journal of Cancer*(1980), Frédérique Pressmann
이 영어판을 번역한 Éditions Mamamélis/Editions Trois, Genève/
Laval(1998).

을 묘사한다.

"과거의 나는 미래에 있는 나를 보지 못한다. 그러나 지금 나는 아주 또렷하게 과거의 나를 본다. 그녀는 나가고 싶지 않은 만남에 늦어서 불안한 마음으로 서둘러 걸으며 나를 앞질러 간다. 그녀는 어느 레스토랑 테이블에서 안 통하는 애인과 말다툼을 하고 눈물을 흘린다. 10여 년도 넘은 연분홍빛 가죽 부츠를 신고 청바지를 입은 그녀가 내가 있는 방향으로 성큼성큼 큰 걸음으로 걸어온다. 지금도 그때 신었던 그 부츠의 느낌이 그대로 떠오른다. (…) 그녀가 활기 넘치는 모습으로 웃고 떠들며 강의실에서 나와 내게로 달려든다."

이후 흘러간 세월에 힘입어 그녀는 복잡한 마음으로 이 과거의 자신을 생각해본다.

"오랫동안 그녀는 나를 짜증나게 하곤 했다. 왜 그렇게 시간을 낭비했을까? 왜 저런 남자를 만났을까? 왜 가장 중요한 부분을 말하는 걸 까먹었을까? 왜 좀 더 지혜롭지 못하고, 좀 더 생산적이고 행복하지 못했을까? 그러나 최근 들어 그녀를 떠올리면서 나는 목메임 뒤편에 흐르는 눈물과 애정을 느꼈다. 그녀는 최선을 다했다. 그리고 그토록 고생을 하고 살아남았다. 이따금 과거로 돌아가 그녀를 안아주고 싶기도 하다."[68]

---

68   Gloria Steinem, *Revolution from Within, op. cit.*

여성에 특화된 비천함이란 이미지

　나이든 여성들에게 쌓인 경륜 때문에 그녀들을 두려워한다는 말이 그렇다고 해서 일반적으로 늙어가는 여성의 신체가 야기하는 진짜 혐오감을 불러일으키지 않는다는 뜻은 아니다. 자서전적 에세이 속의 실제 실비 브뤼넬과 같은 제목의 영화 속 허구의 인물인 주인공 오로르, 두 50대 여성 모두는 자신들의 나이가 혐오감을 준다는 사실을 깨닫는다.

　오로르가 전남편을 찾아갔을 때 그는 새 아내에게서 얻은 어린 두 딸을 돌보고 있었다. 그녀는 갑작스레 열이 올라 스웨터를 벗지 않을 수 없었고, 전남편은 이유를 설명하려는 즉시 그녀를 말리며 말을 막는다. 그러고는 '폐경'이라는 단어를 듣지 않기 위해 귀를 막는다.

　실비 브뤼넬은 한 출판사가 그녀의 책 계획안을 듣고 이렇게 대답했다고 알려준다.

　"나는 당신이 그 문제를 언급해서 얻을 게 하나도 없다고 생각해요. 당신 이미지만 망가질 거예요… 충격을 주는 단어들이 존재한다는 게 이유입니다. '폐경'이라는 단어는 '치질'과 동급이에요. 보통은 언급하지 않지요."

　그녀 친구의 경우 암을 유발하는 부작용이 있다고 알려진 폐경기 장애 치료를 받을지 망설일 때 부인과 의사가 이렇게 항변하는 말을 들었다.

"폐경보다는 차라리 암이 낫죠. 암은 적어도 치료라도 할 수 있으니까요."[69]

남편이 함께 살던 아내를 버리는 이유 가운데 하나는, 아내의 노화가 자신을 비추는 거울처럼 자신의 노화를 비추는 걸 못 견디기 때문이라고 했다. 또는 새 동반자를 만나 그녀를 통해 새로 태어나길 바라기 때문이라고도 한다. 예를 들어 배우자와 스무 살 이상 나이 차가 나는 프레데릭 베그베데는 "다음 세대를 사랑하는 것은 흡혈귀의 착취와 같은 것"이라고 하면서 자신의 "흡혈귀 같은 측면"[70]을 설명한다.

그런데 또 다른 이유를 추측해볼 수 있다. 즉 남편은 아내의 노화를 보지만 자신의 노화는 보지 못하기 때문이라는 것. 그 까닭은 그에겐 육체가 없기 때문이다. "남성들은 육체가 없다", 프랑스 작가 비르지니 데팡트(1969~)의 책에 나오는 이 문장을 진지하게 고찰해볼 필요가 있다고 생각한다.[71]

경제계나 정치계 또는 연인 관계나 가족 관계 그리고 창조 작업을 하는 예술계나 문학계에서 남성이 지배적 위치를 차지함으로써 남성은 절대적 주체로, 여성은 절대적 대상으로 있게 되었다. 서구문화는 아주 초창기부터 육체는 엄오스러운 것이

69   Sylvie Brunel, *Manuel de guérilla à l'usage des femmes, op. cit.*

70   Olivia de Lamberterie, "Immortel Frédéric Beigbeder", *Elle* (2017. 12. 29).

71   Virginie Despentes, *King Kong Théorie*, Grasset, Paris(2006).

며, 육체는 곧 여성이라고 결론지었다. 그 반대도 마찬가지다. 즉 여성은 육체이며, 혐오스러운 것이라고 보았다.

신학자들과 철학자들은 여성들에게 육체의 끔찍함을 투영하고 자신들은 육체가 없는 양 굴었다. 성 아우구스티누스는 남성의 육체는 영혼을 반영하지만 여성은 그렇지 않다고 했다.[72] 성 앙부로와즈[작가이자 시인으로도 유명한 밀라노의 주교(339~397)]는 "남성은 정신이고 여성은 감각"이라고 주장했다. 오동 드 클뤼니[클뤼니 수도회 발달에 공헌한 베네딕트파 수사(880~942)]는 자신의 동류들에게 격하게 부르짖었다.

"토사물과 두엄은 손끝도 닿는 걸 끔찍이 싫어하는 우리가 어찌 저 똥자루를 품에 안고 싶어 하겠습니까?"

여성에 대한 이 경계심과 시대착오는 아직도 뿌리깊게 남아있다. 인류학자 다비드 르 브르통[73]은 우리를 둘러싼 광고, 미디어, 예술의 이미지들을 보면 과거처럼 "실제로 육체에 속하는 건 여성들뿐"이라고 지적한다. 그러니까 완벽한 몸매를 선호하는 취향도 여성의 육체에 대한 혐오를 막지 못하는 것이다.

오동 드 클뤼니의 여성혐오 호소에 응답이라도 하듯, 2015년 12월 21일 미국 대선 유세에서 도널드 트럼프는 민주당 토론 방송 중 힐러리 클린턴이 광고 시간을 이용해 화장실에 가느라 잠

---

72   Jean Delumeau, *La Peur en Occident, op. cit.*

73   David Le Breton, "Le genre de la laideur", préface à Claudine Sagaert, *Histoire de la laideur féminine, op. cit.*

시 자리를 비운 것을 두고 이렇게 말했다.

"나는 그녀가 어딜 갔는지 압니다. 너무 역겹군요.. 어디라고 말하지는 않겠어요.. 쉿, 어디라고 말하지 마세요!"

하마터면 미국인들은 화장실에 가는 누군가를 국가 지도자로 뽑을 뻔했는데 용케 잘 벗어난 것이다.

역사학자 장 들뤼모에 따르면 "'제2의 성'에 대한 혐오는 남성보다 더 물질에 가까운 존재, 그러니까 정신을 구현한다고 주장하는 자보다 더 빠르고 더 눈에 띄게 부패하기 쉬운 존재가 쇠퇴해가는 모습으로 인해 심화되었다."[74]

저자가 이 추론을 얼마나 신뢰하는지는 분명하지 않지만 엄밀히 따져보면 그는 논리에서 벗어나 있다. 남성들이 아무리 '정신을 구현한다고 주장'해도 그들 역시 여성들만큼이나 '물질에 가깝고' 그들의 쇠퇴 또한 그녀들 못지않게 빠르고 가시적이다. 다만 그들은 자신들과 관련된 이 모두를 중요하게 여기지 않도록 만들 권력을 갖고 있다. 그들은 사생활 영역에서, 길에서, 직장에서, 국회에서… 여성의 신체와 옷차림을 보고 느끼는 즐거움이나 불쾌감에 대해 큰 소리로 떠벌리는 반면, 자신의 신체나 옷차림, 몸무게, 나이는 고려 대상으로 삼지 않는다. 이따금 생리적 욕구를 충족시켜야 한다는 사실을 두고 힐러리 클린턴을 공격하고 싶다면 도널드 트럼프 또한 적어도 암묵적으로라도 자

---

74   Jean Delumeau, *La Peur en Occident*, *op. cit.*

신이 방광도 내장도 없는 존재라고 주장할 수 있어야 한다. 그러기 위해서는 2,000년 이상의 여성혐오문화를 통한 경이로운 뻔뻔스러움의 도움이 필요하다. 이는 지배적 위치가 허용하는 화학적으로 가장 순수한 독단의 사례다. 즉 남성은 육체를 갖고 있지 않기 때문이다. 그게 전부다.

장 들뤼모는 "르네상스와 바로크 시대에는 특히 귀족계급에 속하는 프랑스 시인들인 롱사르(1524~1585), 뒤 벨레(1522~1560), 아그리파 도비녜(1552~1630), 시곤느(1560~1611), 생 타망(1594~1661) 등이 못생긴 노파의 흉측한 초상, 대체로 해골처럼 뼈만 앙상한 모습을 남겼다"고 강조한다.

롱사르는 이미 독자에게 "늙은 여성을 버리고 새 여성을 얻으라"[75]고 충고하고 있었다. 〈드니즈 마녀에 대항해서 Contre Denise sorcière〉라는 그의 시는 마녀로 의심받아 방돔 광장에 끌려나와 발가벗겨지고 구타당한 노파에게 보내는 기나긴 모욕의 열거일 뿐이다.

안토니오 도밍게스 레이바〔몬트리올대학 교수이자 다수의 문화사 관련 저자이며 소설가(1971~)〕는 "서구에서 여성 노화의 모습은 비천함을 나타내는 특정한 형상이 된다"고 쓰고 있다. 교회 설교와 전원시에 나타나는 노파의 악마화는 "신체적 추악함을 규정하게 하며 이 규정은 곧 16세기의 여성 살해 현상을 일으킨다".[76]

---

75   Claudine Sagaert가 *Histoire de la laideur féminine, op. cit.*에서 인용.

이러한 '추악함에 대한 규정'은 여전히 유효하다. 예를 들어 1979년 발표된 '늙은 여성들의 사회적 세계'에 관한 사회학적 설문조사의 응답자 가운데 한 사람은 길에서 우연히 어린이들을 만나 웃어주었는데 그들은 뒤에서 이렇게 소리쳤다.

"할머니는 못생겼어, 못생겼어, 못생겼다고!"[77]

여성의 흰머리는 왜 즉각 누더기를 입은 마녀의 모습을 소환하고 그렇진 않더라도 대체로 '아무렇게나' 방치한 머리라는 생각이 들게 할까? 신시아 리치는 1982년 보스턴의 한 지방 신문 기사에서 노파 집단을 묘사하는 방식을 분석하면서 어느 노파의 머리는, "반백에 **잘 손질되었다**"[78]라고 기자가 묘사한 사실을 지적한다. 금발이나 갈색 머리였다면 이런 세세한 설명이 필요하다고 생각했을까?

소피 퐁타넬은 머리 염색을 중단했을 때 한 친구는 자신이 "씻기를 그만두기"[79]라도 한 것인 양 깜짝 놀라는 반응을 보였다고 했다. '아무렇게나' 방치했다는 생각은 특히 그녀의 경우에 있어 빗나간 추정인 만큼 의미가 있다. 그녀는 감각 있고 패션 계

---

76   위와 같음.

77   Sarah H. Matthews, *The Social World of Old Women*, Sage Publications, Beverly Hills(1979). Cynthia Rich가 "Aging, ageism and feminist avoidance", in Barbara Macdonald(with Cynthia Rich), *Look Me in the Eye, op. cit.*에서 인용.

78   Cynthia Rich, "The women in the tower", in Barbara Macdonald(with Cynthia Rich), *Look Me in the Eye, op. cit.*

79   "Sophie Fontanel, une beauté jaillissante", MaiHua.fr(2015. 12).

통에서 일하는, 우아하고 잘 가꾸는 여성이었기 때문이다. 그녀는 염색한 머리에서 흰머리로 바뀌는 동안 길에서 마주치는 사람들이 자신들의 뻔한 추정이 빗나갔다는 사실에 당황하는 눈치였다고 말한다.

"혼란스러워하는 시선들이 내 모근 쪽으로 향해요. 그러다 별안간 머리에서 옷차림으로 건너뛰죠. 마치 전체적으로 '아무렇게나 입었을 옷차림'의 어딘가에서 어떤 흔적이라도 찾으려는 듯, 설명이 될 만한 무언가가 있다는 듯. 하지만 나는 흔히 말하듯 주름 하나 없이 다림질이 잘되어 있고 멋을 부린 차림새였거든요. 나는 머리 염색을 빼고는 무엇 하나 포기한 게 없어요."[80]

여성의 노화와 죽음의 자동적 연결 또한 현저하게 잔존하는 것으로 한 이탈리아 기자가 그녀에게 들려준 기상천외한 이야기는 이를 잘 보여준다.

"사람이 죽어도 머리와 손톱은 계속해서 자란다는 말 모르지는 않을 텐데요. 끔찍해요. 섬뜩한 이야기죠. 죽은 사람을 매장하고 며칠이 지난 뒤 관뚜껑을 다시 열면 그간 3센티미터가 더 자란 흰머리가 달려든대요. 당신은 관뚜껑을 다시 여는 사람은 아무도 없다고 말하겠지만. 그래요, 아주 드문 일이죠, 다행히도. 그런데 당신은 누구나 짐작할 수 있는 것처럼 열린 관뚜껑 주변을 배회하고 싶어 하는 사람 아닌가요?"[81]

---

80   Sophie Fontanel, *Une apparition* , op. cit.

마찬가지로 한 친구가 얼마 전 자신은 흰머리가 된 어머니를 생각만 해도 견딜 수 없는데 그건 아마도 백발이 어머니의 죽음을 생각하도록 유도하기 때문이 아닐까 하고 넌지시 말한 적이 있다. 하지만 누가 흰머리의 리처드 기어나 해리슨 포드를 보고 죽음을 생각할까?

문학이나 회화에서도 여성의 유혹적인 이미지와 죽음 또는 노쇠의 이미지들을 나란히 병치하는 경우가 빈번하다. 장 들뤼모는 "얼핏 우아하고 쾌활해 보이지만 등이나 가슴, 배가 이미 부패한 여성의 이미지는 문학과 도상학에서 여전히 지속되는 오래된 주제"임을 지적한다.[82] 19세기에 샤를 보들레르[19세기 후반 프랑스 시인(1821~1867)]는 〈시체〉라는 시에서 이러한 주제를 다시 이어간다. 시에서 화자는 애인과 함께 산책하다가 부패한 동물의 사체를 본다. 그는 자기만족적으로 충분히 상세하게 묘사한다. 그는 사체를 보고 동행한 여성의 미래의 죽음을 떠올리지만 자신의 죽음을 생각하지는 않는다.

> 하지만 언제인가는 당신도 이 오물을 닮게 되겠지
> 이 끔찍한 부패물을
> 내 눈의 별, 내 마음의 태양이여

---

81   위와 같음.
82   Jean Delumeau, *La Peur en Occident, op. cit.*

나의 천사, 나의 열정인 당신도!

이런 표현은 지금도 사라지지 않았으며, 2016년 〈왕좌의 게임〉 시즌 6의 한 장면이 보여주었던 것처럼 아직도 거의 자동적으로 나오는 상투적이고 서술적 반응으로 남아 있다. 촛불로 밝힌 아늑한 방에서 자신의 매력을 이용해 수많은 남성을 홀렸던 '붉은 마녀' 멜리산드라는 목에 건 목걸이를 풀며 거울을 들여다본다. 그녀는 거울에 비치는 실제 자신의 모습을 응시한다. 듬성듬성한 백발에 가슴은 축 늘어지고 배는 처졌으며 허리는 구부러진 슬픈 노파의 모습이다. 아름다운 젊은 여성과 노파의 이 병합에는 일종의 액막이, 안도감, 나아가 승리의 의미가 들어 있다. 미래를 예견해보면 이 아름다운 육체도 늙어 매력을 잃고 남성 신하에게 행사하던 권력을 잃을 것이므로. 그러나 이는 또한 노화란 여성의 본질적 악의와 흉악함을 드러내준다는 사실을 의미할 수도 있다.

기 베슈텔은 "본성은 끝내 다시 드러난다고 생각하는 듯하다. 그래서 젊음으로 아름다운 여성도 언젠가는 마음이 추한 사람인 그녀의 진짜 모습과 비슷해진다"고 설명한다.[83]

---

83   Guy Bechtel, *La Sorcière et l'Occident, op. cit.*

당시 특별히 두려움을 불러일으킨 것은 늙은 여성들의 성욕이었다. 그녀들은 더 이상 아이를 낳을 수 없고 간혹 과부 신분이기도 해서 정당하게 성생활을 할 권리가 없었다. 하지만 그녀들은 노련했으며, 여전히 욕망을 가지고 있어서 사회질서를 위협하는 비도덕적 인물로 보였다. 대체로 그녀들은 어머니 역할에 수반되는 존경받는 지위를 잃었기에 한을 품고 있으며 젊은 여성들을 질투할 것으로 보였다. 린 보텔로는 15세기에는 "폐경 여성과 마녀를 직접적으로 병치했는데 이는 양쪽 다 불임이라는 사실을 강조하는 것"이라고 쓰고 있다.[84] 그녀들을 "단순히 사람과 관계를 갖는 것으로는 욕구를 충족할 수 없을 정도로 욕구불만인 데다 성에 집착하는 여성들"[85]로 여긴 것이다.

에라스무스의 저서 《우신예찬》에 나오는 이들에 대한 묘사는 매우 의미심장하다.

"사랑에 빠진 이 노파들, 지옥에서 돌아온 것 같은 거의 움직이지 않는 이 시체들. 이들에게선 썩은 짐승의 시체 냄새가 난다. 발정난 암캐처럼 음탕한 그녀들은 기분이 내키면 불결한 쾌락만을 들이마신다. 그리고 쾌락이 없는 인생은 아무것도 아니라

---

84   Lynn Botelho, "*Les Trois Âges et la Mort* du peintre Hans Baldung(16세기)", art. cit.

85   Anne L. Barstow, *Witchcraze, op. cit.*

고 당신들에게 단호하게 말한다."

여기서 우리는 이탈리아 기자가 소피 퐁타넬에게 건네는 섬뜩한 발언을 통해 다시금 이 상상의 흔적을 찾아볼 수 있다.

"당신은 어떤 성생활을 상상하나요? 당신이 마녀의 백발을 하고 사내 위에 걸터앉는 모습인가요? 이미 남성들은 여성을 두려워하는데 그들을 더 질겁하게 만든다면, 가엾어라, 어느 날 그들이 완전히 발기가 되지 않는다 해도 놀랄 일이 아니죠!"[86]

이처럼 끔찍한 광경들이 묘사되는 것을 고려하면 염색하지 않은 흰머리에 빈번히 따라붙는 '아무렇게나'라는 말 이면의 숨어 있는 의미를 묻게 된다.

2017년 11월 여성지 《그라지아》는 소피 퐁타넬을 표지 모델로 내세웠는데 이는 환영할 만한 일종의 진보였다. 그러나 잡지에 실린 기사는 모발 관리에 관한 것이었다. 그럼으로써 그녀를 모방하고 싶은 여성들에게 "최대한 가지런하게 짧은 단발 쪽으로 하라. 그렇지 않으면 너무 관리하지 않아 아무렇게나 한 머리 같다"라고 지시한다.[87] 규범적 지시였다.

중요한 사실은 이 불쾌한 머리 모양의 확산을 최소화하고 분명하게 선을 그어 여성을 두 범주로 나눈다는 사실이다. 자연 그대로든 염색을 하든 금발이나 밤색과 붉은색 또는 갈색 모발로

---

86 Sophie Fontanel, *Une apparition, op. cit.*

87 Gabrielle Lafarge, "Alors, heureuse?", *Grazia* (2017. 11. 17).

멋을 내어 유혹하고 싶은 욕망과 관능적 매력을 놓지 않는 여성들이 있는가 하면 간소한 머리 모양으로 포기를 표시하는 '포기하는' 여성들이 있다. 우리는 여기서 흰머리가 모든 속박에서 벗어나 자신의 욕망을 마음껏 발산하는 마녀나 마녀집회라는 망령을 되살아나게 한다고 추정할 수 있다.

몇 년 전 한 잡지는 '관리한 머리'를 강조한 바 있다.

"머리 모양이 뚜렷하고 잘 관리한 모발로 된 반백은 예쁘다. 반드시 짧지 않아도 된다. 곱슬곱슬 컬이 된 머리는 제멋대로 자연스럽다."[88]

비의秘義적 작품을 쓰는 미국 작가 주디카 일즈는 "헝클어지고 말을 듣지 않는, 손질하기 어려운 뻣뻣한 모발은 마녀를 가리키는 듯하다. 마녀의 머리칼은 아무리 관리하려 해도 머플러 사이로 삐져나온다. 혹은 꽁지머리로 묶어도 그대로 있지 않는다"[89]고 했다. 영화 〈이스트윅의 마녀들〉에서 수전 서랜든이 분한 제인 스포퍼드가 마침내 자신의 힘과 욕망을 기꺼이 받아들일 때, 이전에는 한 갈래로 단단히 묶고 있던 머리를 풀어 숱 많은 곱슬곱슬한 붉은 머리를 늘어트린다.

모발의 색깔과 꾸밈없음 때문에 눈에 띄는, 손질하지 않은 백발의 여가수 패티 스미스의 경우 여성에게 기대하는 섬세함,

88   Valentine Pétry, ˝La couleur de l'argent…˝, *L'Express Styles*(2014. 3. 19).

89   Judika Illes, *The Weiser Field Guide to Witches, op. cit.*

꾸밈, 예쁨을 드러내는 데는 조금도 관심을 두지 않고 오직 자기 예술의 실현에 몰두한다. 그녀야말로 현대판 마녀인 것이다. 2008년 《뉴욕타임즈》는 이 살아 있는 록의 전설에게 왜 헤어 린스를 사용하지 않느냐고 묻지 않을 수 없었다.[90] 그러고 보면 독신 여성에게 따라붙는 '청승맞다'는 수식어가 사실 '위험하다'는 의미인 것과 마찬가지로 관리하지 않은 머리나 옷차림을 서술하는 '아무렇게나'라는 말은 사실 '해방되다', '통제할 수 없다'는 뜻이 아닐까?

'사랑에 빠진 노파들'에 대한 묘사에서 에라스무스는 이렇게 덧붙인다.

"그래서 늙은 암염소들은 젊은 숫염소에게 달려간다. 그리하여 아도니스[그리스신화에 나오는 미소년]를 발견하면 그녀들은 그가 느낄 혐오감과 피곤함에 넉넉한 대가를 지불한다."[91]

오늘날에도 여전히 마흔 살이 넘는 이름난 여성이 훨씬 연하의 애인을 사귈 때는, 그녀가 아무리 앞서 묘사한 노파들과는 상당히 차이가 있는 모습이어도 대중지는 이 관계를 설명하며 분명 지골로gigolo[여성 파트너에게 지속적 지원을 받는 남성이나 사회적 동반자를 뜻하는 말] 관계임을 넌지시 암시하는 어휘를 사용한다. 보통 샤론 스톤, 데미 무어, 로빈 라이트, 마돈나의 젊은 애인을 가리

---

90   Sheila, "Patti Smith forced to explain her hair to NYT", Gawker.
      com(2008. 7. 11).

91   Claudine Sagaert가 *Histoire de la laideur féminine*, *op. cit.*에서 인용.

켜 토이보이(장난감)라고들 한다. 열여섯 살 더 많은 데미 무어와 결혼한 애쉬튼 커쳐는 실제로 '토이보이'〔원제는 'Spread'(2009)〕라는 제목의 영화에서 조롱을 받기도 했다. 그렇지만 나이 많은 유명 남성들의 젊은 애인들을 적어도 공개적으로는 돈에 매수되었다고 비난하지 않는다. 게다가 이 남성들은 같은 부류 여성들이 젊음을 유지하기 위해 많은 수고를 들이는 만큼 애를 쓰지도 않는다.

여배우 모니카 벨루치가 쉰한 살의 나이에 믹 재거처럼 나이 든 남성들이 내뿜는 힘은 어딘가 '매우 에로틱한' 데가 있다고 했을 때 주간지 《파리마치》는 믿을 수 없다는 듯 호들갑을 떨었다.

"그렇다면 당신은 여전히 스무 살 때와 똑같이 욕망을 느낀다고 추정해도 될까요?"[92]

이 단순한 추측만으로도 세상은 바닥부터 흔들린다. 지배적 규범이 여성은 최대 마흔다섯 살이 넘으면 더 이상 매력적이지 않다고 판정하기 때문에 순진하게도 마흔다섯 살 이후에는 여성의 리비도libido가 사라진다고 추정한다. 이건 결국 욕망을 불어넣어 주는 자들에 대해 그녀들이 느끼는 욕망을 꺾는 셈이다. 즉 이러한 복화술의 에로티즘은 여전히 여성의 주체성을 제거한다. 이는 또한 왜 나이든 여성들의 성욕이 끈질기게 금기 사항

---

92   Dany Jucaud, "Monica Bellucci : 'Quelque chose d'érotique chez les hommes d'expérience'", *Paris Match* (2016. 9. 7).

이 되는지 설명해주기도 한다. 그러므로 실비 브뤼넬은 고故 장 도르메송[프랑스 작가이자 철학자(1925~2017)]이 허세를 부리는 것처럼 모나 오주프[프랑스 여성 철학자, 사학자, 작가(1931~)]가 자신의 왕성한 성적 욕망이 변함없이 그대로라고 자랑하는 모습은 상상하기 어렵다고 지적한다. 일찍이 수전 손택은, "생물학적 이유가 아니라 문화가 그녀들을 뒤떨어지게 하는 것으로" 일반적으로 여성이 남성보다 성적 성숙이 늦다고 생각하는 것은 옳지 않다고 지적했다.

"남성들에게 제공되는 성욕 배출구가 없는 여성들이 성적으로 억압하는 요소들을 걷어내는 데는 그 모든 시간이 필요하다. 이제 성적으로 매력적이지 않다며 실격하는 나이가 되는 바로 그때가 성적 관점에서 그녀들이 성숙해지는 시기다. 노화에 대한 '이중 잣대, 이중 저울'로 인해 여성은 성생활에서 최고의 시기가 될 수 있을 이 나이, 즉 서른다섯 살에서 쉰 살 사이의 시간을 박탈당한다."[93]

2000년, 포르투갈에서 전직 파출부였던 마리아 이본느 카르발로 핀토 드 수사 모레[Maria Ivone Carvalho Pinto de Sousa Morais]는 리스본 행정법원에 고발장을 제출했다. 5년 전 그녀 나이 쉰 살이었을 때 수술을 잘못 받아 앉고 걷는 게 힘들어졌고 극심한 고통을 겪고 있으며 성생활을 불가능하게 하는 산과産科 관련 문제도 생

---

93   Susan Sontag, "The double standard of aging", art. cit.

겼다. 법원은 그녀 손을 들어주고 피해보상을 명했다. 그러나 다음해 대법원은 승인되었던 이 보상을 축소했다. 재심의 논거는 다음과 같았다.

"원고에게 야기된 모든 손해를 검토한 결과, 우리는 배상으로 승인된 할당이 지나치게 많다고 생각하는 바다. 고소인이 가사를 꾸려나갈 능력을 모두 상실했다는 주장은 사실 확실하지 않으며 (⋯) 그리고 자녀들의 나이를 고려할 때 그녀는 이제 남편만 돌보면 되는 것으로 보인다. 고로 풀타임 가사 도우미의 필요성은 배제된다. (⋯) 게다가 수술 당시 고소인은 이미 50세였고, 두 자녀를 낳았으며, 이 나이에는 섹스가 젊을 때만큼 중요하지 않을뿐더러 그 관심도 나이를 먹으면서 감소한다는 것을 잊어서는 안 된다."

2017년 여름, 유럽인권재판소는 마침내 원고의 주장이 옳다고 인정했다. 7명의 재판관 중 룩셈부르크와 슬로베니아 대표인 2명이 반대 의견이었는데 이들 둘과 각각 우크라이나와 루마니아 대표인 두 여성 재판관들 사이에 첨예한 대립이 있었다.[94]

---

94   Sylvie Braibant, "Quand la justice européenne doit réaffirmer le droit des femmes de plus de cinquante ans à une sexualité épanouie", *Terriennes*, TV5Monde(2017. 8. 10), http://information.tv5monde.com.

"우린 서로 열렬히 사랑했어요. 난 그렇게 육체적이고 강렬한 열정을 체험한 적이 거의 없었어요. 우린 만나기만하면 말 그대로 서로를 탐욕스레 흡입했어요. 문밖에 나가지 않고 며칠이고 그렇게 함께 있을 수 있었죠…."

영화 〈오로르〉에서 가사 도우미가 된 여주인공은 자율적으로 운영하는 여성 양로원에 취직해서 일한다. 영화에서 언급되진 않았지만 이 바바야가 양로원Maison des Babayagas은 2012년 테레즈 클레르크〔프랑스 페미니스트 활동가로 1970년대에 자신의 아파트에서 무료로 불법 낙태시술을 하기도 했다(1927~2016)〕가 설립해 문을 열었다. 사적 관계에서 많은 거절과 실망을 경험한 그녀는 어느 날 바닥청소를 하다가 더는 참지 못하고 울음을 터트린다. 바바야가 양로원에서 실제로 생활하는 거주자(촬영 후 얼마 지나지 않아 사망한다)가 분한 영화 속 양로원 거주자 아르기로 바르디, 일명 이로는그녀를 위로하며 용기를 준다. 그러고 나서 둘은 긴 대화를 이어간다. 일흔 살이 넘은 노파는 대화 중에 그녀에게 사랑의 추억을들려준다.

"그게 언제였나요?"

오로르는 꿈꾸듯 묻는다. 그녀와 마찬가지로 우리들 역시 노파가 젊은 날의 추억을 이야기하리라 짐작한다. 하지만 대답은다음과 같았다.

"3년 전엔 정말 행복했지! 그런데 삶이 우릴 갈라놓았어."

노파의 대답이 얼마나 기분 좋은 뜻밖의 선물이었는지 그녀 얼굴에서 읽을 수 있다. 일을 마치고 밖에 나온 그녀는 비 오는 길에서 우산으로 몸을 가리며 혼자 살며시 웃는다. 지금껏 거듭해서 거부에 거부를 당해왔고 끊임없이 자신을 폄훼하는 많은 편견에 부딪쳐온 그녀는 자신도 모르게 어느새 숨겨진 문 하나를 열었고 다른 법칙들, 즉 환상, 자유, 그리고 존재할 것이라곤 짐작도 못했던 관대함이 지배하는 세계를 발견한다.

양성애자인 테레즈 클레르크는 2006년 영화 감독 장-뤽 레이노Jean-Luc Raynaud와 함께 〈늙는 기술L'Art de vieillir〉이라는 놀라운 영화를 촬영했다. 3년이 지난 뒤 그녀는 영화에 대해 이렇게 설명했다.

"그 영화는 고급스런 음담패설 같은 거였죠. 지난주 우리는 고등학생들에게 영화를 보여줬는데 그들은 한 대 얻어맞은 듯 충격적인 표정이었어요. 그래서 '여러분, 그 정도로 충격인가요?' 하고 물었어요. 그들은 영화에서 아무것도 얻지 못한 듯했어요. 반면 나이든 사람들은 매우 만족스러워했어요."[95]

테레즈 클레르크는 카미유 뒤셀리에의 영화 〈마녀들, 나의 자매들이여Sorcières, mes sœurs〉에도 출연해 카메라 앞에서 자위행

---

95   Catherine Achin and Juliette Rennes, "La vieillesse : une identité politique subversive. interview with Thérèse Clerc", *Mouvements*, no. 59, dossier "La tyrannie de l'âge"(2009).

위를 한다. 때는 2010년이었고 당시 그녀 나이 여든세 살이었다. 그녀는 자신의 성욕을, 생명의 힘을 태연하게 드러내 보였다. 뿐만 아니라 카메라를 고정한 채 찍은 그녀 얼굴이 화면을 가득 채웠는데 그 아름다움은 놀라울 정도였다. 그녀는 너무 오랜 세월 말과 표현을 독점했던 사제 집단과 화가들, 여성을 혐오하는 엉터리 문인들이 강요해온 모든 여성혐오 이미지를 무의미한 것으로 만들었다.

그녀는 낮은 목소리로 "마녀가 된다는 것은 법을 뒤집는 거예요. 다른 법을 만들어내는 거죠" 라고 말한다.

폴 마주르스키 감독의 영화 〈독신녀 에리카〉의 여주인공도 예정된 노화의 세계에 숨어 있던 하나의 문을 찾아낸다. 남편이 스물여섯 살 애인과 함께 떠나버린 후 망연자실했던 에리카는 점점 기운을 되찾아 다시 데이트를 하고 대담해진다.

오로지 남편하고만 잠자리를 했던 그녀는 감정 없는 섹스를 해보기로 결심하고 나서 우연히 열정적 사랑을 만난다. 자신이 일하는 갤러리에서 영국 배우 앨런 베이츠가 분한 자유분방하고 신비로운 분위기의 화가 사울을 알게 된 것이다. 그리하여 연인이 된 둘은 매혹적인 사랑의 춤을 시작한다. 에리카로 분한 질 클레이버그가 1978년 칸 영화제에서 연기상을 수상한 건 우연이 아니다.

그들은 사랑놀이를 하는데 상대방 주변을 맴돌며 장난을 치고 서로 포옹하거나 투닥거리기도 한다. 여러 장면에서 그들은 서로 팽팽하게 맞서는 것처럼 보인다. 그러던 어느 날 은근히 이어지던 갈등이 밖으로 터지고 둘의 관계가 불발로 끝나버릴 것 같은 순간들이 온다. 그러나 그럴 때마다 마지막 순간 관계를 회복한다. 하나의 눈빛, 하나의 장난, 하나의 미소만으로도 그들은 다시 잘 통하는 사이가 되었으며, 그들의 관계가 깨지는 건 불가항력으로 보였다. 말싸움 끝에 에리카가 "남자들이란, 참!" 하고 소리를 지른다. 사울도 즉시 "여자들이란, 참!" 하고 응수한다.

그들은 남녀의 상투적 역할에 도사린 함정과 무거운 짐을 장애물을 넘는 높이뛰기 선수처럼 뛰어넘도록 해주는 유연함을 함께 찾아내고 그 유연함을 통해 자신들이 처한 상황을 극복한다. 예를 들어 에리카가 저녁 식사 때 사울을 자신의 사춘기 딸에게 소개하는 식이다. 이에 비하면 에리카를 버리고 더 젊은 아내와 다시 시작하는 마틴 커플은 급격히 평범하고 초라하고 편협한 인상을 주게 된다. 남편이 떠난 것 자체는 에리카에게 가장 큰 상처고 모욕이었으며 에리카는 세상이 끝난 것처럼 느꼈는데 결국 그것이 그녀에게 부활의 기회를 제공한 것이다.

간혹 몇몇 사람들이 주장하듯 수많은 영화 각본들이 드러내는 섬키벌ㄱ의세 밎시 싸누러빈 그저 정교도적이고 설득력이 떨어지는 권태로운 영화를 만들 수밖에 없다는 건 매우 상상력이 부족한 이야기다. 뿐만 아니라 영화 〈독신녀 에리카〉가 보여주는 영화의 주요한 일면을 알지 못하는 것이기도 하다.

가부장제 규범의 파국을 그리는 이와는 완전히 다른 장르의 영화가 있다. 할리우드 고전에 속하는 조지프 맹커비츠 감독의 〈이브의 모든 것〉이 그런 영화다. 베티 데이비스가 분한 마고 체닝은 뉴욕 연극무대에서 이름을 떨치는 여성 희극배우로 재기 넘치고 열정적이지만 다소 비아냥거리는 성격이다. 명성이 정점에 이르렀을 때 그녀는 연극에 열정을 가진 젊은 이브 해링턴을 알게 되고 그녀를 후견인처럼 도와주며 자신의 친목 모임에도 소개한다. 그러나 곧 자신의 실수를 깨닫는다. 마고를 동경하는 이브는 겸손하고 위축되어 보이지만 배은망덕한 면을 감추고 있다. 그녀는 마고에게서 모든 것을 빼앗기로 하고 그녀의 배역과 역시 배우인 그녀의 애인 빌 샘슨까지 빼앗기로 작심한다.[96]

반면 마고는 불안정한 상태다. 막 마흔 살이 된 그녀는 배우로서의 인기가 쇠퇴할 것을 두려워한다. 게다가 끔찍이 사랑하는 빌은 그녀보다 여덟 살이나 연하다. 이후 전개될 이야기는 이미 다 정해진 듯하다. 이브는 배우로서 뛰어난 재능을 인정받고 생기발랄했지만 마고는 기운을 잃어가는 중이었다. 그녀가 승리를 차지하고 마고는 폐기 처분되는 게 사물의 질서로 보인다. 더욱이 젊은 이브는 한 인터뷰에서 거의 정제되지 않은 언어로 거침없이 이런 야심을 드러낸다. 이브와 빌이 커플이 되면 훨씬 더 희망으로 가득찬 전형적 커플이 되고 대중과 미디어의 관심을

---

96 몇몇 측면에서 볼 때 영화는 페미니스트적이다. 그렇지만 여성의 경쟁이라는 클리셰를 이용한다는 점에서 영화는 여전히 충분히 전통적인 것으로 남아 있다.

사로잡을 수 있을 것이다.

이런 미래의 전망에 기겁한 마고는 공포심을 감출 수가 없다. 그녀는 괴로움에 빠져 술을 마신다. 만취한 상태에서 화를 내며 소란을 피우고 질투심에 어쩌지 못해 빌을 괴롭힌다. 이런 식으로 그녀는 자신이 피하고 싶어 하는 불행을 향해 달려가는 것처럼 보였다. 이렇게 시달릴수록 빌 역시 한시바삐 친절한 이브 품속에 피신하고 싶어질 테니. 그러는 동안 그는 그녀를 진정시키려 애쓰고 사랑을 맹세하지만 그녀의 불안감을 잠재우지는 못한다. 그는 마고가 망상에 빠졌다고 비난하는데 이는 일부만 사실이었다. 왜냐하면 그녀의 경쟁자 이브는 정말 가차없는 공격을 시도한 데다 이 공격을 성공시킬 변수들이 다 집결한 듯 보였기 때문이다.

매우 드문 일이지만 평온한 마음을 되찾은 순간 마고는 한 친구에게 "있는 힘을 다해 절규하며 낭떠러지로 뛰어들도록" 스스로를 몰아가는 자신의 극단적 성격을 한탄하며 속내를 털어놓는다. 그녀는 "매우 젊고 여성적이고 방어력이 없는" 이브와의 만남에서 자신이 과도한 반응을 보였다고 인정한다. 그러면서 사실 그런 이브의 모습은 자신이 애인의 마음을 얻기 위해 그토록 갖고 싶어 했던 모습이라고 말한다. 요컨대 마녀 '메가이라'가 온순하고 순진무구해 보이는 젊은 여성과 싸워 이기는 건 불가능한 일인 듯했다.

마고는 빌과 자신의 애정 관계가 사회의 굳건한 법칙들보다 더 강하다는 걸 믿지 않는다. 환상을 품기 두려웠기 때문이다. 그런데 빌은 자기 품으로 달려드는 이브를 비웃으며 경멸의 태도로 밀쳐낸다. 그는 다시 마고와 만나고 그녀는 마침내 그의 청혼을 받아들인다. 이브는 꿈꾸던 무대 위에서 완벽한 성공을 거두지만 그녀의 선배 마고가 추락하는 일 따위는 일어나지 않는다.

삶에서는 가끔 편견이 빗나가는 일이 벌어지기도 한다. 그다지 인습에 따르지 않았던 콜레트〔프랑스 작가(1873~1954)〕조차 여성의 노화는 돌이킬 수 없는 쇠퇴이며, 그녀들을 혐오스런 존재로 만든다는 생각을 받아들였던 듯하다. 그녀의 소설 《셰리》(1920)와 《셰리의 종말》(1926)은 50대에 이른 레아와 젊은 남성의 관계를 이야기한다. 둘이 몇 년을 함께 지낸 뒤, 그는 여전히 그녀를 사랑하면서도 젊은 여성과 결혼하기 위해 떠나고 이들의 관계는 불행하게 끝이 난다. 헤어지고 5년이 지났을 때 셰리는 불쑥 레아의 집을 찾아간다. 그는 여전히 그녀를 잊을 수 없다. 그러나 다시 만났을 때 그녀의 변한 모습에 큰 충격을 받는다.

"한 여성이 등을 보인 채 글을 쓰고 있다. 셰리의 시선이 어머니처럼 머리를 자른, 숱 많은 반백 머리 아래 우툴두툴 주름진 목덜미, 넓은 등으로 향한다.

'이런! 레아 혼자 있는 게 아니군! 저 하녀는 대체 누구지?'

(…)

반백 머리의 부인이 뒤를 돌아보았을 때 파란 눈의 셰리는 충격으로 얼굴이 굳어진다."

노화는 여성의 정체성을 앗아가고 그녀들의 실체를 없애는 힘을 갖고 있다. 말하자면 노화로 인해 예전의 레아는 성별을 알 수 없는 정체불명의 존재로 바뀌고 말았다.

"그녀가 흉측했던 건 아니다. 다만 신체의 모든 부분이 풍만하게 부풀고 넓어졌다. (…) 무늬 없는 치마와 레이스 달린 속옷 위에 걸치고 있는 밋밋한 긴 상의는 필연적인 여성성의 소실과 포기를 말하고 있었다. 성별 없음의 표시."

그녀와 짧게 이야기를 나누는 동안 그는 속으로 애원한다.

'다 그만둬! 다시 나타나줘! 이 우스꽝스런 분장을 벗어버려! 당신은 그 모습 아래 어딘가에 있는 게 분명해. 왜냐면 난 당신이 말하는 걸 듣고 있거든!'[97]

몇 주 뒤 셰리는 젊은 시절 레아의 사진들을 깔아놓은 방에서 자살한다.

물론 레아의 새로운 외모가 드러내는 비극은 여성 노화나 버림받은 사실 때문이 아니라고 생각할 수도 있다. 그리고 그녀의 변해버린 외모가 무엇보다도 젊은 남성이 그녀를 떠나면서 저지른 실수를 그에게 드러내준다고 생각할 수도 있다. 그는 재산 때문에 실혼을 냈는데 그가 좀 더 용기 있고 덜 파렴치했다면 그의 애인은 그런 방식으로 늙지 않았을 테니. 그녀를 그렇게 변하게 만든 건 단순히 나이가 아니라 고통과 실망이었다. 그들이 재

---

97   Colette, *La Fin de Chéri*(1926), GF-Flammarion, Paris(1983).

회한 불행하고 짧았던 날부터 자살에 이르기까지 방황하는 몇 주 동안 셰리는 한편으로 안타까워하며 자신의 잘못으로 잃어버린 그 모든 돌이킬 수 없는 시간을 생각한다.

'내가 그녀를 떠나지 않았다면 그 3, 4년은 행복의 시간이었겠지. 사랑으로 예약된 몇백 일, 몇백 번의 밤과 낮…'

그런데 두 소설이 시작부터 늙은 여성의 모습이 불러일으키는 끔찍함, 혐오를 묘사하는 데 집중한 것은 사실이다. 그녀가 버림받기 전, 두 사람의 관계가 마지막으로 치달을 무렵 레아는 목주름을 감추기 위해 아침마다 셰리가 잠에서 깨기 전 공들여 진주 목걸이를 했다. 공허한 눈빛을 한 어느 젊은 남성에게 버림받은, 우스꽝스럽고 추하게 생긴 주변의 한 중년 부인, 잘난 체하는 이 중년 부인과 마주칠 때마다 레아는 자신의 미래라고 느꼈다. 친절한 사람이라고는 없는 잔인하고 피상적인 사교계에서 늙음은 용서받지 못할 나약함의 표시였다.

어찌 되었든 실제 콜레트의 인생에서는 노화 문제가 그렇게 비극적이지 않았던 것 같다. 쉰을 목전에 두고 그녀는 남편[프랑스 철학자, 정치경제학자, 미래학자로 프랑스 정치가이자 저널리스트였던 콜레트의 두 번째 남편 앙리 드 주브넬(1876~1935)]의 아들이었던 열일곱 살의 베르트랑 드 주브넬(1903~1987)과 연인 관계가 된다. 이어서 쉰두 살에 모리스 구드케[프랑스 작가(1889~1977)]를 만나는데 그는 당시 서른여섯 살이었고, 이후 그녀의 세 번째 남편이 된다. 이 커플은 1954년 콜레트가 여든하나의 나이로 세상을 떠날 때까지 함께 살았다.[98] 요컨대 나이들고 늙은 레아는 여성의 정체성을 잃어버린 반면 그녀를 만들어낸 작가 자신은 사랑받을 만한 모든 요소를 한가득 갖추고 살았다.

한편 콜레트의 젊은 시절만큼이나 노년의 사진들이 많이 남아 있는데 그 사진들도 그렇게 매력이 없지는 않다. 사진 속 그녀는 팔레 루아얄 정원 쪽으로 창문이 열려 있는 파리의 아파트 침대에서 고양이들에게 둘러싸여 글을 쓰고 있다. 그녀는 자신을 짓누르는 많은 신체적 고통에도 아랑곳없이 삶이 제공하는 것 모두를 여전히 향유하고 있다.

오늘날 여성들이 유리한 물질적 조건에서 건강하게 늙을 가능성은 대부분 남성 평균 연금의 42% 이하인 그녀들의 연금 수준에 달려 있다. 이는 여성들이 더 많이 시간제로 일한다는 사실, 자녀들을 기르기 위해 직장을 관두는 건 그녀들이라는 사실, 언제나 '어머니 천장'에 부딪친다는 사실로 설명할 수 있다.[99] 그러니 이 객관적 불평등에 다른 불평등을 덧붙일 필요는 없다. 다시 말해 나이가 그녀들 존재가치를 떨어트린다고 생각하게 하는 편견이란 불평등을 덧붙일 필요가 없는 것이다. 사회의 편견과 고정관념이 지닌 힘은 사기를 떨어트리는 집요한 무언가를

---

98 Claude Benoit, "L'art de 'bien vieillir' chez deux grandes femmes de lettres : George Sand and Colette", *Gérontologie et société*, vol. 28, no. 114(2005).

99 "Les inégalités face aux retraites", Inegalites.fr(2013. 9. 5).

내포한다. 그런데 그 힘은 또한 하나의 기회, 새로운 길로 나아갈 가능성을 제공하기도 한다. 그래서 남들 때문에 낭비하는 일 없이 누가 그럴 준비가 되어 있는지 관찰하고, 대담함과 모험과 창조의 즐거움을 맛볼 기회를 준다. 그 힘, 편견과 고정관념의 힘은 용어의 기본적 의미에서 자신이 우상 파괴주의자임을 드러내도록 한다. 다시 말해 구습의 이미지들과 그것들이 퍼뜨리는 불행을 파기하도록 이끄는 것이다.

수전 손택은 1972년 자신이 쓴 기사를 이렇게 마무리했다.

"여성들에게는 또 다른 선택 사항이 있다. 그녀들은 지혜롭기를 바랄 수 있다, 단지 친절한 것만이 아니라. 그녀들은 능력이 있기를 바랄 수 있다, 단지 유용한 것만이 아니라. 그녀들은 강함을 바랄 수 있다, 단지 귀여운 것만이 아니라. 그녀들은 자신을 위해 야망을 가질 수 있다, 단지 자신을 위해 남편과 자녀들과의 관계만 맺는 게 아니라. 그녀들은 자연스럽게 수치심 없이 자신이 늙어가게 내버려둘 수 있다, 나이에 대한 사회의 '이중 잣대, 이중 저울'에서 생겨난 규범들에 대항해 적극적으로 이의를 제기하고 그에 불복종하면서. 되도록이면 오랫동안 소녀로 있다가 굴욕을 느끼는 중년 여성이 되고, 이어 혐오스런 늙은 여성이 되는 소녀에 머무는 게 아니라 훨씬 더 빨리 여성이 되고, 활동적 성인으로서 되도록이면 더 오랫동안 연애를 할 수 있다. 여성들에게 자신의 얼굴이 살아온 삶을 말하도록 해야 한다. 여성들은 진실을 말해야 한다."

거의 반세기가 지난 지금도 이 슬로건은 건재하며, 원하는 여성이면 누구나 자기 삶의 모토로 삼을 수 있다.

4장

세상을 정복하라

자연과의 전쟁, 여성과의 전쟁

여러 측면에서 나는 어리석다. 나는 늘 매사에 바보 같은 질문을 하거나 주어진 질문에 완전히 빗나간 대답을 하곤 한다. 또는 터무니없는 설명을 하기도 한다. 나는 매번 사건의 여자가 된다. 때론 나를 바라보는 의심에 찬 시선을 알아차리고 그 사람이 무슨 생각을 하는지 가늠해보기도 한다. "아니, 저 여자는 책을 쓰는 사람 같은데…" 또는 "이야! 《르 몽드 디플로마티크》는 진짜 아무나 뽑는구나" 등이다. 그럴 때마다 나는 황당해하는 사람들 앞에서 비틀대다 공중활공을 하듯 땅바닥으로 고꾸라져 망신이라도 당한 것처럼 창피해한다. 하긴 나라는 사람은 이런 곡예 **또한** 거뜬히 해 보일 수 있는 인물이다.

나의 이런 측면을 전혀 통제할 수 없어서 괴롭다. 보통 말이 입에서 튀어 나가고 0.5초도 지나기 전에 나는 벌써 상대방(들)

이 느낄 황당함에 공감한다. 이미 너무 늦었다는 사실만 빼고. 나로서는 어쩔 수 없는 일이다. 잊을 만하면 사건을 터트리며 거의 45년 동안 이렇게 해오다 보니 이젠 이런 나를 받아들이고 사는 수밖에 없다는 결론에 이르렀다. 하지만 쉬운 일은 아니다.

한편으로 이런 실수는 아마도 개인적 성격과 관계있을 듯싶다. 나는 실용감각이 전혀 없는데 이는 심각한 경험 부족에 기인한다. 주의력이 없고 산만해서 보는 이들의 시선을 사로잡는 실수를 저지를 정도다. 이 부주의한 성격은 까먹고 안경을 쓰지 않았을 때 더 배가된다. 안개가 낀 시야는 나의 흐리멍덩한 머리를 평소보다 더 악화시키는 듯하다. 나는 수줍은 성격 때문에 쉽사리 허둥대고 상황에 적절한 반응을 하지 못한다.

나의 전체적 역량은 즉흥적일 때보다는 최대한 거리를 두고 물러서서 상황의 요소들을 파악하고 분석할 때 더 잘 발휘된다. 쉽게 말해서 나는 두뇌 회전이 느린 사람이다. 그러나 나는 나의 아둔함에도 어떤 강점이 있다고 생각한다. 나는 충동적이고 감정적이며 때로는 순진하다. 나는 걸어 다니는 성차별적 고정관념이고, 누구보다 경솔한 사람이며, 비이성적 여성의 전형이다. 고등학교 때는 과학 때문에 낙제도 할 뻔할 정도로 대체로 여성들이 형편없는 실력을 보인다고 정평이 나 있는 모든 영역에서 예외 없이 무능하다. 방향감각도 매우 둔하다. 운전면허증이 있었다면 나는 형편없는 서비스를 제공하고 돈을 버는 엉터리 정비사한테 노상 이용당했을 사람이다. 그러니 면허증이 없는 걸

하느님께 감사한다. 직장생활에서 경제학과 지정학, 즉 권력의 수단에 가장 가까운 남성의 두 아성에 대해 말하면 나와 이 두 분야는 상호 강한 불신의 관계에 있다.

두뇌란 불변의 자질이 아니며, 우리가 어떤 상황에 있는지, 함께 있는 사람들이 누구인지에 따라 눈에 띄는 변이를 보일 수 있다는 것을 이해하기까지 내겐 시간이 필요했다. 우리가 속한 상황들이나 우리와 함께 있는 사람들은 우리 자신의 매우 다양한 부분들을 끌어내거나 드러나게 할 수 있다. 또한 우리의 지적 능력을 촉진하거나 혹은 정지시킬 수 있는 힘을 지닌다.

그런데 사회는 애초부터 남녀에게 다른 능력을 요구하는 분야들, 능력의 가치 매김이 매우 다른 분야를 배당한다. 그 결과 여성은 대체로 형편없는 상황에 있다. 명망이 높은 분야, 정말로 중요하다고 여기는 분야에서 그녀들은 당연히 능력 부족이라는 평가를 받는다. 대신에 사회에서 등한시되고 무시받거나 때로는 정말로 보이지 않는 분야에서 능력을 개발한다. 자신감 또한 부족하다. 이런 우리의 무가치는 우리 스스로 내린 예단이다.

나는 때론 무지로 인해 아무 말이나 하기도 하지만 때론 나의 뇌가 경직되거나 나의 신경세포들이 찌르레기 떼가 날아가듯 사방으로 흩어져 집중하지 못해서 그러기도 한다. 나는 이런 악순환에 갇혀 있다. 말하자면 상대의 거만함이나 무시를 느끼면 그가 그럴 만하다는 걸 확인이라도 해주듯 그 앞에서 터무니없는 말을 한다. 문제의 상대는 동료 기자일 수도, 세탁기 수리

기사일 수도 있다. 예를 들면 수리 기사는 도착하자마자 기계의 상태에 대해 묻고 대답을 듣기도 전에 퉁명하고 조급한 어조로 질문을 반복한다. 마치 앞에 있는 사람이 그렇게 똑똑하지 않음을 잘 안다는 듯이. 사실은 평소와는 달리 한 번은 적절한 대답을 할 준비가 되어 있었다.

성차별은 사회계층의 모든 측면에서 표면화된다. 그리하여 감미로운 입체음향으로 시도 때도 없이 당신이 얼마나 나약한지 상기시킨다. 상황이 이렇다 보니 나는 노년을 잘 준비할 필요가 있다. 여성보다 더 멍청한 존재는 바로 나이든 여성이 유일하기 때문이다. 신시아 리치가 바바라 맥도날드와 함께 컴퓨터 백화점에 갔을 때 겪은 일화는 이런 차별을 보여준다. 바바라 맥도날드가 점원에게 질문을 했는데 그는 **그녀**, 신시아 리치를 보면서 설명했다고 한다. 그때 그녀는 40대였고 맥도날드는 60대였다.[1]

남성 학자, 종교인, 의사, 정치인, 철학자, 작가, 예술가, 혁명가, 연예인 들은 여성의 지적 무능력은 손쓸 수 없으며, 타고난 어리석음이라고 온갖 방법으로 끈질기게 말했다. 필요하면 이런 것들이 여성의 신체적 결핍에 기인한다는 터무니없는 졸속 논고를 들이대며 정당화하기도 한다. 이런 상황에서 우리 여성들이 억눌림을 느끼지 않는다면 그야말로 놀라운 일 아닐까?

---

1   "Cynthia's introduction", in Barbara Macdonald(with Cynthia Rich), *Look me in the Eye, op. cit.*

미국 작가 수전 그리핀은 여성에 대한 담론을 시대에 따라 요약하는데 다음 부분이 매우 인상적이다.

> 여성의 뇌에 결함이 있음은 분명하다. 여성 두뇌의 섬유질이 약하다는 것도, 생리 때문에 뇌에 피 공급이 줄어든다는 것도.
>
> 일반적으로 모든 추상적 지식, 딱딱한 지식은 남성의 견고하고 근면한 정신에 넘겨야 한다는 경고가 있다. 이러한 이유로 "여성들은 결코 기하학을 배우지 말아야 한다"고 덧붙이고 있다.
>
> 여성에게 산술을 가르칠지 여부를 가리기 위해 논쟁을 하며, 망원경을 소유한 여성에게는 그것을 없애버리고 "달에서 무슨 일이 일어나는지 알려고 하지 마라"고 충고한다.[2]

'견고하고 근면한 정신'에 관한 고찰과 기하학 학습 금지는 임마누엘 칸트에게서 비롯한 반면, 망원경 박탈은 몰리에르의 《학식을 뽐내는 여인들》(1672)에서 필라맹트를 향한 크리잘의 대사에서 나온 것이다.

---

2   Susan Griffin, *Woman and Nature. The Roaring Inside Her*(1978), The Women's Press Ltd, Londres(1984).

"당신은 이 쓸데없는 가구를 모두 불태워야 할 거요. 학문은 도시의 박사들에게 맡기고 집 안의 다락방에 폼으로 놓아둔 것들을 없애시오. 사람들을 겁주는 그 기다란 안경에다 걸리적거리는 하찮은 물건들 말이오. 달에서 무슨 일이 일어나는지 조금도 궁금해하지 말고 집에서 무슨 일이 일어나는지나 신경써야 할 거요."

이 두 인용문이 동일한 의미를 갖지는 않는다. 두 번째 것은 등장인물이 하는 말이기 때문이다. 여기서 몰리에르의 여성혐오를 다시 문제삼을 생각은 없다. 그렇다곤 해도 몇몇 이미지는 강한 생명력을 가진 것으로 보인다.

이런 책들을 읽던 무렵 나는 우연히 인터넷 쇼핑몰 사이트에 걸린 한 광고를 보게 되었다. 광고에서는 여성 뇌의 단면을 보여주었는데 거기엔 다음과 같은 생각들을 적어놓았다.

"천문학은 내 분야가 아니지. 하지만 이웃집 남자의 해부학은, 맞아…."

49.99유로짜리 망원경 판매를 위한 광고였다.[3]

이 전제들은 또한 레베카 솔닛의 유명한 기사 제목을 빌려 말하면, 왜 여성들은 고압적으로 거만한 남성들한테 자꾸 "인생에 대한 설명"을 듣는지 말해준다.[4] 이는 2008년 한 파티에 참석

---

3   Marine Le Breton, "Une pub de Cdiscount pour les soldes accusée de véhiculer un cliché sur les femmes et les sciences, HuffPost(2018. 1. 10).

했다가 그다음 날 작성한 기사다. 파티에서 그녀는 주최 측의 한 남성과 대화하는데 그는 자신들이 말하고 있던 주제를 다루는 책, 최근에 출간되었으며 《뉴욕타임즈》에서 요약한 내용을 읽었던 책에 대해 그녀에게 말한다. 자기 앞에 있는 사람이 바로 그 저자라고는 생각지도 못한 채. 그가 하도 자신 있게 말하는 바람에 듣고 있던 그녀도 한순간 자기 책과 똑같은 주제를 다루는 중요한 책의 출간을 놓쳤다고 믿을 참이었다. 그녀는 설명한다.

"거의 모든 여성이 이런 증후군으로 매일 전쟁을 치르며 여성 내면에서도 전쟁이 벌어진다. 나 자신은 더할 나위 없이 작은 존재이므로 입을 다물라는 자기 설득과의 전쟁이다. 작가로서 썩 괜찮은 경력을 쌓은 나조차 전쟁에서 완전히 자유롭지 못하다. 요컨대 잠시 동안이나마 나는 그 중요한 분의 과도한 자신감이 흔들리는 나의 자신감을 짓누르도록 허락하지 않았던가."

이튿날 아침 일어나자마자 그녀는 단숨에 기사를 작성했고 인터넷에 게재하자마자 그 글은 빠르게 퍼졌다.

"그 기사는 심금을 건드렸고 신경을 날카롭게 만들기도 했다."

그녀의 글에 헤아릴 수 없이 많은 사람들이 반응을 보였다. 그중 인디애나폴리스에 사는 꽤 나이든 남성도 있었는데 그는 사적으로든 직업적으로든 여성을 부당하게 대한 적이 없다는

---

4   Rebecca Solnit, *Ces hommes qui m'expliquent la vie* (2014), Céline Leroy, L'Olivier가 영어판을 번역한 "Les feux", Paris(2018).

메일을 보내 그녀가 정상적인 남성들을 사귀지 않은 사실과 쓰기 전에 조금 더 조사해보지 않은 사실을 질책했다.

"그러고 나서 앞으로 인생을 어떻게 살아야 할지 몇 가지 충고를 했고, 나의 '열등의식'에 관해 길게 잔소리를 늘어놓았다."

결국 우리는 자신을 보는 이 시선, 자신을 무가치하고 무능하게 보는 이 견해가 명백한 것인 양 받아들이고 만다. 길에서 상냥하고 선량한 관광객이 길을 물으면 나는 주저하며 다른 누군가에게 물어보는 편이 나을 거라고 대답한다. 그러나 보통은 그들이 돌아서서 멀어질 때 그 길을 아주 잘 가르쳐줄 수도 있었다는 걸 깨닫는다. '방향감각'이니 '경제'니 하는 용어가 머릿속에서 깜빡거리면 예전에 '수학'이라는 단어를 보면 그랬듯이 나는 기겁을 한다.

몇 년 전 프로방스대학 연구자들은 초등학생들을 두 그룹으로 나누어 매우 복잡한 기하학 도형을 기억해서 다시 그리게 했다. 두 그룹 중 한 그룹에는 '기하학' 연습이라고 했고, 다른 그룹에는 '데생' 연습이라고 했다. 첫 번째 그룹의 여자아이들은 남자아이들보다 못했다. 두 번째 그룹에서는 수학 공포에서 벗어나 자신이 잘못할 거라고 예단하지 않는 여자아이들이 남자아이들보다 훨씬 더 잘했다.[5]

---

5   "Les hommes et les femmes sont-ils égaux face aux mathématiques?", FranceTVInfo.fr(2013. 11. 29).

고등학교를 졸업할 무렵 나 또한 끝내 변하지 않을 것같이 나를 기죽이던 한계를 간단히 넘어설 기회를 갖게 되었다. 늘 봐 오던 거만한 카우보이 스타일과는 거리가 먼 여선생님이 한 분 계셨는데 그녀는 친절하면서도 인내심이 있었고 가르치는 데 열정적이었다. 나는 그녀 덕분에 스위스 대학 입학 자격시험 마튜리테를 2년 앞두고 수학을 잘하는 학생이 되었고 시험에서 우수한 점수를 받았다. 실수 없이 수학 시험을 치른 뒤 구두시험에서 약간 함정이 있는 질문에 정답을 말했을 때 그녀는 "브라보!" 하면서 환호를 질렀다. 25년 전이지만 나는 숫자로 뒤덮인 까만 칠판 앞에서 정말이지 내겐 일어날 법하지 않았던 칭찬을 받았던 이 일을 결코 잊을 수 없다. 그러니까 나의 바보짓은 숙명이 아니었다. 현기증이 난다. 참고로 이란의 마리암 미르자하니는 2014년 여성으로서는 처음으로 수학의 노벨상이라 불리는 필즈상을 수상했으며 그 3년 뒤 마흔한 살에 암으로 사망한다.

우수함을 무력화하는 여성이라는 성별

　　잘하지 못하는 과목이 있는가 하면 쉽게 여겨지는 과목들도 있어서 내가 자부심을 가질 수 있는 동기가 되었다. 고등학교 때 과학 때문에 낙제할 뻔도 했지만 마튜리테 시험에서는 그리스어 번역상을 받았다. 그런데 나는 그 과목들은 하위 분야라는 생각에 젖어 있었다. 마치 나의 위치가 멋진 멜로디를 들려주는 진정한 지식 세계 주변을 무한히 맴도는 이지적이고 얌전한 소위성과 같은 것이라고 하는 듯했다.

그러던 나는 차츰 일반적으로 인정되는 이 사실에 의문을 품기 시작했다. 지금도 나는 여전히 나의 몇몇 무능력한 면들이 안타깝다. 그러니 지식인들이 대개 그렇듯이 실생활 문제를 경시하리란 추측은 나와는 거리가 먼 이야기고 그 방면에 둔하다는 사실이 유감스러울 따름이다.

그러나 이런 문제들과는 별개로 나는 점점 지능 평가의 주요 표지들에 이의를 제기하는 용기를 갖게 되었다. 예를 들면 나는 여성 독자로서 《르 몽드 디플로마티크》를 매우 좋아했는데 그 잡지 속의 문학적이고 철학적인 글들, 시대와 사회를 바라보는 관점, 사회참여, 많은 지식인들의 기고, 정밀하고도 차별성 있는 도판 때문이었다. 나는 이 잡지에서 무척 마음에 드는 시적 저널리즘을 보았다.

《르 몽드 디플로마티크》에서 일을 시작했을 때 나는 많은 동료들이 숫자, 지도, 도표 등 나로서는 그때까지 그 존재를 거의 눈여겨보지 않았던 것들에 열정적인 모습을 보고 어리둥절했다. 그것들은 여전히 내게 난해한 영역으로 남아 있었을 뿐 아니라, 설령 아주 드물게 주의를 기울이고 노력해 이해의 섬광이 내 어두운 뇌를 비출 때도 내 앎의 욕구를 충족시켰다는 생각은 전혀 들지 않았다.

나는 그러한 정보의 유용성과 수준을 부정하지 않을뿐더러 우리 독자들 일부가 그 정보들을 매우 높이 평가한다는 사실도 부인하지 않는다. 그러나 또한 나와 비슷한 사람들, 그런 정보를 통해 세계를 이해하기보다는 그에 못지않게 풍부한 다른 방식을 선호하는 사람들도 존재한다. 처음엔 나의 이런 부분을 부끄러워했지만 이제는 받아들인다. 나이가 들면서 나는 지식 분야에서 나를 거만하게 내려다보는 사람들의 약점, 그들이 보지 못하는 사각지대, 그들의 한계들을 대체로 더 잘 알게 되었다. 그들에게는 자명한 것일지 몰라도 나는 적어도 속으로는 그들과 비교한 내 아둔함의 절댓값과 동시에 나와 비교한 그들 지능의 절댓값을 인정하지 않는다. 지능을 구분할 때 운 좋게 유리한 쪽에 서 있는 그들은 분명 이 미묘한 문제들에 마음을 쓰지 않을 것이다.

아마도 이것이 내가 책을 쓰는 이유일지 모른다. 말하자면 내가 능력을 발휘할 수 있는, 그러니까 그럴 수 있기를 바라는 영역을 스스로 만들어내기 위해, 때로는 채 구성되지도 확인되지도 않은 주제들을 수면 위로 떠오르게 하고 그 적절성과 타당성을 명확히 드러내기 위해 나는 글을 쓴다.

대학에서의 여성의 자리 문제에 대해 논할 때는 일반적으로 여성 교수들이나 여학생들 비율, 또는 몇몇 학과가 거의 남성 독점인 점을 언급한다. 그리고 남학생들과 남성 교수들의 성차별 혹은 화학과나 정보과학과를 선택하지 못하게 막는 여학생들 스스로의 자신감 결핍을 유감스러워한다. 그렇지만 교육 내용

자체에 대한 물음은 대체로 잊고 있는 듯하다.

젊은 여성이 대학에 들어간다는 사실은 아주 오래전 몇 세기에 걸쳐 그녀들에 반대해서가 아니라 그녀들 없이 구성해온 지식과 방법, 법전을 받아들인다는 함의를 지닌다는 사실을 간과하는 것이다. 이 문제를 지적한다면 당신은 즉시 본질주의자로 의심받으며 이런 말을 듣게 될 것이다.

"여성은 뇌가 다르고 학문에 접근하는 데 있어 '전형적으로 여성적' 방법을 갖고 있다는 뜻인가요? 여성이 자기 의견을 표현하고자 했다면 수학 공식들에 작은 하트 따위를 덧붙였을 거라는 말인가요?"

그런데 본질주의라는 비방은 뒤집을 수 있다. 그것은 바로 남성과 여성은 추상적 공간에 응축된 본질들로 구성되는 게 아니라 역사의 변천과 움직임에 따라 엮이는 관계 속에 있는 두 집단이기 때문이다. 그러므로 대학의 학문을 객관적인 것으로 간주하거나 절대적 가치를 부여할 수 없다.

흔히 정복자들이 역사를 쓴다는 말을 한다. 하지만 몇 년 전부터 해가 갈수록 매년 10월 '콜럼버스의 날'은 더욱 강력하게 공 니 역시 에 의의를 세시아는 날이 되고 있다. 이날은 이편의 용감한 탐험가들이 저편에는 잔인한 침입자들이었음을 상기시키고 '아메리카의 발견'이라는 표현에서 '발견'이라는 말 자체가 얼마나 문제를 야기하는지 지적하는 날이 되었다.

어떤 면에서는 여성 또한 역사 속의 패자이자 이 책이 상기시키듯 매우 폭력적인 역사의 패자들에 속한다. 왜 여성들만이 특정한 관점을 가질 권리가 없는 패자가 되었을까? 물론 여성이라는 것이 결코 단 하나의 관점을 결정짓게 하는 조건은 아닐 것이다. 페미니스트적 접근방식을 실행하는 남성 역사학자들이 있는가 하면 마녀사냥을 페미니스트적 의미로 해석하기를 거부하는 여성 역사학자들도 있을 수 있다. 그리고 식민지 개발의 이점을 찾아내는 식민지 피지배자들의 후손들이 있는가 하면, 노예 제도 문제에 전혀 관심이 없는 노예의 후손들도 있고, 이 두 문제에 깊은 관심을 갖고 있는 백인들도 있다. 그렇다고 해서 관련 그룹에 소속되는 것이 중요한 문제가 아니라고 주장할 수 있을까?

앞서 말했듯 남성들이 가르치고 배우는 교과로서의 역사를 썼다는 사실과 마녀사냥의 역사 기록 문제, 아니 그보다는 애초에 아예 역사로 다루지 않았던 문제라는 사실이 아무 관계가 없지는 않다. 마녀사냥은 역사에서 오랫동안 그저 무시당하거나 어쩌다 본문 하단에 주석으로 언급되는 정도였다.

또 하나의 예를 들면, 미국의 역사 및 종교 연구자 에릭 미들포트는 독신 여성을 탐탁지 않게 여기는 사회에서 마녀사냥이 '치유' 역할을 했다고 썼을 정도다. 이에 대해 미국의 페미니스트 철학자이자 신학자인 메리 데일리는 두 가지 문제를 궁금해했다. 먼저 유대인 박해나 흑인 집단 폭행에 대해서도 감히 똑같이 '치유적'이라는 수식어를 사용할 수 있을까? 둘째 그 치유는 누구를 위한 치유란 말인가?[6]

1990년대 초 글로리아 스타이넘은 자긍심을 주제로 한 저서에서 미국의 학부 대학생 20만 명을 대상으로 실시한 자긍심 실태 연구를 인용한다. 연구에 따르면 여학생은 대학생활 동안 자기 비하 경향이 현저히 증대하는 반면, 남학생들은 자긍심을 유지하거나 강화했다.

당시 많은 교수가 여성과 소수에 더 많은 자리를 주는 교육 법령의 다양화에 맹렬히 저항했다. 그들은 '정치적 올바름political correctness' 또는 WITCH 설립자 가운데 한 사람인 로빈 모건의 지적에 따르면 **단순한 예의**plain courtesy를 뜻할 수도 있는 'PC'를 격렬하게 비판한다. 그들은 자신들이 '우수성'을 지키는 수호자 역할을 한다고 주장했다. 스타이넘은 "마치 **무엇에** 우수한지가 가장 중요한 문제가 아닌 것처럼"이라고 비평했다.

그들은 수단과 방법을 가리지 않고 제동을 걸었는데 그 이유는, 스타이넘에 따르면 변화라는 것이 단지 여성과 소수를 학업 과정 또는 기존의 몇몇 구조에 받아들이는 것만이 아니라 "새로운 눈으로 보는 법을 배우고 다른 모든 경험을 판단하는 '규범'의 개념 자체를 다시 검토하는 것을 전제로 하기 때문이다".[7]

나의 관점은 딱딱한 이과계 과목들에 주어진 패권 그리고 세

---

6   Mary Daly, *Gyn/Ecology, op. cit.*
7   Gloria Steinem, *Revolution from Within, op. cit.*

계 문제에 접근하는 냉정하고 분명하고 객관적이지만 한쪽으로 치우친 방식을 못마땅하게 보는 것이었다. 이는 항상 내가 여성이라는 사실과 관계가 있는 듯 보였다. 하지만 나로서는 그 관계를 확신할 수 없었기에 이를 표명하기를 꺼렸다. 나를 제지했던 것은 여전히 본질주의라는 낙인의 위협이었다. 나는 사물을 보고 행동하는 '여성만의' 방식을 옹호하는 관점 편에 서고 싶지는 않았다. 게다가 남성 쪽에서도 나의 지적 감수성을 찾아볼 수 있는 것과 마찬가지로 모든 여성이 나와 같지는 않다는 사실을 잘 알았다.

이렇게 해서 나는 한 가지 생각에 깊이 천착하게 되었고 나의 모든 에세이는 어떤 주제를 다루든 강박적으로 다시 이러한 생각을 거론한다. 아마 갑각류의 번식에 관한 책을 쓰는 중이었어도 어떻게든 이 생각을 끼워 넣으려 궁리했을 것이다.

나는 이제는 너무 당연한 것으로 보여서 대체로 그 자체를 검증하지도 않는 이성 또는 이성이라고 여기는 것을 중시하는 데 대한 비판을 쉼 없이 표명하고 또 표명했다. 세계를 고찰하고 그에 대한 인식을 체계화하는 우리의 방식과 동시에 우리가 세계에 영향을 미치고 변화시키는 방식을 이처럼 이성을 중시하는 사고방식이 결정한다. 그래서 우리는 세계를 자력으로 움직일 수 없고, 불확실성이 없고, 분리된 사물들의 전체로 인식한다. 오로지 즉각적 유용성의 관점에서만 사물을 인지하는데 이 유용성은 객관적으로 파악할 수 있는 것으로, 생산과 진보에 도움이 될 이익의 여부에 따라 결정한다.

이성 중시 사고방식이 19세기의 오만한 과학에 의존 상태로 머물러 있는 사이 양자물리학이 등장해 과학의 오만함까지는 아니더라도 그 낙관주의를 뒤흔들었다. 양자물리학에서 말하는 세계에서는 오히려 각각의 신비가 밝혀져 다른 신비를 드러나게 하므로 이 신비에 대한 탐구가 결코 쉽사리 끝나지 않을 것이다. 그리고 세계 속의 사물들은 각기 분리된 게 아니라 서로 얽혀 있다. 더욱이 우리는 이제 안정된 정체성을 가진 사물이 아닌 에너지의 흐름과 과정이 된다. 또한 관찰자의 존재가 실험의 진행에 영향을 미치기도 한다. 불변의 법칙들에 매달리는 게 아니라 불규칙, 예측 불가능성, 설명할 수 없는 '도약'을 인정하게 된 것이다. 이 모두는 스타호크로 하여금 현대 물리학이 마녀들의 직관을 견지하고 있다고 주장하게 한다.

물리학자 베르나르 데스파냐는, 언제나 우리의 지적 능력을 벗어나는 찰나 짧은 순간 일어나는 통찰을 얻기 위해서는 세계와 물질이 드러내는 궁극적 앎 자체의 저항을 고려할 때 이제 예술의 방법을 빌리는 것도 터무니없는 얘기는 아니라고 평했다.[8] 우리에게 익숙한 지식 구성을 생각할 때 혼란스런 결과를 가져다줄 만한 결론이다.

---

8   Mona Chollet, "À l'assaut du réel", *La Tyrannie de la réalité, op. cit.* 참고.

이 발견들 이후 한 세기가 지나도록 우리는 그 결과를 소화하는 데 어려움을 겪고 있는데 17세기, 특히 르네 데카르트와 더불어 비약을 보였던 세계관을 단호히 부인하는 것 또한 그 귀결이다. 데카르트는 저 유명한 《방법서설》에서 인간이 "자연의 주인이자 소유자"가 되기를 꿈꿨다. 지리학자 오귀스탱 베르크는 자신의 주요 저서에서 세계를 이해하는 데카르트의 입장이 야기한 혼란을 분석한다.[9]

장 프랑수아 빌레터는 '연쇄반응'의 경로, 즉 르네상스 때부터 합리성의 정점으로 잘못 소개된, 냉철하고 계산적인 상업적 논리가 전 지구로 느리게 확산하는 과정을 서술한다.[10]

그리고 미카엘 뢰비와 로버트 세이어는 오늘날 우리에게는 약간 맥아리 없고 감정에 취한 댄디 무리로 보였던 낭만주의자들이 어떻게 당시 시대가 요구하던 사고체계의 기본적인 오류를 알고 있었는지 보여준 바 있다. 비록 낭만주의자들이 다른 정신 영역을 탐구하고 가치 부여를 하긴 했어도 이성을 거부한다고 하지는 않았다. 그들은 오히려 "자연과 인간존재를 지배하는 데 도움이 되는 도구적 합리성과 인간의 실체적 합리성"을 대립시키고자 했다.[11]

---

9   Augustin Berque, *Écoumène. Introduction à l'étude des milieux humains* (2000), Belin, "Alpha", Paris(2016) 참고.

10   Jean-François Billeter, *Chine trois fois muette*, Allia, Paris(2000).

11   Michael Löwy and Robert Sayre, *Révolte et mélancolie. Le romantisme à contre-courant de la modernité* (1992), Payot, Paris(2005).

이 모든 사상가들은 우리가 젖어 있는 문명 앞에서 느끼는 불편함을 내가 명확히 밝히는 데 도움을 주었다. 말하자면 세계에 대한 문명의 공격적이고 요란하고 정복적인 태도, 육체와 정신, 이성과 감정을 분리할 수 있다고 생각하는 순진하고 터무니없는 믿음, 우리의 문명이 아닌 것을 대할 때의 맹목적인, 즉 과민한 자기중심적 태도, 잘못 측정된 도시계획과 건축학적 오류로 곧잘 영토를 훼손하는 문제 혹은 파리를 죽이는 사실 자체에 대한 언급은 둘째치고 파리 한 마리를 죽이려 대포를 사용하는 꼴인 거침없는 태도, 너무 날카로운 모서리들과 너무 강렬한 불빛 그리고 어둠이나 희미함, 불확실함에 대한 불관용,[12] 모든 게 상품화되는 병적 분위기 등…. 나는 이런 것들 앞에서 불편함을 느낀다.

나에게 도움을 준 이 모든 저자들은 있었던 것이 아니라 있을 수도 있었던 무언가에 아쉬움을 품고 있다. 이러한 집착과 나의 페미니즘 사이에는 어떤 관계가 있어 보이지만 이 둘을 연결할 그럴듯한 방법을 여태껏 찾지 못했다. 그런데 마녀사냥의 역사와 이에 대해 많은 여성 저자들이 내놓은 해석을 검토하면서 모든 것이 명백해졌다. 마치 나의 퍼즐에서 중요한 한 조각의 자리를 찾아 끼워 맞춘 것처럼.

---

12 이 주제에 관해 나는 René Sieffert가 일어판 Junichirô Tanizaki, *Éloge de l'ombre*(1933)를 번역한 Verdier, Paris(2011)를 참고했다.

실비아 페데리치의 책《칼리반과 마녀》에서 칼리
반은 셰익스피어의《템페스트》에 등장하는 마녀의 아들을 가리
킨다. 정신적으로나 신체적으로나 보기 흉한, 까만 피부에 기형
의 존재인 그를 가리켜 극중 인물 프로스페로는 "어둠의 결실이
고 독을 품은 노예"라고 부른다.

칼리반은 노예와 식민지 피지배자를 상징한다. 이들을 착취
해서 얻은 이익은 여성 착취에서 얻은 것과 마찬가지로 자본주
의의 비약에 필요했던 시초 축적을 가능하게 했다.

그런데 여성 노예화는 또 다른 노예화, 어쩌면 자본주의 발
전과 더 밀접한 관계가 있어 보이는 자연의 노예화와 병행되었
다. 이는 특히 1980년대 에코페미니스트 철학자 캐롤린 머천트
가 저서《자연의 죽음》[13]에서 설파한 주장으로 페데리치의 책을
보충하는 면이 있다. 저자는 막대한 물량의 철제와 목재 및 광활
한 경작지가 필요했던 르네상스 시대에 인간 활동의 강화가 어
떻게 지구 외관에 전대미문의 변형을 가져오고 또 정신 구조에
똑같은 충격을 가했는지 되짚어본다.

고대의 세계관은 세계를 살아 있는 유기체로 보았고, 흔히

---

13   Carolyn Merchant, *The Death of Nature. Women, Ecology, and
      the Scientific Revolution* (1980), HarperOne, San Francisco (1990).

양육하는 모성의 이미지와 결부했다. 고대 이래로 대★ 플리니우스〔고대 로마의 박물학자(23~79)〕, 오비디우스, 세네카 등의 저술가들은 특히 광산 채굴 작업을 규탄했다. 그들은 이 작업을 금에 대한 탐욕으로, 철의 경우는 살해 갈망이 동기화된 공격 행위로 보았다.

16세기와 17세기에는 이 공격의 이미지에 에드먼드 스펜서와 존 밀턴 등의 시인이 고발한 음탕함의 이미지를 덧붙인다. 그들은 광산 채굴에서 대지를 강간하는 것을 떠올렸다. 당대의 상상력은 "여성 신체의 구석들과 은밀한 부분들을 뒤지는 행위와 광산 활동 사이에 직접적 연관"이 있는 것으로 이해했다.[14] 즉 광산을 대지의 질로, 광석이 묻힌 동굴을 대지의 자궁으로 보았다.

그러다 고대의 정신적 도식이 무너지고 점차 다른 정신적 도식들이 들어섰다. 세계의 본체를 제거해버린 이 새로운 도식들은 모든 양심의 가책이 사라지게 하고 제약 없는 개발을 허용했다. 마찬가지로 새로운 상업 열풍이 일어 제방, 다리, 수문, 하천용 수송선, 선박 들을 만들었으며, 비누, 맥주통 유리를 생산하기 위해서는 엄청난 양의 목재가 필요했다. 그 결과 '자원'으로 간주되는 이 자연을 관리하려는 관심이 처음으로 나타난다. 이렇게 해서 1470년 베네치아에서 제정된 법률에 따라 그때부터 시청 관계자들이 아닌 병기창이 참나무 벌목을 주관한다.

---

14   위와 같음.

머천트는 명료해지는 일반적 풍경general panorama을 이렇게 개괄했다.

"유럽의 도시들이 발달하고 숲 지대가 점차 멀어지면서 늪지가 고갈되고 수로라는 기하학적 노선이 풍경 속에 그려질수록, 거대하고 강력한 풍차와 용광로, 철공소, 기중기 들이 점차 작업 환경을 지배할수록 점점 더 많은 사람들이 기계가 조작하고 훼손시킨 자연을 경험했다. 그 결과 그때까지 인간 경험의 기초를 형성하던 직접적이고 즉각적이며 유기적 관계에 비하여 느리지만 피할 수 없는 소외가 발생하기 시작했다."

당시 지배적인 기계론적 관점은 세계에 대한 지식이 "확실하고 일관성 있는 것"이라고 전제한다. 이렇게 해서 유기체의 무질서를 수학적 법칙들과 정체성의 원리라는 안정성으로 대체했다.

그리하여 세계를 생기 없는 죽은 것으로, 물질을 수동적인 것으로 인식하게 되었고 도처에서 기계 모형, 특히 시계 모형 이론이 우세했다. 데카르트는 《방법서설》에서 동물들을 자동기계와 동일시한다. 1642년 블레즈 파스칼이 고안한 최초의 계산기에 대한 소문을 들었음 직한 토머스 홉스는 이성적 사고를 덧셈과 뺄셈의 단순한 연속에 비유한다.[15] 철학자 수전 보르도가 "해산의 비극"이라고 칭한 현상이 이 시기에 발생한다. 즉 '명확성, 분리, 객관성'이 군림하는 새로운 세계로 뛰어들기 위해 중세의

---

15   위와 같음.

모성적이고 유기체적 세계에서 떨어져나온 것이다. 인간존재는 "예전에 우주와 영혼을 공유하던 관계의 연속성을 완전히 끊고, 결연히 분리된 하나의 개체"로 모습을 드러낸다. 미국의 여성 철학자는 이 분리에서 "모성 세계와 하나로 결합해 있던 기억에서 멀어지게 하는, 여성으로부터 멀어지는 벗어남과 여성과 관련된 모든 가치의 배척"을 본다. 대신 경계선 획정과 거리 두기라는 강박증이 생긴다.[16]

기 베슈텔은 이를 다른 방식으로 표현한다. "새로운 인간, 즉 남성을 만들어내는 장치는 또한 예전의 여성을 죽이는 장치"였다.[17] 그래서 비인격적이고 냉정한, "과도하게 남성화된 인식 모델과 남성적 인식방식"이 등장한다. 수전 보르도는 이 해석이 20세기 페미니스트의 환상이 전혀 아니라고 강조한다.

"현대 과학의 시조들은 의식적이고도 명백하게 과학의 '남성성'이 새 시대의 서막을 열었다고 주장했다. 그리고 그들은 세계를 인식하는 더욱 고유하고 순수하고 객관적이고 단련된 진술 방식에 남성성을 더했다."

그래서 영국의 학자 프랜시스 베이컨은 "시대의 남성 탄생" 이라고 서어한다.[18]

주체 그 자신과 그를 둘러싼 세계의 관계는 전복된다. 육체

---

16   Susan Bordo, *The Flight to Objectivity. Essays on Cartesianism and Culture*, State University of New York Press, Albany(1987).

17   Guy Bechtel, *La Sorcière et l'Occident, op. cit.*

는 영혼에서 분리되고 버려진 것으로 간주된다. 데카르트는 《방법서설》에서 "나는 인간의 육체라고 불리는 이 사지들의 결합체가 전혀 아니다"라고 적었다. 실비아 페데리치는 그의 말에서 차후 "자본주의 법칙이 요구하는, 규칙성과 자율성을 띤 적절한 도구"가 되어줄 개념들을 발견한다.[19]

수전 보르도는 서구 철학에서 감옥 또는 새장으로 비유되는 육체의 경시는 고대 그리스로 거슬러 올라간다고 환기시킨다.[20] 그녀는 플라톤과 아리스토텔레스에게 있어 육체와 영혼은 복잡하게 얽혀 있으며 후자, 즉 영혼은 죽음을 통해서만 전자, 즉 육체에서 벗어날 수 있는 것이었다고 설명한다. 데카르트에 이르러서는 보완 단계를 넘어 영혼과 육체를 근본적으로 다른 두 실체로 본다. 그는 《방법서설》에서 인간의 정신은 "조금도 육체에 속하는 것의 성질을 띠지 않는다"고 말한다.

자연이 젖을 주는 어머니의 품 같은 것이라는 인식이 끝나면서 그것은 순화시켜야 할 무질서한 야성의 힘이 된다. 캐롤린 머천트는 여성의 경우도 마찬가지라고 지적한다. 여성은 남성보다 자연에 더 가깝고, 성적으로 그들보다 더 열정적이다. 오늘날 여

---

18   Susan Bordo, *The Flight to Objectivity, op. cit.*

19   *Silvia Federici, Caliban et la sorcière, op. cit.*

20   수전 보르도는 또한 현대 서구문화에서 신체와 날씬함에 대한 강박관념의 관계에 대해 참고할 만한 책 *Beauté fatale*의 저자이기도 하다. Susan Bordo, *Unbearable Weight. Feminism, Western Culture, and the Body* (1993), University of California Press, Berkeley (2003).

성의 성욕이 남성의 성욕보다 **덜하다고** 여기는 걸 보면 여성을 억압하려 했던 의도는 성공을 거둔 셈이다.

"자연의 폭력성을 상징하는 마녀는 폭풍우가 휘몰아치게 하고, 질병을 초래하고, 수확물을 해치고, 출산을 방해하고, 어린아이들을 죽였다. 무질서한 자연처럼 혼란을 야기하는 여성은 지배를 받아야 한다."

일단 순화되고 진정되면 여성과 자연은 둘 다 관상용으로 축소되어 "지친 사업가 남편을 위한 기분 전환용 정신적 자원"[21]이 될 수 있다.

현대 과학의 아버지라 불리는 프랜시스 베이컨(1561~1626)이 자연과 여성을 지배하는 방법을 나란히 놓고 대조하는 방식은 놀라울 뿐이다. 그는 잉글랜드 국왕 제임스 1세 치하에서 왕의 가까운 고문관이었고, 권력의 정점에 있으면서 다양한 직무를 맡았으며 특히 법무장관을 역임한다.

《악마론》의 저자 제임스 1세는 권좌에 오르자마자 법체계를 바꾸었다. 이후 마법을 수행하는 경우, 더군다나 마법을 이용해 살해를 하는 경우 사형에 처했다.

캐롤린 머천트에 따르면, 베이컨은 그의 책에서 자연도 마법 혐의자를 다루는 것과 똑같은 방식으로 다루도록 은연중에 권한다. 그가 자신의 목적과 과학적 방법들을 명확히 하려고 사용

---

21   Carolyn Merchant, *The Death of Nature*, op. cit.

하는 비유는 그가 많은 시간을 보낸 재판소나 고문실에서 곧바로 파생된 것이었다. 그는 자연이 비밀을 누설하게 하려면 고문을 가하라고 권한다. 그리고 자연에 대한 어떤 엄밀한 조사도 금지되어 있다는 생각을 하지 말라고 한다. 반대로 자연은 "구속되어 쇠고랑을 차고 기계 기술에 의해 변형"되어야 한다.[22]

오늘날의 언어에도 남성의 공격적 성욕으로 물든 정복자의 흔적이 여전히 남아 있다. 예를 들면, esprit penetrant(침투하는 예리한 정신)이라든가 논의의 여지가 없는 '확고한' 사실을 뜻하는 영어의 **hard facts** 같은 말이 그러하다.[23] 이런 흔적은 미국의 생태철학자 알도 레오폴드(1887~1948)에게서도 볼 수 있다. 그는 이렇게 썼다.

"환경론자란 도끼를 내리칠 때마다 지면에 자기 이름으로 서명하는 것임을 겸손하게 의식하는 사람이다."[24]

19세기에 이르러 자연은 결국 순화되고 더는 과학의 공격에 저항하지 않는 순종하는 여성의 모습으로 묘사된다. 프랑스 조각가 루이 에르네스트 바리아스(1841~1905)의 작품 〈베일이 벗겨지는 자연의 여신〉은 얼굴을 가린 베일을 걷어내며 가슴을 드러내는 우아한 제스처의 여성을 재현한다. 오늘날 이 조각상을 보

---

22 Carolyn Merchant, *The Death of Nature, op. cit.*에서 인용.
23 Carolyn Merchant, *The Death of Nature, op. cit.*
24 Pascale d'Erm, *Sœurs en écologie. Des femmes, de la nature et du réenchantement du monde*, La Mer salée, Nantes(2017)에서 인용.

면서 알제리전쟁 당시 "당신이 예쁘지 않다고요? 베일을 벗어보세요!"라고 하면서 알제리 여성들에게 히잡을 벗도록 종용했던 프랑스의 선전 문구와 학교에서 히잡 착용을 금지한 2004년의 법을 떠올리지 않기는 어렵다. 동일한 논리를 따르는 여성과 자연은 서구의 가부장적 시선으론 무엇이든 감춰서는 안 되는 듯하다. 하물며 원주민 여성은 어떻겠는가.

철저한 수색을 위해 마법을 사용했다고 의심받는 혐의자의 모발과 체모를 완전히 밀어버렸던 과거의 역사는 더욱 잘 지배하기 위해서는 모든 것을 눈으로 봐야 하는 이 같은 필요성을 예고했다.

드뢰프 박사의 허세

우리가 이미 거론했던 드뢰프 박사의 상담실이 있는 거리의 이름은 절시증이란 뜻의 스콥토필리Scoptophilie다. 스콥토필리는 지그문트 프로이트가 대상 위치에 있는 사람을 관찰할 때 느끼는 어게 느낌과 연관된 슬거움으로 묘사한 일명 "훔쳐보기 충동"을 뜻한다.

그 거리는 트리Tris라는 가상의 도시에 위치한다. 이야기가 시작되는 시점은 날이 저무는 저녁이다. 박사는 먼지로 뒤덮인 자신의 진찰실에 있다. 책장 선반에는 "포르말린에 담긴 자궁과 유방" 그리고 낙태된 태아가 둥둥 떠 있는 누런 병들이 줄지어 있다.[25] 이 시간이면 여성심리 분석가의 가정부는 벌써부터 그의 저녁 식사를 준비하느라 바쁘다.

하루 내담자 중 끝에서 두 번째 여성 환자가 막 도착해서 소파에 누워 있다. 그녀가 이곳에 온 건 처음이다. 에바라는 이름의 그녀는 이상한 병으로 고통받고 있어서 "명성이 자자한 이 남성, 두말할 것 없이 전문가"인 이 남성에게 상담하러 왔다. 그녀는 전 시대에 걸쳐 몇백 명의 여성이 자기 안에 살며 목소리를 내고 있다고 느꼈다. 최면 상태에서 진행되는 긴 상담 시간 동안 그녀의 입에서 수많은 여성, 성서의 죄악에 빠진 여성 수녀원에 갇힌 여성, 마녀라며 화형을 선고받은 노파, 숲에서 땔감을 줍다가 강간당한 젊은 여성 농부, 과한 코르셋에 갇혀 숨을 쉬기 힘든 귀족 부인, 남편이 감금한 아내, 연이은 불법 낙태시술로 죽은 매춘부들의 목소리가 끊임없이 흘러나온다.

드뢰프 박사는 그녀의 말을 대충 듣는다. 지루해하며 건성으로 듣고 빈정대다, 조급해하다, 답답해하다 신경질 부리기를 반복한다. 그는 이 히스테리 여성을 어떻게 할지 생각한다. 정신병원에 보낼까, 아니면 그냥 약을 먹여 진정시킬까? 그 와중에도 그녀가 쏟아내는 말에 나지막이 웅얼대며 응수한다.

"그렇지. 암, 그렇다마다."

---

25   Mare Kandre, *La Femme et le Docteur Dreuf, op. cit.*

젊은 시절 그를 기겁하게 했던 혹은 그에게 모욕감을 주던 여성들에 대한 기억이 작은 키로 종종거리며 걷는 이 남성의 머릿속에 줄지어 떠오른다. 그는 이 여성이라는 족속이 일으키는 공포를 떨쳐버리기 위해 자신의 과학과 수학 공식에 매달린다.

"수녀의 힘이 낳은 파라다이스는 화형대와 더럽혀진 어린 소녀의 뿌리라는 열매로 두 배가 되고 여기서 진창밭과 창녀를 빼면 우리…"

환자의 이야기 속에 한 마녀사냥꾼이 등장하자 그는 갑자기 귀를 쫑긋 세우고 듣는다. 그는 자신의 스승 포포코프가 "뛰어난 마녀사냥꾼들을 배출한 오래된 가문"의 후손임을 떠올리고 감회에 젖는다. 그는 젊은 여성에게 사냥꾼의 생김새가 어떻게 보이는지 묘사해보라고 한다. 그녀는 이렇게 대답한다.

"그는 이루 말할 수 없이 기분 나쁘게 생겼어요. 큰 가죽 부츠를 신었고 딱딱한 긴 지팡이를 들었으며 밤처럼 시커멓고 커다란 외투를 입었어요. 나이는 당신 연배쯤 돼 보여요, 박사님. 그리고… 그래요, 맞아요…, 장담하건대 그에게는 당신을 생각나게 하는 뭔가가 있어요, 드뢰프 박사님!"

임상이는 눈을 빈믹이너 기분 좋은 얼굴이었다가 이내 어두워진다. 그건 분석받는 여성의 목소리에 "빈정거리는 듯한 가벼운 떨림"이 섞여 있다고 느꼈기 때문이다.

스웨덴 여성 작가 마르 칸드르(1962~2005)가 이 소설에서 겨냥한 것이 무엇보다도 지그문트 프로이트와 정신분석학이었다면 더 일반적으로는 재미있는 이 풍자의 표적은 의사와 과학자가 된다. 의학은 현대 과학이 여성들에 대항해 전쟁을 벌였던 바로 그 중심 무대였던 것으로 보인다. 현재 우리가 아는 그대로의 의학은 여성의 물리적 제거를 기반으로 이루어졌다. 이미 보았듯이 마녀사냥은 누구보다 여성 치료사들을 표적으로 삼았다. 경험을 기반으로 활동했던 이 여성 치료사들은 공식적 의사들보다 훨씬 유능했다. 이 의사들 중 많은 이들이 디아푸아뤼스〔몰리에르의 연극 〈상상병 환자〉에 나오는 의사. 현학적인 학문 용어를 즐겨 사용하지만 실제로는 환자에게 무관심하고 실력도 없다〕만큼이나 딱한 신세였다. 그들은 경쟁자를 '비열하게' 제거함으로써 톡톡히 득을 보았고 그녀들이 쌓아온 많은 의학적 발견을 가로챘다. 13세기, 즉마녀사냥이 시작되기 훨씬 전부터 유럽 대학들에는 의학과가 등장했고 여성의 의료계 진출을 금지했다.

피렌체 출신 여성 귀족으로 파리에 정착했던 재클린 펠리체 드 알마니아는 1322년 불법 의료 행위를 했다는 이유로 파리시 의사에게 고발당해 법정에 섰다. 6명의 증인이 그녀가 자신들 병을 낫게 했다고 주장했고, 그중 한 사람은 그녀가 "파리에서 가장 훌륭하다는 의사들, 외과 의사보다 치료와 수술에 대해 더 박식하다"고 증언했다. 그러나 여성인 그녀는 의료 행위를 해서는 안 되었기에 이 증언은 더 불리하게 작용했다.[26]

부인과 질병에 관한 자료를 하나로 묶어 살레르노의 유명한 여성 간병인 트로타의 이름을 따서 제목을 붙인 일명 《트로툴라》라는 책의 운명은 의료 실행뿐만이 아니라 의학 문헌의 형성에서도 여성 존재가 어떻게 지워지는지 그 과정을 잘 보여준다. 12세기 말쯤에 모인 의학 자료 문헌집 《트로툴라》는 수많은 우여곡절 끝에 1566년 마침내 독일 출판업자 수중으로 넘어가고 그는 이것을 보다 방대한 《부인과 책Gynaeciorum libri》이라는 총론에 통합시킨다. 그는 여성 간병인이라는 트로타의 신분을 믿지 못해 《트로툴라》를 에로스라 불리는 의사의 것으로 간주했다.

도미니크 브랑쉐는 "그런 식으로 《부인과 책》에 모인 일련의 저자들, 그리스, 라틴, 아랍 저자들은 주목할 만한 동질성을 보인다. 즉 여성의 신체에 대해 설명하고 자신이 진정한 부인과 지식의 보유자로 자처하는 이들 모두는 남성들이다"라는 결론을 내린다.[27]

그때까지도 의료업계서 남성이 유럽보다 주류를 이루던 미국에서는 업계에서 여성을 축출하는 일이 다소 느지막하게 19세기에 일어났다. 중산층 출신 백인 남성의 강력한 권력 행사는 필사적으로 저항하는 세력을 불러왔고 그중에서도 특히 페미니스트와 노동운동에 기반을 둔 대중건강운동과 충돌하지만 결국에는 승리를 거둔다.[28]

26   Barbara Ehrenreich and Deirdre English, *Sorcières, sages-femmes et infirmières, op. cit.*

27   Dominique Brancher, *Équivoques de la pudeur. Fabrique d'une passion à la Renaissance,* Droz, Genève(2015).

2017년 라디오 방송 〈유럽1〉에 프랑스 병원 의사가 익명으로 나와 재미 삼아 동료 여성의 "엉덩이를 만진다"고 떠벌린 적이 있다. 그의 동료 여성 가운데 하나가 "모두의 긴장을 풀어주려는" 그의 배려에 공감해 그의 성기를 더듬거나 그의 엉덩이를 한 대 올려 칠 생각을 했다면 그는 그렇게 희희낙락하지만은 못했을 것이다.[29] 성차별적 괴롭힘을 정당화하는 구실로[30] 끊임없이 소환되는 그 유명한 '의과대학 정신'과 '긴장 해소의 필요성', 즉 동료 여성 의사들과 선배 의사들에 대한 이러한 괴롭힘의 동기에는 분명 그들의 그녀들에 대한 적대감이 숨어 있다. 여성은 의료계에 있어서는 안 되고 여성은 영역 침입자라는 신념, 아주 오래전부터 내려오는 어떤 원한을 지속시키는 신념이 숨어 있는 것이다.

　　2018년 툴루즈 퓌르팡병원 구내식당 벽에는 포르노 프레스코가 등장했고 인턴 10여 명이 철거 시위를 벌였다. 그들 대부분은 여성들이었으며 상당수 동료들은 침묵을 지켰다. 그들은 이 '의대생의 예술'을 '의학사를 구성하는 요소'로 여겼기 때문이다.[31] 이보다 더 잘된 설명은 없을 것이다. 마찬가지로 한 여성 외

28　　Barbara Ehrenreich and Deirdre English, *Sorcières, sages-femmes et infirmières, op. cit.*

29　　"Harcèlement sexuel à l'hôpital : 'Franchement, il y a des fois où on met des mains au cul'", Europe 1(2017. 10. 25).

30　　Aude Lorriaux, "Comment le sexisme s'est solidement ancré dans la médecine française", Slate.fr(2015. 2. 5). 또한 le Tumblr *Paye ta blouse*, www.payetablouse.fr 참고.

과 의사는 의사 초기 시절, 임기를 마치고 근무지를 떠날 때 주임 의사에게 이런 말을 들었다.

"자네는 이 직업에서 장래가 있을 것 같네, 꼬맹이 의사. 당신은 내가 수술실에서 울리지 못한 최초의 의사 계집이야."[32]

여성 환자들 또한 이러한 군대 분위기에 피해를 입는다. 수술실에 누워 있을 때 듣는 여성 신체에 대한 평가나 젊은 여성이 부인과에서 겪는 다음과 같은 일화는 그러한 피해를 보여준다.

"지난번 진료 후 다음 예약 날짜를 잡으러 비서에게 갔을 때 담당 의사는 동료의 진찰실에 들어가 내 가슴에 대해 묘사했다. 나는 그들의 웃음소리를 들었다. 비서는 나를 보며 기겁했는데 그녀가 이런 소리를 듣는 건 처음이 아닌 듯했다. 나는 두 번 다시 그 의사한테 가지 않았다."[33]

의료계는 군대처럼 태생적으로 여성을 적대시하고 남성적 태도를 중시하는 분위기가 있는 직업군이다. 그리고 '점잔 떠는' 행동을 끔찍하게 싫어하는 곳이다. 그런데 난폭한 언행을 사용할 수밖에 없는 기관에서는 그다지 놀랍지 않은 일일지라도 돌봄이 기본 원칙인 영역에서의 이런 폭력은 더더욱 놀라운 일이 아닐 수 없다.

---

31   Soazig Le Nevé, "Des internes du CHU de Toulouse obtiennent le retrait d'une fresque jugée sexiste", *Le Monde*(2018. 3. 19).

32   Martin Winckler가 *Les Brutes en blanc, op. cit.*에서 인용.

33   위와 같음.

오늘날 의학은 신기하게도 마녀사냥 시대에 탄생한 과학의 제반 양상들을 모두 다 보여준다. 말하자면 여성혐오와 공격적 정복 정신, 과학에 종사하는 사람들 및 과학 만능에 대한 믿음, 신체와 정신의 분리에 대한 믿음, 감정을 일체 배제한 냉정한 이성에 대한 믿음 같은 것들이 총집결한 곳이다. 먼저 의학계에는 이 정복의지, 캐롤린 머천트가 역사 속에서 그 시발점을 되짚어 보았던 지배의지가 이어져온다. 이따금 이 의지는 웃음거리가 되기도 한다. 2017년 12월, 영국의 한 외과 의사는 장기이식 수술 중에 두 환자의 간에 레이저로 자기 이름의 이니셜을 새겨 넣어 고발당했다.[34]

그런데 이런 비행은 여성 환자가 대상일 때 더 심해지는 경향이 있다. 우선 플로랑스 몽트레이노가 "여성의 신체에는 남성의 이름을 명칭으로 달고 있는 부위들이 즐비하다"고 지적했듯이 우리의 신체 구석구석 다양한 부분에는 마치 정복의 깃발을 꽂듯 남성 이름을 붙여놓았다. 즉 "자궁 속 두 난소를 연결하는 관은 자궁의 나팔관이라 부르기 전인 1997년까지 16세기 이탈리아 외과 의사의 이름을 따 팔로피오관이라고 불렀다. 청소년기부터 폐경기까지 매달 난자가 생기는 곳인 난소 속 작은 주머니들은 17세기 네덜란드 의사의 이름을 붙여 그라프여포라고

34 "Un chirurgien jugé pour avoir gravé ses initiales… sur le foie de ses patients", L'Express.fr(2017. 12. 14).

불렀다. 외음부와 질구의 윤활을 위해 점액질을 분비하는 큰질어귀샘은 17세기 덴마크 해부학자 바르톨린이 발견했기에 그의 이름을 따서 바르톨린샘이라고 부른다. 게다가 질 내부에 위치하는 어느 성감대 지점은 20세기 들어 독일인 의사 에른스트 그라펜베르그가 발견했기에 그의 이름의 이니셜을 따서 G-스팟이라는 명칭을 붙였다. 남성에 대해서도 똑같은 상황을 상상해보자. 에밀리안 뒤퐁 음경 해면체 또는 카트린 쇼몽의 도관…."[35]

이런 지배는 추상적 영역에 머물러 있지만은 않는다. 의료계는 어떻게든 늘 여성 신체를 지배하고 아무 제한 없이 다룰 권한을 확보할 궁리만 하는 것처럼 보인다. 자연과 여성을 연결해 한꺼번에 지배하려는 과정에서 계속 반복되듯 언제든 이 신체를 수동적으로 만들어 복종을 확보하고 싶어 한다.

마르탱 빙클러는 의료계에서 '불변의 의식'이 되어버린 '성스런 의무'에 문제를 제기한다. 프랑스에서는 모든 여성이 사춘기 때부터 건강에 아무런 문제가 없어도 해마다 산부인과에 찾아가 검사를 받아야 하는데 그는 이 검사를 정당화할 어떤 근거도 없다고 말한다.

"뭔가를 놓치기 않기 위에서는, 즉 성무암이나 난소암 또는 유방암 '발견을 놓치지 않으려면 성생활을 시작할 때부터 매년'

---

35 Florence Montreynaud, *Appeler une chatte… Mots et plaisirs du sexe*, Calmann-Lévy, Paris(2004).

부인과 검사, 유방 검사, 자궁암 검사를 받아야 한다는 생각은 의학적으로 근거가 없다. 게다가 30세 미만 여성에게 이런 암은 매우 드물고 어쨌든 '가리지 않고 누구나' 검사한다고 해서 발견되는 질병이 아니다. 그리고 피임 처방 등의 경우 1년 동안 문제없이 잘 지냈을 경우 그다음 해에 의사는 다시 검사하지 않고 처방을 갱신할 수 있다! 왜일까? 아주 간단하다. 1년 동안 문제없이 잘 지냈다면 '뭔가'를 찾아낼 가능성은 거의 없기 때문이다. 그렇다면 솔직히 왜 귀찮게 하라고 할까?"

그렇다. 도대체 왜? 매년 실시되는 이 검사는 간혹 음침한 파행으로 변질되기도 한다. 실례로 빙클러는 두 청소년의 경우를 이야기한다. 이 10대 소녀들의 의사는 지역 시장이기도 했는데 소녀들에게 3개월마다 유방 검사와 부인과 검사를 받게 했다.[36] 그런데 그의 동기는 무엇보다도 매우 이데올로기적인 것인 듯했다.

작가이자 블로거인 마리-엘렌 라에는 2016년 6월 자유직으로 활동하는 산파 여성들의 권한 확장에 반대했던 프랑스 부인과 의사들과 산과 의사들의 의미심장한 공식 성명을 강조한다. 그들은 여성에 대한 '의료 감독'을 저해하는 조치들을 규탄했다. 여성주의 철학자 메리 데일리에 따르면 여성이 매년 의무적으로 받아야 하는 이 검사는 여성을 계속해서 불안한 근심거리, 다

---

36   Martin Winckler, *Les Brutes en blanc, op. cit.*

시 말해 아름다워야 한다는 미적 규범과 견줄 만한 불안한 근심거리에 묶어두고 그녀들의 힘을 빼려는 수단이다.[37]

자신들은 그럴 권리가 있다고 확신한 나머지 위법이라는 지각도 없이 비행을 저지르는 의사들도 적지 않다. 2015년 인터넷에 리옹 남부 의과대학 인턴의 메모가 떠돈 적이 있는데 그 내용은 산과 학생들에게 수술실에서 잠든 환자의 질을 만지는 실기연습을 하도록 권하는 것이었다. 이후 sns에서는 모든 의료 행위에는 여성 환자 또는 남성 환자의 동의가 있어야 하며, 질에 손가락을 집어넣는 행위는 강간과 다를 게 없다는 지적이 나왔다.

마리-엘렌 라에에 따르면 많은 의사들과 학생들이 이에 대해 화를 냈다. 그중에는 자신들 행동에는 "성적 의미가 전혀 없고 자신들은 그 행동에서 어떤 쾌감도 얻지 않는다"고 항의하며 적어도 강간의 정의를 처음부터 다시 공부하라고 권하는 이들도 있었다. 심지어 자신들이 절차를 지키며 여성 환자들에게 허용해달라고 했다면 그녀들이 거부할 가능성이 있었다고 뻔뻔스럽게 말하는 이들도 있었다.

마리-엘렌 라에는 여성 환자들의 질 내부와 직장을 만지는 행위가 성적 의미가 전혀 없는 평범한 진료 제스처라는 말에 어이가 없었고 그럼 의대생들은 자기들끼리 이 실기를 연습하면 된다고 충고했다. 그녀는 이에 대해서는 "솔직히 말해 별 반응을

---

37   Mary Daly, *Gyn/Ecology, op. cit.*

얻지 못했다"고 말한다.[38]

그 밖에도 의심스런 관행들이 적지 않다. 임산부의 분만이 거의 임박해서 자궁 경부의 확장 정도를 알아볼 때 의료진 구성원들이 연달아 줄지어 들어와 임산부에게 허락을 받기는커녕 미리 알려주지도 않고, 때로는 아무 조심성도 없이 두 손가락을 불쑥 집어넣기도 한다. 라에는 다른 신체 부분에 이와 똑같은 짓을 저지르는 걸 상상해보라고 한다. 당신이 치과에 갔는데 낯선 사람들이 연달아 들어와 당신의 입에 손가락을 불쑥 쑤셔 넣는 모습을 상상해보라. 아니면 직장 검사를 받으려고 전문의를 찾아갔는데 의료진 10여 명이 돌아가며 당신 항문에 손가락을 밀어넣는 모습을 상상해보라.

"이런 행위는 병원 전체를 통틀어 어떤 과에서도 생각할 수 없는 일이다. 여성의 성에 접근하는 산과를 제외하고는."[39]

이는 여성의 신체가 그녀가 아닌 모두에 속한다는 전제를 극단적 형태로 보여준다. 이 전제는 사회 전반에 다양하게 깔려 있는데 예를 들어 누군가 여성의 엉덩이를 만졌다고 해서 그녀가 기분 나빠 하지는 않을 거라고 생각하는 것도 그런 이유다.

---

38 Marie-Hélène Lahaye, *Accouchement : les femmes méritent mieux*, Michalon, Paris(2018).
39 위와 같음.

앞으로 더 나아가기 전에 밝혀두고 싶은 사실은 내가 여기서, 대체로 매우 열악한 노동조건에서 일하는 수많은 의료 종사자들이 보여주는 무한한 헌신을 부정하는 게 아니라는 점이다. 수많은 환자 및 그 가족들과 마찬가지로 나 또한 그들에게 빚지고 있는 사람으로서 배은망덕하다거나 부당하다는 감정이 들게 했다면 그런 스스로를 원망하고 싶다. 직업을 통해 실천하려는 뜻을 지키기 위한 싸움에서 그들이 부딪친 장애는 비단 예산 차단이나 수익성 논리만은 아니었을 것이다.

또한 그들은 문제를 의식하건 그렇지 않건 간에 역사와 더불어 축적되어 특유의 방식으로 이어지는 어떤 구조적 논리에 부딪친다. 거기에는 경멸적이고, 거칠고, 여성혐오적 태도를 보이는 그들 동료들의 논리 또한 포함된다.

미국 여성주의 철학자 메리 데일리는 부인과를 다른 방식으로 이어가는 악마 연구의 연장이라고 평가하기까지 했다. 다시 말해 의사는 마녀사냥꾼처럼 천성적으로 나약한 성격이며 악에 노출되는 여성을 구하는 것일 뿐이리라고 주상해도 무방하다. 여기서 예전에 악마라 불렀던 악을 오늘날엔 질병이라고 부른다.[40]

사실, 의학이 여성에게 가한 폭력의 기나긴 역사를 부인하기는 어렵다. 그렇다고 모두 되짚을 생각은 없지만 1870년대에 고안한 위생적 난소 절제를 예로 들어보자. 과도하다고 판단되는 성적 욕구를 치유하거나 부부 관계의 범주에서 일반적으로 '불복종 태도'를 고친다는 것을 구실로 이 절제술을 대규모로 자행했다. 음핵 절제도 마찬가지다. 미국에서 마지막으로 등록된 음핵 절제는 1948년 다섯 살 여아에게 실시한 것인데 아이의 자위 행위를 치료한다는 이유였다.[41] 백질 절제술도 있다. 백질 절제는 환자를 위험하지 않은 상태, 그야말로 길들인 가축으로 가족에게 돌려보내는 것이었는데 환자는 압도적으로 여성이었다.[42]

오늘날 이런 학대와 폭력 사례에 제약회사의 수익 욕구와 파렴치함이 결합된 태만과 부주의가 더해져 범죄라는 결과를 낳는다.[43] 최근 몇 년간 일어난 놀라우리만치 많은 위생 관련 사건들은 목숨까지 앗아가지는 않았을지라도 여성 환자들의 삶을 참혹하게 바꿔놓았다. 예를 들면 프랑스에서 만든 인공 유방은 전 세계에 몇만 개가 유통되었는데 실리콘이 인체 내부에 새어 나오는 제품이었다. 바이엘사의 피임 기구 에슈어의 금속 파편은 여성들의 신체 기관을 손상시키기도 했다. 제 3, 4세대 경구 피임약을 복용하면 혈전증, 폐색전증, 뇌혈관 문제의 위험성이

---

40   Mary Daly, *Gyn/Ecology, op. cit.*

41   Barbara Ehrenreich and Deirdre English, *Fragiles ou contagieuses, op. cit.*

42   Lynda Zerouk, "Durant 50 ans, 84% des lobotomies furent réalisées sur des femmes, en France, Belgique et Suisse", *Terriennes*, TV5 Monde(2017. 12. 5). http://information.tv5monde.com/terriennes.

43   Mélanie Déchalotte, *Le Livre noir de la gynécologie*, First Editions, Paris(2017); "Un podcast à soi(no. 6): le gynécologue et la sorcière"(2018. 3. 7), www.arteradio.com 참고.

매우 높다.[44] 장기 탈장을 치료하는 것이 목적인 존슨앤존슨의 질 보형물은 가히 고문 도구라 할 수 있으며 한 피해자가 이렇게 증언할 정도였다.

"나는 결코 자살할 용기가 없었어요. 다만 제발 다음 날 깨어나지 않기를 간절히 바랐죠."[45]

여기에 제약회사 세르비에사의 경구용 혈당강하제 메디아토르를 덧붙일 수 있다. 1,500~2,000여 명의 목숨을 앗아간 이 혈당강하제는 무엇보다 주로 여성에게 식욕감퇴제로서 처방했다. 갑상샘저하증에 사용하는 레보티록신도 마찬가지다. 2017년 봄, 제약회사 머크사는 이 약의 처방법을 바꾸었다. 프랑스에서 갑상선 쇠퇴 보완용으로 이 약을 복용하는 인구는 300만 명에 달하고 그중 80%가 여성이다. 새로운 처방법은 부작용을 유발해 몇천 명이 극도의 고통을 겪게 했고 장애인이 되는 사례도 있었다.

2차 세계대전 이후에는 비스테로이드성 여성호르몬인 디에틸스틸베스트롤이라는 약이 있었다. 주의 사항이 유산이었던 이 약은 불임, 유산, 기형, 암을 유발했다. 미국에서는 1971년, 프랑스에서는 1977년까지로 약의 유효기간을 표시했고 프랑스에서

---

44 "Pilules contraceptives : 'accident médical' reconnu pour la Bordelaise Marion Larat après un AVC", France Info(2018. 2. 13).
45 Nolwenn Le Blevennec, "Prothèse vaginale : Cathy, 59 ans, transformée par la douleur", Rue89(2017. 10. 28).

UCB 파르마가 발매해 20만 여성에게 처방했다. 이 약의 부작용은 3세대까지 파급되었고 남성에게도 피해가 미쳤다. 2011년 신체 80%에 장애를 입은 한 젊은 남성이 법원에서 배상 판결을 받아냈다. 그의 할머니가 1958년 복용했던 디에틸스틸베스트롤이 딸의 자궁에 기형을 유발했고, 딸은 1989년 매우 이른 조산을 했다.[46] 마찬가지로 1956~1961년 임산부의 오심 진정용으로 발매한 탈리도마이드로 인해 세계적으로 만 명이 넘는 기형아가 태어났다. 2012년 디아지오 그룹은 팔다리 없이 태어난 오스트레일리아의 한 여아에게 수백만 달러를 배상한 바 있다.[47]

여성에 대한 편견이 여성 치료에 얼마나 해를 끼치는지 따져 보는 작업 또한 시작되었다.

"똑같은 증상을 두고도 여성 환자가 가슴 압박 통증을 호소할 때는 진정제를 처방하지만 남성 환자는 심장병 전문의에게 인도한다"고 신경생물학자 카트린 비달은 설명한다.[48] 자궁내막증이 발견되기 전 오랫동안 생리통으로 고통을 겪는 여성들은 아주 많아서 가임기 여성 10명 중 1명꼴로 고통을 겪지만 이 질환이 세상에 알려지기 시작한 건 얼마 되지 않았다. 프랑스에서

---

46 "Handicapé, un petit-fils 'Distilbène' obtient réparation", Elle.
     fr(2011. 6. 9).
47 "Née sans bras ni jambes, elle obtient des millions de dollars", Elle.
     fr(2012. 7. 18).
48 Marie Campistron, "Les stéréotypes de genre jouent sur l'attitude
     des médecins comme des patients", L'Obs(2018. 1. 13).

는 2016년 국가적 차원에서 이 질환을 알리는 캠페인을 벌이기도 했다.[49] 이런 문제는 누구나 들어본 말, 즉 병은 "당신 머릿속에서 나온다"는 말과 관련 있을 때가 많다. "아무렴 그렇겠지, 그렇다마다…" 하며 제대로 듣지도 않고 뭔지 다 안다는 투로 중얼대던 드뢰프 박사의 태도가 떠오른다. 여성이 자기 말을 경청하게 하고 진지하게 받아들이도록 하는 게 얼마나 어려운 일인지는 레보티록신 사건이 다시 한 번 확인해준 바 있다.

여성 환자는 언제나 무지하고 감정적이고 비이성적인 존재로서 헛소리를 지껄이고 과장한다고 의심받는다. 불쾌한 의사를 앞에 두고 내가 그렇게 헛소리를 지껄이는 경우는 거의 없다고 콕 집어 말해야 할까? 마르탱 빙클러는 "의사들의 무의식적 성차별 연구로 주목받는 보고서에 따르면, 의사들은 여성이 말할 때 남성이 말할 때보다 훨씬 더 자주 중간에 말을 끊는다"고 지적한다.[50]

아주 오랫동안 여성을 약하고 병들고 선천적으로 결함이 있는 존재로 여긴 적이 있다. 19세기 부르주아계층에서는 여성을 만성적으로 제대로 운신도 못하는 나약한 존재로 여겼고, 권태로 미칠 지경이 될 만큼 노상 지니에 누워 지내게 하기도 했다.

49　Chrysoula Zacharopoulou, "Endométriose : enfin, cette maladie gynécologique sort de l'ombre", Le Plus(2016. 3. 22), http://leplus. nouvelobs.com.

50　Martin Winckler, Les Brutes en blanc, op. cit.

이제 의학계는 생각을 바꾼 듯하다. 즉 여성의 모든 질병은 정신에서 비롯되는 것이 아닌지 의심한다. 요컨대 이제 여성은 "신체적으로 병든 자에서 정신적으로 병든 자"로 이행한다.[51]

미국의 한 여성 저널리스트는 흔히 조롱의 대상이 되기도 하는, 부유한 여성을 고객으로 하는 웰빙 산업, 즉 요가, 디톡스, 스무디 음료, 침술이 성공하는 이유는 여성이 주류 의료 기관에서 경험하는 비인간화와 불이익으로 설명할 수 있다고 보았다. 이 저널리스트는 "이 산업의 특징은 은은한 조명 아래 고객을 맞이하는 접대 공간의 설립이다. 이곳에서 사람들은 긴장을 풀고 자신이 극진히 대접받는다고 느낀다. 이곳에서는 여성의 신체가 기준이 된다"[52]고 말한다. 그녀의 동료는 "당신이 디톡스나 그것을 파는 사람들에 대해 무슨 생각을 하든 중요한 건 그들은 무엇보다도 당신을 염려하고, 행복과 건강이 얼마나 부서지기 쉬운지 알며, 당신이 쾌적한 삶을 살기 바라는 사람들이라는 사실입니다"[53]라고 말을 거든다.

2018년 초 방영된 미국 의학 드라마 〈그레이 아나토미〉는 관습적 기관에서 여성을 대하는 나쁜 접대방식의 전형을 보여주었다. 심장발작이 진행 중이라는 걸 확신한 여주인공 미란다 베

51 Barbara Ehrenreich and Deirdre English, *Fragiles ou contagieuses*, *op. cit.*

52 Annaliese Griffin, "Women are flocking to wellness because modern medicine still doesn't take them seriously", Quartz(2017. 6. 15), https://qz.com.

일리는 가장 가까운 병원의 응급실로 간다.[54] 하지만 담당 의사는 그 말을 불신하고 그녀가 요구하는 정밀 검사를 거부한다. 이 장면은 의사인 흑인 여성과 예일대학 출신인 건방지고 오만이 하늘을 찌르는 백인 의사의 대결을 보여준다. 베일리는 거침없고 직선적 성격이지만 자신이 억제할 수 없는 강박 장애를 갖고 있다는 사실을 인정해야 하는 처지가 된다. 이렇게 상황은 한층 안 좋아지고 그녀에게는 정신과 의사가 투입된다. 물론 결국엔 그녀가 옳았다는 것이 밝혀지고, 그래서 시청자, 그중에서도 여성 시청자는 거만한 거물급 의사의 참패를 지켜보며 속이 후련했을 것이다.

이 에피소드는 〈그레이 아나토미〉의 시나리오 작가들 가운데 한 여성 작가가 어느 남성 의사에게 "신경쇠약인 유대 여성"[55] 취급을 당한 경험에서 착안했다. 이 이야기는 방영 당시 테니스 선수 세레나 윌리엄스가 상세하게 밝힌 경험담과 공명하며 커다란 반향을 일으켰다. 2017년 9월 출산 후 폐색전증 초기 증상을 느낀 세레나 윌리엄스는 의사들이 자기 말을 경청하게 하는 것이 가장 힘들었고 그러다 거의 죽을 뻔했다고 털어놓았다. 그

---

53   Taffy Brodesser-Akner, "We have found the cure!(Sort of…)", Outside online(2017. 4. 11).

54   "(Don't fear) the reaper", *Grey's Anatomy*, season 14, episode 11, ABC(2018. 2. 1).

55   Taylor Maple, "Miranda Bailey's heart attack storyline on *Grey's Anatomy* was inspired by a show writer's own experience", Bustle.com(2018. 2. 4).

녀 이야기는 미국이 선진국 가운데 산모 사망률이 가장 높고 흑인 여성의 경우 이 비율이 더한층 높다는 사실을 조명하게 했다.

"임신 합병증으로 죽는 흑인 어머니 비율이 비라틴계 백인 어머니들보다 서너 배가 높고 흑인 여성이 낳은 아기들의 사망률은 대체로 두 배 이상 높다."[56]

이는 질적으로 떨어지는 의료 혜택을 포함해 가장 열악한 생활조건, 그녀들이 겪는 더 많은 스트레스, 결과적으로 그녀들을 무시하게 만드는 인종차별적 편견들과 관련이 있다. 그러니까 돈이 있고 유명하고 게다가 높은 수준의 스포츠인으로서 자신의 신체를 완벽하게 이해하는 환자라고 해도 여성이라면 상황은 마찬가지다.

다음 두 비극적 사례는 이러한 무시가 결과적으로 인명을 빼앗는 살인임을 증명한다. 2017년 12월, 스트라스부르에 사는 한 콩고계 젊은 여성은 응급 의사의 도움을 받으려고 하다가 오히려 조롱을 받고 사망했다. 또한 2007년 페르피냥 근처에서 타이티계 어린 소녀 노엘라니는 그녀를 '검둥이' 취급하던 같은 반 아이들에게 목이 졸렸다. 의사들은 아이가 '아픈 척'하는 것이라며 진료를 거부했고 소녀는 결국 사망했다.[57]

---

56   Frantz Vaillant, "États-Unis : pourquoi cette mortalité record pour les femmes noires dans les maternités?", *Terriennes*, TV5 Monde(2018. 2. 7), http://information. tv5monde.com.

"나는 의사를 싫어한다. 의사는 서 있는 사람이고 환자는 누워 있는 사람이다. (…) 그리고 서 있는 의사는 누워서 죽어가는 불쌍한 환자의 침대 발치에서 우쭐댄다. 의사는 누워 있는 불쌍한 그들이 결코 이해하지 못하는 그리스-라틴어 단어들을 그들에게 눈길도 안 주면서 뱉어낸다. 그런데 누워 있는 불쌍한 이들은 지식을 내뿜으며 서 있는 의사에게 방해가 될까봐 감히 질문을 하지도 않는다. 의사는 자신이 본능적으로 느끼는 죽음에 대한 두려움을 감추고, 마치 교황이 발코니에 서서 발치의 군중에게 신의 성수와 말씀을 뿌리는 것처럼 눈썹 하나 까딱않은 채 최종 선고를 내리면서 어림잡아 항생제를 처방한다."

1988년 피에르 데프로주가 암으로 사망하기 전《명백한 망언들의 심판Le Tribunal des flagrants délires》에서 언급한 이런 비난의 글을 읽는 순간 나는 공감하지 않을 수 없었다. 1988년 나는 열다섯 살이었다. 다시 말해 나는 이른 시기에 의료계에 대한 나쁜 경험들을 겪었다. 열두 살에 건강상 문제가 발견되어 나는 몇 년간 이런저런 전문의에게 끌려다녔다. 학문적 위엄의 후광이 비치는 중년 남성들 앞에 있는 나는 어리고 숫기 없고 무지하고 여

---

57 "Le calvaire de la petite Noélanie, mal prise en charge par le SAMU", MarieClaire.fr(2018. 5. 9).

성이었다. 나는 그때 마르 칸드르가 잘 묘사한, 매우 불균형적인 권력관계를 어렴풋이나마 느꼈다.

진찰실 한가운데 옷을 반쯤 벗은 채로 있던 내가 지금도 기억난다. 임상의들은 다양한 각도로 나를 살폈고, 마치 그곳에 내가 없다는 듯 자기들끼리 내 얘기를 했으며, 사춘기 소녀의 부끄러움 따위는 조금도 고려하지 않고 나를 거칠게 다루었다. 물렁하고 차가웠던 손, 로션 냄새와 입냄새, 살갗을 스치던 하얀 가운들이 떠오른다.

그 후 성인이 되어 부인과수술을 받았다. 마취 없이 진행할 수 있는 시술이라고 했지만 매우 고통스러웠다. 나는 지나치게 민감하다는 소리를 듣고 욕을 먹었다. 질경 검사로 고통스러워하는 내게 여성 의사는 화를 냈다. 즉 나는 신랄하고 터무니없고 무례한 비난을 받아도 싸고, 그 욕대로라면 나는 질 속에 무엇이 들어가든(다들 알다시피, 질경이 들어갈 때 그 느낌이라는 게 참 기분 좋은 건데 말이죠!) 도무지 참지 못하는 사람으로 요약되었다. 보통 때 유순한 환자였던 나는 그때 반발을 했다. 정신을 몽롱하게 해서 일을 해치우려고 강제로 마스크를 씌우자 난 발버둥을 쳤다. 나는 마스크를 쓰기 전 1분만이라도 그냥 숨을 쉬게 해달라고 청했다. 여성 간호사 한 사람만이 나를 동정하는 듯했고 나머지는 시간을 뺏는다며 화를 냈다.

지난 몇 년 사이 프랑스에서는 블로그와 SNS, 예를 들면 텀블러에서의 **"나는 동의하지 않았다"**[58] 등의 해시태그로 의료계의 학대 문제가 수면에 떠오르게 했다. 온라인을 중심으로 적극적 행동이 확산되었고, 매스컴은 특히 산과에서 행사하는 폭력 문제에 집중했으며, 급기야 2017년 여름 양성평등부의 정무차관 마를렌 시아파가 나서 이 문제에 관한 보고서를 요구하기에 이르렀다.[59]

이 첫 번째 자유 발언은 하비 와인스타인[미국의 영화감독, 영화 프로듀서(1952~)]의 성추문 폭로 사건에 이어 성적 괴롭힘과 성폭력을 고발하면서 몇 주 뒤 터져 나오게 되는 미투운동(#MeToo)과 많은 공통점을 보인다. 두 경우 모두 집단의 비약적 발전을 도모하는 것으로 힘의 관계를 전복시키고, 여성의 체험과 주관을 수용하게 하면서 마침내 여성이 견디는 폭력을 과소평가하게 만드는 수많은 수사학적 속임수들을 무너트린다. 다른 여성들에 관해 이야기하고 가만있지 않겠다는 그녀들의 확고한 결의는 남성의 어떤 태도들을 거부하는 것이 정당하다고 설득한다. 또 다른 여성들의 이야기는 마침내 그때까지도 '아냐, 너무 예민하고 너무 새침한 체하고 너무 정숙하고 너무 민감한 건 너야'라고 속삭이던 내 안의 작은 목소리가 입다물게 하고 내가 느끼는 혐오감을 인정하게 한다. 그 이야기들 속에는 딱 사 섥은 분리된 경

---

58 http://jenaipasconsenti.tumblr.com.

59 Marie-Hélène Lahaye, "L'été historique où les violences obstétri-
cales se sont imposées dans les médias", Marie accouche là(2017. 8.
18), http://marieaccouchela. blog.lemonde.fr 참고.

험들 사이의 벽을 허물고 활기와 안도감을 주는 무언가가 있다. 또는 우리가 병원에서 의료진의 권위로 인해 위압감을 체험한 뒤 혹은 TV에서 의사들이 자신의 말을 경청하도록 주눅 들지 않고 끝까지 싸우는 미란다 베일리의 모습을 볼 때 느끼는 감정과도 비슷한 무엇이 있다. 이전엔 고통스런 경험은 빨리 잊는 수밖에 없다고 생각해왔던 나도 어느새 상황이 변하리라는 희망을 품으며 이 문제에 적극적 관심을 갖게 되었다.

부지불식간에 형성된 이 잠재적 연대의식에 힘입은 나는 이제 불쾌감을 주는 의사들을 마주할 때도 조금은 덜 경직된다. 다행스럽게도 매우 호감을 갖게 하는 의사들을 만나기도 한다. 그런데 보통은 의사들이 나의 이런 태도를 좋아하지 않는다는 사실을 금세 알 수 있다. 그들은 무엇을 하는 중이냐고 묻는 아주 겸손하고 단순한 질문도 마치 용납할 수 없는 모욕이나 불경죄인 양 반응한다. 그들에게 좋은 환자란 아마도 입다물고 있는 환자인 듯하다. 그런데 매우 중요하고 단순한 논거가 있다. 의사에게 감히 질문을 던지는 이 행동이 당신의 목숨을 구할 수도 있다는 것이다.

내 친구 하나는 환자들의 편의를 고려한다는 측면에서 '역사적'이고 선구적이라는 파리의 한 산부인과 병원에서 아이를 출산했다. 그러나 그녀를 거칠게 다루고 순간순간 그녀를 깜짝 놀라게 하는 식으로 그들이 일하는 방식에 큰 충격을 받았다. 아들을 낳고 얼마 안 되어 진찰을 받기 위해 다시 병원에 가야 했는데 이 기회에 친구는 그 문제를 언급했다. 그러나 상대방은 그녀의 불평을 짧게 차단하고는 반박했다.

"당신도 건강하고 아이도 좋은 상태입니다. 무얼 더 바라시나요?"

이상한 논리다. 그녀는 건강했고 임신 상태도 정상적이었다. 그녀와 아들이 건강하다는 사실은 별로 놀라운 일이 아니라 기본적인 것이었다. 그러나 마리-엘렌 라에가 쓰고 있는 것처럼, 죽음의 공포로 위협하는 것이 "자신의 신체를 존중해주었으면 하는 여성의 바람을 좌절시키고 의사의 권위에 계속 복종하게 하는 데 최선의 무기가 된다".[60]

마르탱 빙클러에 따르면, 이 죽음의 공포는 또한 의과대학에서 실기 수업 때 학생들이 지나치게 많은 질문을 하지 못하도록 저지하는 데도 최상의 무기가 된다. 즉 그들에게 이렇게 겁을 주는 것이다.

"올바른 자세를 습득하지 못해서 가르쳐준 대로 하지 않으면 환자들은 죽어요."[61]

그런 위협은 대체로 매우 과장된 것이다. 특히 임신한 여성들과 관련해서는 그렇다. 임산부는 환자가 아니다. 그러나 때때로 위협은 정말로 실제적인 것이 된다. 의사 앞에서 우리는 언제

---

60   Marie-Hélène Lahaye, *Accouchement : les femmes méritent mieux*, op. cit.

61   Martin Winckler, *Les Brutes en blanc*, op. cit.

나 약자인데 어쨌든 우리는 심각하거나 그렇지 않거나, 때론 치명적이기도 한 질환으로 고통받기 때문이다. 그건 의사가 우리가 갖지 못한 지식을 가졌기 때문이고, 우리를 구해줄 힘을 가진 사람이 있다면 바로 그 사람이기 때문이다.[62]

그건 데프로주가 말했듯, 우리는 누워 있는 사람이고 그는 서 있는 사람이기 때문이다. 환자의 이 취약한 상황은 의사가 그를 대하며 최소한 존중의 마음을 갖도록 하는 데 작용해야 하며 그의 입을 다물게 하는 식으로 작용해서는 안 된다. 더욱이 이런 상황에서 환자의 감정은 격앙되는 경향이 있고 이때의 가학은 그만큼 더 상처가 된다. 그래서 환자들은 섬세한 배려로 공감하고 행동하는 간병인에게는 잊지 못할 감사의 마음을 갖는지도 모른다.

환자를 인격으로 대하는 진정한 치료

여성 치료사들에 반대해, 일반적으로 여성에 반대해 그리고 그녀들과 연관된 모든 가치에 반대해 무력행사를

---

62   페미니즘운동은 가능한 한 이 의존을 축소해야 할 필요성에 대해 강조해왔다. 특히 Rina Nissim, *Une sorcière des temps modernes. Le self-help et le mouvement Femmes et santé*, Éditions Mamamélis, Genève(2014)와 총서의 프랑스어 재판 *Notre corps, nous-mêmes*, en cours aux éditions Hors d'atteinte(출간 예정) 참고.

하지 않았다면 오늘날 서구의 의료계는 어떤 모습일까 하는 물음은 여전히 몽상에 잠기게 한다. 의료계에서 추방당했던 여성은 이미 말했듯이 먼저 간호사의 자격으로 복귀를 허락받는다. 의사가 학문의 위엄을 후광으로 두른 이상적인 남성이라면 간호사는 부드럽고 모성적이고 헌신하는 이상적인 여성이라고 바바라 에런라이크와 데어드레 잉글리쉬는 평한다. 그러고 보면 달콤한 로맨스 소설 작가들이 잘못 생각한 게 아니었다. 그가 병을 진단하고 처방을 내리게 하고, 그녀가 환자의 곁을 지키고 일상적인 돌봄을 맡게 한다. 위대한 남성은 어찌 되었든 "환자를 돌보는 자잘한 일들을 하며 대학에서 배운 값진 지식과 재능을 낭비"하진 않는다.[63]

빙클러는 이러한 분업이 지속되는 이유가 프랑스 의사들에게 제공하는 교육 때문이라고 설명한다. 즉 의사 교육은 무엇보다 "다른 모든 시민 앞에서 권위 있는 지위를 얻게 하는 것이 목표지 아픈 환자를 회복시키는 치료 행위를 가르치지는 않는다. 환자를 돌보는 것은 간호사, 산파, 물리치료사, 심리상담사의 일이다. 의사는 지식과 거기서 나오는 권위에 볼일이 있다".[64]

에런라이크와 잉글리쉬는 이렇게 기억한다. 즉 "진정한 의미에서 환자를 치료한다는 것은 치료와 동시에 돌봄을 제공하는

---

63   Barbara Ehrenreich and Deirdre English, *Sorcières, sages-femmes et infirmières, op. cit.*

64   Martin Winckler, *Les Brutes en blanc, op. cit.*

것, 의사인 동시에 간호사가 되는 데 있다. 예전의 여성 치료사들은 이 둘을 겸했고 이 두 기능으로 평가받았다."[65] 마리즈 콩데가 마녀의 역할이 그녀의 운명이라고 생각했던 마녀 티투바는 살렘에서 어두운 시간을 보낸 후 바르바드로 돌아와서 다시 치료사 역할을 자처한다. 어느 날 마을 사람들이 그녀에게 젊고 반항적인 노예를 데려온다. 노예는 주인에게 250대나 매질을 당하고 초주검이 된 상태였다. 그녀는 "노예 이피젠느를 내 방 어디에서도 보이며, 숨소리 하나 놓치지 않을 위치에 눕혔다"고 말한다.[66]

환자에 대한 이해와 그에게 기울이는 지속적인 관심은 치료의 일부다. 또한 환자에 대한 이해와 관심이 있을 때 의사는 환자를 수동적이고 무력하고 누구로든 대체 가능한 몸으로 보지 않고 한 인격으로 대할 수 있다. 환자를 전자의 태도로 대할 때 육체와 영혼 또는 정신을 영원히 분리함으로써 학대를 조장하고 환자를 비인간화한다. 앞서 설명한 지배 정신과 쌍을 이루는 이러한 태도는 환자의 신체를 단순한 기계처럼 거침없이 다루거나 환자가 있는 곳에서도 마치 없는 것처럼 그에 대해서 이야기하는 이유가 된다.

환자와 동등한 위치에 서서 그를 전인적 인간으로 대하는 데는 육체와 정신을 분리하지 않을 뿐 아니라 순수이성에 사로잡

---

65   Barbara Ehrenreich and Deirdre English, *Sorcières, sages-femmes et infirmières, op. cit.*

66   Maryse Condé, *Moi, Tituba, sorcière…, op. cit.*

힌 대학자보다도 더 풍부한 박애 정신으로 환자의 신체를 고려한다는 함의가 있다. 우리는 새 패러다임의 도래를 목도한 바 있는데 여기에 비추어볼 때 신체는 강제적이고 굴욕적인 방식으로 인간존재의 동물성을 상기시킨다.

실비아 페데리치에게 있어 마녀사냥 시대의 유행 가운데 무엇보다 배설물에 대한 강박증은 "활동을 중단시킬 수 있는 요인을 신체-기계에서 비워버리고 조정하려는 부르주아의 욕구"로 설명할 수 있고, 배설물이 신체에 서식하는 '병적인 체액'을 상징한다는 사실로도 설명할 수 있다. 청교도들에게 이 체액은 "인간성의 부패를 보여주는 가시적 표시, 싸워서 이기고, 지배하고 정화해야 하는 일종의 원죄가 된다. 그래서 아이들이나 '악마 들린' 사람들에게서 악령을 쫓아내고자 하제, 토사제, 관장약을 투약했다".[67]

쥘 미슐레는, 마녀들은 이와 반대로 "위장과 소화기능의 회복"을 연구하는 방향으로 나아갔다고 주장한다.

"그녀들은 이처럼 대담하게 공언한다. '아무것도 불순하지 않고 아무것도 불결하지 않다.' (…) 오로지 정신적 악만이 불순하다, 신체의 모든 것은 순수하다. 따라서 옛된 정신주의가 금지하는, 더군다나 어리석은 혐오가 금지하는 그 어떤 것에 대해서도 관찰과 연구를 등한시해서는 안 된다."

---

67   Silvia Federici, *Caliban et la sorcière*, *op. cit.*

그에 따르면 이러한 태도는 이미 '높음'과 '낮음'이라는 위계를 적용하는 중세의 정신성과 상반된다. 중세에는 고귀한 정신과 고귀하지 않은 신체, 고귀한 하늘과 고귀하지 않은 심연으로 분리했기 때문이다.

"왜 그럴까? '그건 하늘이 높기 때문이다.' 하지만 사실 하늘은 높지도 낮지도 않다. 그것은 위인 동시에 아래다. 심연은 무엇인가? 아무것도 아니다. 비천한 세상과 인간의 작은 세계처럼. 인간은 하나의 방이다. 그 안에서는 모든 것이 서로 밀접한 관계를 맺는다. 위장은 뇌를 위해 봉사하고 뇌를 먹여 살리며 뇌는 위장이 소화효소를 준비하도록 쉬지 않고 도와주면서 그에 못지않게 일한다."[68]

환자를 인격으로, 동등한 사람으로 대하기로 한다는 것은 또한 공감에, 다시 말해 끔찍할 정도로 감정에 자신을 맡기는 것이다. 그런데 의사 지망생들에게는 냉정하고 초연한 과학자라는 신화에 따라 자기감정을 부정하는 법을 가르친다. "그들의 병원 실습은 마치 그들이 관여하지 않고 되도록이면 감정적으로 환자들과 거리를 두기 바라는 것처럼 진행된다. 물론 이것은 불가능한 일"이라고 빙클러는 지적한다. 대체로 그들은 의대 교육을 받으면서 방어적인 내향성으로 둔감해진다. 스트레스가 많고 할 일도 너무 많은 데다 자신들이 지켜보는 환자의 고통이 당황스

---

68   Jules Michelet, *La Sorcière, op. cit.*

럽기 때문이다. 또한 그들의 우월한 위치라는 것은 강해 보여야 하고 따라서 냉정을 유지하는 것을 의미한다고 세뇌당하기 때문이다. 어떤 환자들은 이런 태도에서 안정감을 느끼거나 적어도 이런 태도를 보이는 의사라고 해서 좋은 의사가 아니라는 법은 없다고 생각한다. 하지만 빙클러는 다음과 같이 강조한다.

"'환자와 냉정하게 거리를 두는 유능한' 의사란 없다."[69]

의사가 감정을 표출한다는 생각은 스스로에게 놀라운 일일 뿐 아니라 일부 환자들에게도 놀라운 일인 듯하다. 마치 인간성과 나약함이 드러나면 그들의 능력이 없어지거나 무능력해지기라도 하는 것처럼. 이는 우리 머릿속에서 이 능력이라는 것이 무엇을 기반으로 하는지를 잘 말해준다. 그들은 인간성의 표출을 모든 것을 휩쓸어가는 급류 같은 것으로 상상하면서 그것이 의사들을 얼빠진 바보로 만들어 일을 못하게 만들 거라고 생각하는 듯싶다.

그런데 지금 머릿속에 떠오르는 한 사람이 있다. 그는 나와 가까운 사람이 암에 걸렸을 때 치료를 담당했던 암 전문의다. 마지막 진찰을 할 때 그는 이제 더는 환자의 수명을 연장하는 것이 불가능하다고 분명하게 밝히며 눈물을 글썽이기까지 했다. 나중에 이 이야기를 전해 듣고 나는 깊은 감동을 받았다. 고인에 대한 내 애도의 마음이 지지받는 듯했다. 그의 눈물은 그의 앞에

---

69   Martin Winckler, *Les Brutes en blanc, op. cit.*

있는 환자가 하나의 사례가 아니라 한 인간임을 인정하는 것이었다. 오랜 시간 함께했던 사이에서 이보다 더 자연스러운 일이 있을까? 인간이라는 공통점을 인정하는 것이 그를 좋지 않은 의사로 만들 이유는 없다. 오히려 그 반대다.

이와 달리 환자의 고통 앞에서 아무런 감동이 없는 의사의 태도는 어떤 메시지를 전할까? 사이코패스는 좋은 의사의 숨겨진 모범일까? 그리고 감정을 억제하는 것이 정말로 자신을 보호하는 방법일까?

자연스레 용납하는 비이성적 태도

병원의 모든 진료과 가운데 가장 확연하게 현대 과학의 관점에 어긋나는 동시에 여성과 충돌해 전쟁을 치르는 과는 산과다. 캐롤린 머천트는 "마녀와 마법사 그리고 산파는 생산과 재생산의 영역에 새로 세워진 관계의 핵심인 물질과 자연의 지배를 위한 전쟁에서 상징적 중심부에 있었다"고 쓰고 있다.[70]

두 가지 의료 도구의 등장은 산파를 없애고 '합법적' 의사들, 즉 남성 의사들에게 새로운 노동시장을 보장해주었다. 질경과 겸자가 바로 그것이다. 질경은 1840년대 앨라배마주 의사 제임

---

70 Carolyn Merchant, *The Death of Nature, op. cit.*

스 마리온 심스가 발명했는데 그는 노예들을 대상으로 수없이 도구를 이용한 실험을 했다. 한 예로 그는 아나차라는 여성 노예에게 마취 없이 30여 차례나 수술을 시행했다. 캐나다 저널리스트 사라 바르마크는 "실험의 목적 자체에 인종차별과 성차별이 들어 있다. 다음번 성공의 고지에 다다랐을 때를 생각해보라"고 공격한다. 그녀는 현대 여성들이 자신의 성을 자기 것으로 되찾는 방법을 고찰하는 책을 내기도 했다.[71]

겸자는 이보다 이른 16세기, 영국으로 건너간 위그노(16~18세기 프랑스 칼뱅파 신교도를 뜻하는 말)인 피터 챔벌린이 만들어냈다. 그다음 세기인 1670년 그의 조카 휴가 파리 시립병원에서 산부인과 의사 프랑수아 모리소 앞에서 사용법을 시연했다. 수술 결과는 참담했고 산모와 아이는 결국 사망하고 말았다. 외과 치료 행위를 여성에게 금지한 영국에서는 이 도구를 외과 도구로 분류했다. 산파들은 의사들이 이 도구를 위험하게 사용한다며 고발했지만 소용이 없었다.[72] 산파들은 1634년 의사 피터 챔벌린Ⅲ을 고발하는 탄원서를 냈으나 아무 성과가 없었다. 오히려 거센 중상모략의 움직임이 일어 그녀들이 무능력하고 반계몽주의적

---

71   Sarah Barmak, *Closer. Notes from the Orgasmic Frontier of Female Sexuality*, Coach House Books, Toronto, 2016. 또한 Thomas Belleaud, "Le spéculum, inventé par un misogyne et testé sur des esclaves", Terrafemina.com(2015. 7. 30) 참고.

72   Barbara Ehrenreich and Deirdre English, *Sorcières, sages-femmes et infirmières, op. cit.*

이라고 비난했다.

17세기 말에는 남성 외과 의사들이 출산을 완전히 장악했다.[73] 1760년 시립병원에서 근무하던 영국인 산파 엘리자베스 니헬은 도구가 필요한 출산을 결코 본 적이 없다고 주장했다. 《산파술에 관한 논문A Treatise on the Art of Midwifery》에서 그녀는 사적 편의를 이유로 작업 시간을 줄이기 위해 겸자를 이용하는 외과 의사들을 비난했다.[74]

외과 의사와 수술의들은 무엇보다 산파들이 불결하다고 비난하고 악의적으로 조롱하며 그녀들을 쫓아냈다.

17~19세기 초기 산부인과에는 당시 서민층 여성만 찾아왔고 출산하다가 산욕열에 걸리는 변고를 당하기도 했다. 예를 들면 1866년에는 파리 시립병원에서 출산한 여성 가운데 4분의 1이 사망했다. 미국인 의사 올리버 웬델 홈스는 1840년경 빈에서는 속출하는 희생자를 감추기 위해 관 하나에 2명씩 입관하게 했다고 말한다.[75]

1797년 영국의 지식인이자 여성주의자인 메리 울스턴크래프트[76] 또한 미래의 작가이자 《프랑켄슈타인》의 저자인 둘째 딸 메리 셸리를 출산한 후 산욕열로 사망한다. 19세기 중반 빈의 병

---

73   Carolyn Merchant, *The Death of Nature, op. cit.*

74   Adrienne Rich, *Naître d'une femme, op. cit.*

75   위와 같음.

76   Marion Leclair, "Une aurore du féminisme", *Le Monde diplomatique* (2018. 3) 참고.

원에서 근무하던 이그나스 필립 젬멜바이스는 이 '유행병'의 원인을 알아냈다. 의사들이 시신을 해부한 후 손을 씻지도 않은 채 분만실에 들어갔던 것이다. 동료 의사들이 분만실에 들어가기 전 의무적으로 손을 씻게끔 하자 사망률은 감소했다. 그는 당시 죄책감으로 몹시 괴로워했다.

"내 잘못으로 너무 일찍 무덤에 들어간 환자 수가 몇 명인지는 오로지 신만이 아신다."

그러나 이 의학적 발견은 동료 의사들의 빈축을 샀다. 그들은 자신들 손이 죽음의 병원체 매개물이 될 수 있다는 생각에 불쾌해했다. 이후 이어지는 몇 년 동안 자기 앞에서 닫히는 일자리의 문을 보며 젬멜바이스는 우울증에 시달렸고 1865년 빈의 한 정신병원에서 생을 마쳤다.

1795년에는 스코틀랜드 의사 알렉산더 고든이 유사한 가설을 내놓았지만 어떤 반향도 일으키지 못했다. 홈스 또한 동일한 결론에 이르렀고 똑같은 공격을 받았으며 돋보이는 일만 찾아다니는 무책임한 출세주의자로 취급당했다.[77]

마리-엘렌 라에는 저서 《출산: 여성은 더 나은 대접을 받을 자격이 있다》에서 산부인과의 폭력을 고발하는 데 그치지 않는다. 그녀는 의사들이나 산파, 간호사들의 호의적인 혹은 덜 호의적인 개인적 태도와는 다른 것, 즉 우리들 대부분이 세상에 태어

---

77   Adrienne Rich, *Naître d'une femme*, op. cit.

나는 방식 또는 아이를 낳는 방식에 있어서 비상식적이고 이론의 여지가 있는 부분을 상세하게 파헤친다. 그녀는 출산을 이해하고 준비하는 방식을 완전히 새로운 눈으로 보기를 권한다. 우리는 기존 방식에 매우 익숙해져 다른 방식으로 출산할 수 있다는 것을 생각지도 못한다. 하지만 기존 방식에는 의문을 제기할 만한 요소들이 적지 않다.

먼저 등을 바닥에 대고 눕는 전형적 자세부터 생각해보자. 이는 산모와 아이에게 가장 편하지 않은 자세다. 이 자세로는 산모와 아기가 중력의 도움을 받을 수 없다. 우루과이 의사 로베르토 칼데이로-바르시아는 이 자세를 가리켜 "발을 매다는 자세를 제외하면" 가장 나쁜 자세라고 말했다.[78]

이 자세는 결국 단 한 사람의 주인공, 즉 산모의 다리 사이에 자리 잡은 의사에게만 유리하다. 그는 산모에게서 출산의 주역 자리를 빼앗는다. 요컨대 이 자세는 성행위 체위 가운데 정상위와 같은 급이다. 성교와 분만에서는 이 두 자세만을 '적합한' 자세로 간주했는데 이는 "수동적인, 아니 그보다는 불가사리처럼 뻗어 있는 여성을 배경으로 능동적이고 활동적인 남성"을 무대에 등장시키는 자세다.[79]

1663년 정부 루이즈 드 라 발리에르가 출산을 준비할 때 의

---

78 Adrienne Rich, *Naître d'une femme, op. cit.*에서 인용.
79 Marie-Hélène Lahaye, *Accouchement:les femmes méritent mieux, op. cit.* 상반되는 언급을 제외하고 다음에 이어지는 인용들도 마찬가지다.

사에게 "벽걸이 천 뒤에 숨어서 볼 수 있도록 그녀가 바닥에 등을 대고 누워 출산하게" 하라고 요구했던 것은 바로 루이 14세인데 이는 매우 의미심장하다. 언제나 훔쳐보기를 원하는 그 강박증…. 5년 뒤, 휴 챔벌린이 겸자 사용을 시연하다가 참담하게 실패한 현장에 있었던 왕의 주치의 모리소는 출산에 관한 그의 영향력 있는 개론서에서 이 자세를 권장한다.

다른 세상을 꿈꾸기 위한 밑그림

한쪽 편엔 우리가 잘 아는 분만실이 있다. 강렬한 조명 아래 소음이 들려오고 여기저기서 의료진이 움직이며 완전히 무력해진 임산부들은 모니터로 감시를 받는다. 그녀들은 모두 똑같은 방식과 자세를 요구받는다. 마리-엘렌 라에는 이를 가리켜 "포드주의적인 표준화된 대량생산방식의" 조정 모델이라고 칭한다.[80] 저서 《더 이상 어머니는 없다Of Woman Born-Motherhood as Experience》〔한국어판은 평민사(2002)〕에서 유사한 말을 했던 에이드리언 리치는 분만할 때 산관과 도움을 받을 필요가 있다고 하면서도 "도움을 청하는 것과 임산부의 무력화를 요구하는 것

---

80   "Marie-Hélène Lahaye : 'On impose aux femmes un accouchement "fordiste", au détriment de l'accompagnement', *L'Humanité* (2018. 2. 13).

은 차이"가 있다고 했다.[81]

다른 한쪽 편에는 임상 '자연분만실'이 있다. 저자 자신도 산파와 남편이 지켜보는 가운데 이 자연분만실에서 출산했다. 그녀는 "은은한 조명과 편안한 음악이 흐르는 분위기에서 나는 내 몸이 가르치는 자세를 자유롭게 취했다. 한 마리 표범처럼 설치물들 사이를 기어가다 원숭이가 하듯 설치한 도구들에 달라붙기도 했다. 그러는 사이 나는 고통보다는 믿을 수 없는 엄청난 힘을 느꼈다. 나는 있는 힘을 다해 소리를 지르고 기운차게 울부짖다가 어마어마하게 비명을 지르기도 했다"고 이야기한다.

이 두가지 묘사를 읽으며 첫 번째 분만실에서는 앞서 말한, 불안감을 일으키는 문명의 온갖 요란한 특성을 다시 보는 듯했고, 두 번째 묘사에서는 다른 가능성을 지닌 세상의 모습, 자연 그리고 여성과 더욱 진정한 관계를 유지하는 또 다른 세상의 밑그림을 보는 듯했다. 이 두 장소는 새로 태어나는 인간존재를 맞이하는 매우 다른 두 세상이고 그에게 세상의 모습을 알리는 두 방식이다…

라에의 출산방식은 나의 주제와 관련해서도 흥미롭다. 그녀가 합리적 의학 처치를 저버리면서 비합리적 자세를 주장하는 게 아니기 때문이다. 반대로 그녀는 의학이 주장하는 합리적이라는 말에 이의를 제기한다. 그녀의 저서는 과학적 주석들과 참

---

81 Adrienne Rich, *Naître d'une femme, op. cit.*

고문헌들을 가득 담고 있다. 그녀는 여성이 선천적으로 어떤 지식을 갖고 있을 거라는 '본능'의 이름으로 여성이 출산 지배권을 되찾아야 한다고 주장하는 것이 아니다. 분만은 "일단의 반사적 움직임, 구토처럼 몸이 저절로 알아서 할 줄 아는 것이면서도 훨씬 더 유쾌한 결과가 있는 그 무엇"이다. 그녀는 이를 위해 몸에 특히 필요한 것은 조용함이라고 말한다. 그녀는 병원의 절차가 야기하는 스트레스가 어떻게 곧이어 병원이 해결했다고 우쭐댈 문제들을 생기게 하는지 제시한다.

"모니터의 소음과 감지기에 이상이 생기면 울리는 신경을 자극하는 날카로운 경고음은 산모의 아드레날린 상승을 유발한다. 아드레날린 생성은 옥시토신의 생성을 막는데 옥시토신은 특히 자궁수축호르몬으로 분만 시 꼭 필요하며 부족할 경우 자궁수축이 제대로 이루어지지 않는다. 이를 보완하기 위해 의료진은 옥시토신을 일정량 주입할 수 있는데 이 경우 자궁수축에 이상이 생겨 또 다른 호르몬인 엔도르핀 분비가 부족해지고 고통이 심해진다. 이때 고통을 견디게 하기 위해, 또 이 고통으로 인해 제대로 힘을 쓰지 못함으로써 분만이 지연되는 것을 막기 위해 산모에게 겸자의미키키가 필요할 수도 있다.

이런 논거로 그녀는 "병원에서 분만하지 않았다면 난 죽었을 거야"라고 말하는 여성들 가운데 오히려 "병원에서 날 죽일 뻔했어"라고 말해야 할 여성의 수가 적지 않은 듯하다고 결론을 내린다.

한편 사회 통념과는 반대로 산모 사망률이 감소한 원인은 병원에서 실행하는 출산 절차 덕분이 아니다.

"1945~1950년 출산 중 사망률이 급격히 감소한 것은 분만 시 산부인과의 개입 이상으로 생활조건의 향상과 의학 전반의 진보 및 향상된 위생이 낳은 결과다."

바바라 에런라이크와 데어드레 잉글리쉬는 마녀사냥의 표적이 되었던 여성 치료사들은 우리가 불신할 수도 있는 마법을 병행하면서도 "더 위험하고 덜 유능했던" 당시의 공인된 의사들에 비해 이미 훨씬 더 합리성의 편에 있었다고 주장한다. 당시 의사들은 대학에서 플라톤과 아리스토텔레스, 신학을 공부했다. 그런 그들은 사혈 요법으로 거머리를 이용하곤 했는데 아무리 하찮은 치료도 신의 의도와 상충한다는 이유로 종교 당국의 저항에 부딪혔다. 14세기에 그들은 의료 행위를 할 권리가 있었지만 "그들이 신체를 보살피는 행위가 영혼을 위험에 빠트리지 않는다"는 것을 증명해야 했다.

에런라이크와 잉글리쉬는 "사실 우리에게 남아 있는 그들의 의학 교육에 대한 고찰로 보아 그들이 위험에 빠트렸던 것은 신체 쪽이었다는 게 더 사실일 듯싶다"고 빈정댄다. 부자들만 한정해서 치료한 공인된 의사들이 관용을 누렸다면 여성 치료사들은 똑같은 혜택을 받지 못했다. 그녀들은 성직자들이 병에 걸린 백성들에게 주입하고자 한 숙명론을 단호하게 거부했다.

쥘 미슐레는 성직자들이 연설하는 숙명론을 다음과 같이 요약한다.

"당신은 죄를 지었으므로 신이 당신에게 병을 내렸습니다. 감사하십시오. 그만큼 내세에서 받을 고통을 덜게 됐습니다. 체념하고 고통을 감내하며 눈감으세요. 교회는 죽은 이들을 위해 기도합니다."[82]

같은 맥락에서 여성은 원죄를 속죄하기 위해 아이를 낳으며 고통받아야 했다. 반면 여성 치료사들은 맥각균[모세혈관 축소 작용이 있어서 지혈제, 부인병 등의 약재로 쓰인다]을 써서 그녀들의 고통을 덜어주었는데 오늘날에도 여기서 파생된 몇몇 약을 분만 과정과 분만 이후 사용한다. 여성 치료사들이 이용했던 많은 풀은 이처럼 여전히 약제의 일부가 되고 있다.

"뼈와 근육, 식물과 약제에 대한 깊은 지식을 발전시킨 쪽이 마녀들이었던 반면 의사들은 여전히 점성술에 의존해 진단을 했다."[83]

달리 말해 대담함, 통찰력, 체념의 거부, 낡은 미신 탈피는 우리가 생각하는 쪽에 있지 않았다. 마틸다 조슬린 게이지는 일찍이 1893년에 "우리에겐 이른바 '마녀들'이 당대에 학문적으로 가장 조예가 깊은 인물들 명단에 실려 있었다는 풍부한 증거가 있다"고 적었다.[84] 마녀들을 악마와 연결하는 것은 그녀들이 제한

---

82 Jules Michelet, *La Sorcière, op. cit.*
83 Barbara Ehrenreich and Deirdre English, *Sorcières, sages-femmes et infirmières, op. cit.*

된 영역을 넘어 남성의 특권을 침범했다는 의미를 갖는다.

"고문으로 인한 죽음은 교회가 여성의 지성을 처벌하는 수단이었다. 그건 그녀들이 소유한 지식을 사악한 것으로 여겼기 때문이다."[85]

'히스테릭한 착한 여성들'의 반란

물론 르네상스 시대에 세워진 상징체계에 대한 오늘날의 반론이 의료 부문에만 국한되지는 않는다. 감정 배제의 예를 들어보자. 감정은 비하의 목적으로 오로지 여성에게만 부여한다. 이는 특히 의사들에게서 두드러지게 나타나지만 사실 사회 전반에 깔려 있는 논리다.

1985년, 아프리카계 미국 여성 활동가 코라 터커Cora Tucker는 자신이 거주하는 빈곤한 흑인 지역 버지니아주 핼리팩스의 방사능 폐기물 매립지 설치에 반대하는 투쟁의 선두에 서 있었다. 그녀는 백인 남성들로 구성된 일단의 관계자들이 자신을 '히스테릭한 주부'로 취급했을 때 무엇보다 큰 상처를 받았다. 그녀는 이 문제에 대해 성찰한 후 다음 모임에서 그들이 다시 모욕적인

---

84   Matilda Joslyn Gage, *Woman, Church and State*, op. cit.
85   위와 같음.

말을 하자 이렇게 응수했다.

"당신들이 전적으로 옳아요. 우리는 히스테릭합니다. 그리고 생사가 걸린 문제일 때, 특히 나의 생사가 걸린 문제 앞에서 나는 히스테릭해집니다. 이럴 경우 남성들이 히스테릭해지지 않는 다면 그들이 어딘가 정상이 아닌 겁니다."[86]

요컨대 감정이 늘 길을 잘못 들게 하는 건 아니다. 반대로 이따금 감정의 말에 귀를 기울일 때 그것이 우리를 구원하기도 한다. 방사능 폐기물 매립지 부근에 살게 될 위험에 처했을 때뿐 아니라 앞서 언급했듯이 괴롭힘이나 학대를 받는 상황에서도 감정은 그러한 역할을 한다. 이성의 목소리 이면에 겁박하고 마비시키는 권위의 소리가 감춰져 있을지라도 자신이 느끼는 것, 즉 혐오, 분노, 거부, 반항을 신뢰한다면, 몸과 마음을 가득 채우는 위험신호를 신뢰한다면, 피해자들은 자신을 지킬 힘을 찾아낼 수 있다.

물론 감정이 우리를 눈멀게 하고 우리를 조종할 수도 있다. 그렇다고 해서 감정을 빼고 생각해야 한다는 주장에 따르면 우리 자신을 이러한 위험에서 보호할 수 없을 것이다. 어찌됐든 감정은 항상 그곳에 있을 테니까.

수전 그리핀은 자신의 책 서문에서 자신의 생각에 도움을 준

---

86 Celene Krauss가 인용한 "Des bonnes femmes hystériques : mobilisations environnementales populaires féminines", in *Reclaim, op. cit.*

이들에게 감사를 표하며 한자에서 '생각'은 '머리'와 '마음'이 결합한 그대로의 의미를 가리킨다고 설명한다[87][한자의 '생각할 사思'는 '밭 전田'(여기서 田은 머리를 나타내는 상형문자 '정수리 신囟'의 모양이 변형된 것)과 '마음 심心'이 결합한 형태다].

철학자 미셸 윌린은 모든 감정을 제거한 순수한 이성을 주장하는 것은 망상임을 상기시킨다. 다시 말해 가장 명백하고 가장 엄격한 학문조차 모든 학문적 가르침의 근원에는, 감정적 선호가 있다고 강조한다. 비록 그 감정적 선호가 우리로 하여금 "무질서보다는 질서를, 불분명함보다는 분명함을, 불완전보다는 완전을, 모순보다는 일치를" 선호하게 만들지라도. 그의 글을 더 읽어보면 "감수성은 그 불가피한 편파적 성격을 갖고도 우리의 이해 행위 과정에서 더욱 심층적으로 중심 역할을 한다. 이때의 이해는 어떠한 가치도 고려하지 않는 완전히 중립적인 어떤 의식이 사물을 있는 그대로의 상태로 우리에게 맡긴 것을 의미한다".

그는 이렇게 결론을 내린다.

"지식의 모든 속주들 가운데 우리의 이론적 구축물들의 체계 전체가 세워지는 곳은 바로 감정적 선호라는 이 움직이는 지반 위다."[88]

좀 더 자세히 들여다보면 비물질적이고 순수하고 투명하고

---

87   Susan Griffin, *Woman and Nature, op. cit.*

88   Michel Hulin, *La Mystique sauvage*, PUF, Paris(1993).

객관적인 이성이라는 매우 있음 직하지 않은 주장에는 어딘지 미숙한 데가 있다. 미숙할 뿐만 아니라 깊은 두려움이 어려 있다. 자신을 믿고 스스로의 학식과 우월성을 확신하는 의사든, 학자든, 바의 단골손님이든 간에 회의적인 구석은 조금도 없어 보이는 누군가를 보면서 우리는 이런 태도의 이면에 어떤 본질적 불안감이 숨어 있다고 생각하기 어렵다. 그렇지만 이 가설은 작가 마르 칸드르가 소설 《여성과 드뢰프 박사》에서 위대한 학자 드뢰프 박사의 이면에 숨어 있는 겁먹고 웅크린 어린 소년의 모습을 들춰내 보이며 암시하는 것처럼 검토해볼 만한 것이다.

애초에, 세계에 대한 데카르트의 관점은 거대한 불안을 떨쳐내기 위해 생겨난 것임을 기억할 필요가 있다. 코페르니쿠스는 지구가 태양 주위를 돈다고 주장하며 당대의 우주론을 전복시켰다. 그리고 이 전복은 수전 보르도가 쓴 것처럼 "중세가 상상했던 안락하고 닫힌 우주"를 끝장내고 우주의 무한함을 가정했던 도미니크회 수도사 조르다노 브루노(1548~1600)에 이르러 더한층 증폭된다. 이와 동시에 초기 망원경들은 관측가들을 천체의 심연 속으로 떨어지게 한다. 이후 "우주의 무한함은 그 입을 쩌 벌렸다".

데카르트의 과업은 이 폭발로 생긴 불안감에 대처하고 "믿음과 희망을 찾아 의심과 절망"의 여행을 떠나는 데 있었다. 그는 경멸하거나 방어하는 자세로서 이제 거대하고 텅 비어 있으며 무심하고 차가운 것으로 인식되는 이 우주를 최대한 초연한 태도로 대하기로 했다. 그의 천재성은 '상실과 부재'의 경험을 인류의 진보와 앎의 동기로 전환시킨 데 있다. 그 결과 "무한한 우주의 끔찍한 풍경은 현대 철학과 과학의 조명으로 환하게 밝혀진 실험실이 되었다."[89]

오늘날 이 실험실에서 사는 데 불편함을 겪는 여성과 남성은 보통 동시대인들의 몰이해와 비난에 부딪친다. 그들은 자신들이 속해 있고 그 편리함을 누리면서도 다시금 기술사회를 문제삼는다고 해서 비난받는다. 생태학적 위기가 여전히 더욱 직접적이고 명백한 결과들을 드러냄에 따라 그러한 비난이 힘을 잃긴 했어도. 어쨌든 이런 논리는 병원의 체계를 비판하는 환자들에게 그들의 건강이, 때로는 생명이 달려 있다는 구실로 환자들의 입을 다물게 하려는 시도들을 떠오르게 한다. 또한 우리에게 죄의식을 심어주고 복종과 체념을 강요하기도 한다.

우리는 그 출현을 지켜보고 그 안에서 우리의 행동반경이 불가피하게 제한받은 사회에 대해 책임자들로 지목될까? 이런 논리를 근거로 우리가 그 사회를 비판하는 것을 막는다면 결국 재난 앞에서 우리 행동의 자유를 빼앗고, 생각을 없애고, 나아가 상상력과 갈망 그리고 사물이 지금 그대로만 있어야 하는 게 아니라는 사실을 상기할 수 있는 능력을 억압하게 될 것이다.

역사가 지금과는 달랐을 수도 있고, 진보라는 것도 다른 양

---

89   Susan Bordo, *The Flight to Objectivity, op. cit.*

상을 띠어 폐해 없이 그 혜택을 받았을 수도, 지금도 그 혜택을 받고 있을지도 모른다는 가능성을 생각해보는 사람은 그렇게 많지 않은 것 같다. 이는 매우 놀라운 일이다. 거두절미하고 두 가능성으로부터 얻게 될 결과를 놓고 단박에 두 항으로 압축하는 어떤 태도로, 보다 정확히 말하면 협박하는 태도로 소리치기도 한다, "원자력이냐 석기 시대냐" 하는 식이다.

예를 들면 기 베슈텔은 유럽의 마녀사냥을 깊이 파고드는 역사서에서 혐오스런 어떤 것도 은폐하지 않으면서 역사적 사건의 전개를 복원하고 그 문화적 의미를 철저히 따지는가 싶더니 의외의 결론을 내린다. 요약하면 달걀을 깨지 않고는 오믈렛을 만들 수 없다는 것이다. 그는 사실 이 사건은 '혁명'의 범주에 든다고 평하면서 혁명은 "반대 진영과 그들을 지지하는 사람들 또는 그들을 지지한다고 주장하는 사람들의 전멸로만 완성될 수 있다"고 결론짓는다. 그리고 "물론 무의식적으로, 마녀들을 죽이고자 했던 움직임은 또한 훗날 몽테스키외와 볼테르 그리고 칸트를 생각하고 태어나게 했던 그 움직임"이라고 단언한다. 그러면서 스스로가 다음과 같은 표현으로 요약했던 논리에 동의한다.

"옛날 여성들을 죽여 세고운 남성을 만들어내나."[90]

이것으로 그는 다시 한 번 더 마녀사냥의 역사가들은 그 자신들이 마녀들을 사냥했던 세계의 후예들이고, 그 시대에 형성

---

90 Guy Bechtel, *La Sorcière et l'Occident, op. cit.*

된 사고의 틀에 여전히 갇혀 있다는 사실을 보여준다.

바바라 에런라이크와 데어드레 잉글리쉬의 관점은 이와는 사뭇 다르다. 두 저자는 마녀들의 개인적 비극, 즉 피해자들의 약진이 중단되고 그들의 열망이 억압된 사실뿐 아니라 그녀들을 제거하면서 사회가 잃은 모든 것, 그녀들이 방해를 받지 않았다면 발전시키고 후대에 전해주었을 모든 것에 대해서도 거론한다. 두 저자는 "지식과 재능의 엄청난 손실"에 대해 언급하며 그때 잃은 것을 "되찾거나 적어도 무엇을 잃었는지 지적하기라도 하라"고 권한다.[91]

베슈텔은 복원시킨 끔찍한 역사를 기필코 진보의 도래라는 고결한 이야기에 끼워 넣고 싶은 욕구 때문에 억지 가설을 세우기에 이른다. 그는 "더욱 합리적이고 더욱 정의로운 사고를 위한 정신의 변화, 인권의식과 방어권의 강화는 정당화할 수 없는 마녀 학살에 적어도 부분적으로는 빚을 지고 있는 셈"이라고 적었다. 그런데 같은 문장에서 "정당화할 수 없는" 것이라고 방금 규정한 것을 어떻게 정당화할 수 있단 말인가….

1893년 마틸다 조슬린 게이지의 분석을 떠올려보면 훨씬 더 수긍할 만하다.

"이 시기 사람들의 정신은 오로지 한방향으로만 끌리고 있

---

91 Barbara Ehrenreich and Deirdre English, *Sorcières, sages-femmes et infirmières, op. cit*

었다. 교회에서 주창하던 주된 설교의 가르침은 내가 구원받기 위해서는 친구들을 배신해야 한다는 것이었고 이는 강력한 이기주의를 조장했다. 혈연이나 사랑으로 맺어진 가까운 타인까지도 희생시켜 자신의 안전을 확보하려고 제각기 열을 올리는 노력 가운데 모든 인류애적 감정은 실종되었다. 자비, 사랑, 동정은 더 이상 설 자리가 없었다. 기독교 세계는 미덕을 저버렸다. 그곳에는 오로지 두려움, 슬픔, 잔인함만이 들어섰다. (…) 여성에 대한 무시와 증오는 더 세게 깊숙이 각인되었다. 권력에 대한 사랑과 배신은 교회의 이기주의에 대한 가르침에 들어 있었다. 연장자에 대한 존경은 일체 사라졌다. 장수하는 삶의 슬픔과 고통은 이제 사람들 마음속에서 어떠한 공감도 불러일으키지 못했다."[92]

무모한 인본주의의 고양을 가라앉히기에 적절한 그림이다.

동시에 누릴 수 있는 두 가지 자유

분리와 객관성을 숭배하는 상징체계가 대체로 여성에 반해서 그리고 여성과 연결된 모든 것에 반해서 반들어지긴 했어도 그 후로, 더군다나 생겨난 지 5세기가 지난 오늘날 그 체계가 논리에서 벗어나 있음은 당연하다. 상징체계는 지적 영

---

92   Matilda Joslyn Gage, *Woman, Church and State, op. cit.*

역에서와 마찬가지로 일상의 상호작용에서도 부차적으로든 토의를 통해서든 여러 차례 이의 제기를 받았다. 그런데 이 다수의 이의 제기는 젠더 논리 영역 밖에서 이루어졌다. 예를 들어 남성들과 나를 포함한 여성들이 제각기 양극단의 캐리캐처에 이르기까지, 실증주의적 남성성과 서정적인 여성성을 구현한다 해도 이 체계는 많은 남성에게 비난받고 많은 여성에게 지지받았다. 그러나 또한 여성주의 관점에서 그 체계에 이의 제기를 할 수도 있다. 많은 마녀 캐릭터들이 그녀들을 짓밟은 자들이 지닌 세계관과는 명료하고도 확고하게 불일치를 드러낸다.

마리즈 콩데의 티투바는 그녀에게 자신의 지식을 물려주었던 노예 노파에 대해 말했다.[93]

"그녀는 나에게 모든 것은 살아 있고 하나의 영혼, 하나의 숨결을 지녔다고 가르쳐주었다. 그래서 모든 건 존중받아야 한다고. 인간은 자신의 왕국을 말을 타고 거니는 주인이 아니다."

몇몇 여성 사상가들은 예전에 철학자들이 만든 여성과 자연의 연합을 계승하며 이 비판을 주도하고, 여성이 남성보다 자연에 가깝고 야생의 세계와 특별히 더 친화성을 갖는다는 가설을 지지한다. 이 가설이 현대 과학의 지식에 의거하지 않고 엄밀히 말해 에코페미니즘에 속하지 않을지라도 지지하는 자들이 있고 그중 가장 유명한 여성 지지자는 아마 베스트셀러 《늑대와 함께

---

93   Maryse Condé, *Moi, Tituba, sorcière*…, *op. cit.*

달리는 여인들Women Who Run the Wolves》[94][한국어판은 이루(2013)]의 저자 클라리사 핀콜라 에스테스일 것이다. 이렇게 해서 다시 에코페미니즘운동 중심에서 또는 어쩌면 특히 주변에서 신랄한 논쟁을 일으켰던 본질주의와 만나게 된다.

이러한 관점 때문에 에코페미니즘의 몇몇 경향은 비난받기도 했다. 에코페미니즘운동은 1980년대 앵글로색슨 국가에서 여성운동가들이 여성이 겪은 지배와 천연자원 착취 간의 관계를 정립하면서 태어났다. 그런데 이 본질주의는 에코사회주의 이론가 머레이 북친과 가까운 자넷 빌이 그러는 것처럼 정말로 인정하지 않기만 하면 되는 것일까?[95] 여성 철학자 카트린 라레르에 따르면, "여성을 억압하는 지배로부터 여성을 해방시키기 위해서는 남성 편, 즉 문화 편으로 그녀들을 끌어들이기 위한 길들임을 거부하는 것만으로는 충분하지 않다. 그건 반쪽만의 작업일 테고 자연은 버려둔 채로 있게 된다. 그러면서 자연의 대의는 소멸할 것이다. 여성의 대의 또한 마찬가지다".[96]

에밀리 아쉬는 에코페미니스트들이 몇 세기 동안 손가락질을 받고 폄하되고 매우 적절하게 말해 악마화되었던 이 신체를

94   Clarissa Pinkola-Estés, *Femmes qui courent avec les loups. Histoires et mythes de l'archétype de la femme sauvage* (1992), Le Livre de poche, Paris(2017).

95   Janet Biehl, "Féminisme et écologie, un lien 'naturel'?", *Le Monde diplomatique*(2011. 5).

96   Catherine Larrère, "L'écoféminisme ou comment faire de la politique autrement", in *Reclaim, op. cit.*

다시 자기 것으로 차지해 권한을 부여하며 축하하고자 한다고 설명한다. 또한 이와 동시에 자연과의 호전적 관계가 심화되었던 것에 대해 캐묻고자 한다. 그녀들이 제기하는 문제를 다음과 같이 요약할 수 있을 듯하다. 즉 "우리는 강제로 그리고 부정적으로 자연과 동일시되어 그것으로부터 소외되고 배제되었는데 그런 자연과 어떻게 다시 관계를 세울 것인가?"[97]

동시에 에코페미니스트들은 모성이나 이성애처럼 규범화된 운명이나 행동을 강제하기 위한 구실로 '자연'을 이용하는 것을 거부한다. 1970년대 미국 오리건주[98]에서 있었던 레즈비언 분리주의 공동체의 '대지로의 복귀'처럼 제대로 평가받지 못한 실험은 이런 태도를 잘 보여준다. 뿐만 아니라 그 실험에는 여성들 또는 성차별주의 피해자들이 두 시간 동안 비非혼성 모임을 갖는다는 생각만으로도 발끈하는 프랑스 남성들을 긴장시킬 만한 요소가 있었다.

카트린 라레르는 "왜 이성애자의 성욕만을 '자연스런' 성욕으로 여기고 퀴어운동은 자연과 멀고 대립하는 도시에서만 발달할 수 있었다고 생각하는 걸까?" 하고 묻는다. 그녀는 왜 "자연을 부정하는 것을 기반으로 페미니즘을 구축해야 하는지"[99] 그 이

---

97   Émilie Hache, "Reclaim ecofeminism!", in *Reclaim, op. cit.*

98   Catriona Sandilands, "Womyn's Land : communautés séparatistes lesbiennes rurales en Oregon", in *Reclaim, op. cit.*

99   Catherine Larrère, "L'écoféminisme ou comment faire de la politique autrement", art. cit.

유를 찾지 못한다. 마찬가지로, 왜 자연과의 관계를 다시 만드는 것이 원치 않는 모성을 여성에게 강제하고 여성의 자기 신체에 대한 주권을 해친다는 함의를 갖는 것인지도 이해하지 못한다.

한편 이미 보았던 것처럼 역사적으로 자연과의 전쟁은 자신들의 출산을 지배하고자 했던 여성들과 벌이는 전쟁과 쌍을 이루었다. 이것은 오늘날 이른바 '완전한 환경보호'라는 명목으로 낙태반대운동을 주도하고, 그 운동의 선봉에 서 있는 외제니 바스티에의 유감스런 표현에 따르면, "펭귄과 동시에 태아를 보호"[100]하겠다는 프랑스의 반동적 가톨릭교도들이 얼마나 어이없는지 보여준다. 환경보호는 좋은 구실이 되는 중이다….

에밀리 아쉬는 이를 확인하고 당황해한다. 몇몇 에코페미니스트 작가들이 여성의 신체를 예찬하거나 여신을 언급하기만 해도 '분노의 아우성이 일고', 본질주의라는 비난의 소리를 듣는다. "여성의 신체를 가리키는 모든 언급이 불가능한 것이 되다니 대체 어떻게 된 걸까?" 하고 그녀는 자문한다. 어쩌면 이것은 여성혐오를 보여주는 그 수많은 속임수의 표시, 깊고 끈질긴 여성혐오의 표시가 아닐까? 그녀는 좀 더 열린 정신을 갖도록 권유한다.

"에코페미니스트의 글은 가부장적 담론을 반복하고 본질을

---

100 Alexandra Jousset and Andrea Rawlins-Gaston, *Avortement, les croisés contreattaquent*, Arte(2018. 3. 6).

주장하는 것으로 보기보다는 치유와 힘을 북돋는 해방의 행동으로, 몇 세기 동안 저지른 여성 비방에 대해 문화적으로 회복하고 대지 및 자연과 재결합하려는 실천적 시도로 읽어야 한다."[101]

그녀는 본질주의의 망령이 야기한 염려로 사고와 행동이 끝내 저지된 것을 안타깝게 생각한다. 그런데 그녀에 따르면 이때 특히 분명하게 드러나는 것은 비평의 신랄함은 에코페미니스트 운동의 대담함을 범주는 방식이라는 것이다. 사실 에코페미니스트운동이 대담한 시도를 했다는 데는 반박의 여지가 없다. 당신을 위한 운명뿐 아니라 그 운명이 속한 전 지구적 질서를 다시 검토하려면 대담함이 필요하다. 내가 보기에 이 대담함은 몇 년 전부터 의료진의 학대나 성폭력 문제에서 견지되는 것과 같은 논리에 속하는 듯하다. 전자는 후자의 단순한 확장일 따름이다. 중요한 것은 언제나 사물을 보는 자신의 관점과 이야기를 세상이 경청하게 하고, 외관의 이면을 밝히고 그것을 공공연하게 드러내는 것이다.

---

101 Émilie Hache, "Reclaim ecofeminism!", art. cit.

"당신의 세상은 나와 맞지 않습니다"

2018년 겨울 폭로된 와인스타인의 성폭력 사건 이 내겐 이 문제에 대한 교과서적 사례로 보였다. 쿠엔틴 타란티노가 감독하고 하비 와인스타인의 미라맥스가 제작한 영화 〈킬빌〉(2003~2004)은 대중문화의 기념비 같은 작품이었지만 오랫동안 기다렸던 우마 서먼[102]의 증언은 이를 완전히 산산조각냈다. 그때까지 이 영화는 감독과 한결같은 공조 관계를 이어가는 할리우드의 톱스타 여배우가 강하고 섹시한 무적의 여주인공 역을 맡은 페미니스트 영화로 우리에게 소개되었다.

우마 서먼의 이야기 끝에 이르면 우리는 열여섯 살에 이미 강간을 당한 이후 10여 명의 다른 동료 여배우들처럼 영화 제작자한테 성폭력을 당한 한 여배우의 끔찍한 역사와 마주하게 된다. 타란티노 감독에 대해 말하자면 그는 영화 촬영 내내 그녀에게 정말 지저분하게 추근거렸을 뿐 아니라 자동차를 운전하며 직접 나무를 들이받는 위험한 곡예를 보이라고 밀어붙이다 하마터면 그녀를 죽일 뻔하기도 했다. 그녀는 수년간 끈질기게 요구해 감독에게 이 사고 영상을 받아내어 인스타그램에 올렸는데 이는 영화의 씁쓸한 대위법 같은 것이었다. 이후 서먼은 영화

---

102 Maureen Dowd, "This is why Uma Thurman is angry", *The New York Times*(2018. 2. 3).

에서 배역을 맡았던 영광의 여전사 이미지나, 잡지가 우리에게 팔았던, 꾸밈과 필라테스로 다진 관능적이고 이 세상 사람 같지 않은 이미지의 비현실적인 스타와는 거리가 먼 여성, 힘든 시련을 겪고 목과 무릎에는 사고 후유증이 남아 있는 한 여성으로 보였다.

《뉴욕타임즈》인터뷰에 실린 사진도 매끈하고 비현실적인, 통상적인 포토샵 사진과는 사뭇 대조된다. 물론 경제적으로 여유로운 특권층임을 짐작케 하지만 약간 피곤해 보이는 안색에 인간적이고 평범한 40대 여성의 모습이 있는 사진이다.

갑작스레 쏟아지는 이런저런 말들을 듣고 있으려니 여성이 지각하는 세계와 세상이 매일 우리에게 팔고 있는 세계가 얼마나 다른지 느낄 수 있었다. '표현의 자유'라는 의례적인 문구가 가리키던 바로 그것이 우리의 익숙한 세계에 혼란을 불러오고 폭풍우가 몰아치게 하는 마법의 주문 같은 효과를 냈다. 우리 문화 속 중요한 신화들은 도미노 현상처럼 쓰러졌다.

우리가 이 급격한 관점의 변화들을 이어갈 때 소셜 네트워크에서 우리를 비판하려 했던 이들은 발밑의 땅이 꺼지는 듯한 공포를 느꼈을 듯싶다. 아직도 반사적으로 더러 우디 앨런의 농담을 인용하려고 할 정도로 나 자신도 그 신화들과 함께 성장하고 그 안에 푹 빠져 있었던 터라 나도 그들만큼이나 기겁하고 놀랐다. 그러나 나는 그들과는 반대로 이 붕괴를 하나의 해방으로, 결정적 타개책을 사회의 변화로 느꼈다. 세상이 새로운 모습으로 태어나기 위해 전쟁을 치른 것 같았다.

스타호크와 그 밖의 마녀들이 행하는 여신 숭배는 처음엔 뉴에이지가 내비치는 뜬금없는 욕망으로 보일지도 모르지만 어쩌면 이 말, **당신의 세상은 나와 맞지 않습니다**라는 말을 표명하고 이로써 치유를 찾으려는 가장 급진적 방식인지도 모른다. 생태여성주의 작가 캐롤 크리스트는 우리가 대체로 세속화된 사회에서 살고 있으며, 많은 남녀가 이제 신을 믿지 않는다 해도, 가부장적 종교들은 우리의 문화, 우리의 가치와 표현들을 만들어 냈고 우리는 여전히 그 종교에서 직접적으로 유래한 남성 권위의 영향을 받고 있다고 설명한다.

"종교적 상징들이 여전히 지속되는 이유는 인간의 정신은 공허를 끔찍하게 싫어하기 때문이다. 상징체계들은 그냥 버린다고 버릴 수 있는 게 아니다. 즉 그것들은 다른 것으로 대체되어야 한다."[103]

그렇기 때문에 여성으로서 여신 숭배를 생활화하고 그 이미지들에 몰두하는 것은 하나의 표현을 다른 표현으로 대체해 내쫓는 행위다. 그것은 남성 신들의 당연한 형상에 다시 자신을 맡기는 대신 스스로 자신의 중심을 잡고 자기 구원의 원천이 되고자 하기에 자기 안에서 그 힘을 길어 올리는 행위다.

---

103   Carol P. Christ, "Pourquoi les femmes ont besoin de la déesse : réflexions phénoménologiques, psychologiques et politiques", in *Reclaim, op. cit.*

신이교주의적 여신 숭배라는 말을 들어본 적도 없던 한 친구가 털어놓기를 그녀는 자기 고유의 힘과 접촉할 필요가 있을 때 자신의 모습을 미야자키 하야오의 영화 〈벼랑 위의 포뇨〉(2008)에 나오는 바다의 여신 그란만마레의 모습으로 상상했다. 바다의 여신은 포뇨의 어머니다. 그녀의 삶에서 모성이 매우 중요한 부분을 차지해서인지 부드러운 동시에 강한 여신의 모습은 왠지 그녀와 완벽하게 일치하는 듯했다.

2017년 미국의 흑인 여성 예술가. 하모니아 로잘레스는 바티칸 시스티나 성당 천장에 미켈란젤로가 그린 벽화 〈아담의 창조〉를 다시 그렸다. 그녀는 백인 남성의 모습으로 표현되었던 아담과 하느님을 흑인 여성들로 대체했다. 그리고 그 작품에 '신의 창조'라는 제목을 붙였다. 이를테면 임금님은 벌거숭이라고 외쳐대는 식이다.

그녀의 그림은 현기증을 일으킨다. 그녀의 그림은 우리에게 익숙한, 우리를 형성했던 표현물들이 사실은 임의적이고 상대적이며, 이론의 여지가 있는 것임을 깨닫게 한다. 수전 그리핀의 책 《여성과 자연》도 동일한 효과를 발휘한다. 저자는 몇 세기에 걸쳐 강요되던 주제들, 즉 남성들, 여성들, 자연, 지식, 세계 등에 관한 중요한 진실을 목록으로 작성해 우리의 비판적 검토에 내맡긴다. 그녀는 우리가 그것들을 새로운 눈으로 관찰하고, 우리 머릿속을 맴도는 편견들을 확인해보도록 초대한다.[104] 이건 자유와 창조를 지향하도록 자극하는 최고의 초대이며, 우리가 물려받은 시스템이 기진맥진 힘이 다 빠진 현재로서는 자극적이고 꼭 필요한 초대다.

1980년, 캐롤린 머천트는 《자연의 죽음》 마지막에 이런 진단을 내린다.

"세계는 다시 전복되어야 한다."[105]

그녀는 1979년 3월, 스리마일섬 원자력발전소 사고 다음 날 펜실베이니아에서 이 문장을 썼다. 오늘날에 이르러 이런 결론을 정당화할 만한 것이 무엇인지 밝히고자 한다면 선택이 곤란할 정도로 많은 답이 있다. 세상을 뒤집는 일, 이건 작은 일이 아니다. 그러나 여기에는 무한한 즐거움이 존재하기도 한다. 우리의 사고와 상상력을 마녀들의 속삭임이 이끄는 대로 내맡길 때도 대담함, 당돌함, 사활이 걸린 주장, 권위에의 도전 같은 즐거움이 있다. 크나큰 희생의 대가로 얻는 자연의 정복이 아니라 자연과의 조화를 통해 인류의 평안을 보장하는 세계, 말하자면 우리 몸과 정신의 자유로운 환희를 더는 끔찍한 마녀집회와 동일시하지 않는 세계가 어떤 모습일지 밝히려는 시도도 큰 즐거움을 줄 것이다.

---

104   Susan Griffin, *Woman and Nature, op. cit.*
105   Carolyn Merchant, *The Death of Nature. Women, Ecology, and the Scientific Revolution, op. cit.*

옮긴이 **유정애**

덕성여대 불어불문학과 및 동 대학원을 졸업하고 파리 8대학 여성연구과에서 박사과정을 마쳤다. 현재 전문번역가로 활동하고 있다. 옮긴 책으로는 《트위스트》 《소년들》 《사람들 앞에 서면 왜 나는 작아질까》 《성의 정치》 《개미: 말의 가치를 일깨우는 철학동화》 등이 있다.

마녀

2021년 11월 3일 초판 1쇄 발행

지은이 모나 슐레 **옮긴이** 유정애
펴낸이 정법안 **경영고문** 박시형

책임편집 정법안, 윤정원 **디자인** 정아연
마케팅 이주형, 양봉호, 양근모, 권금숙, 임지윤, 신하은, 유미정
디지털콘텐츠 김명래 **경영지원** 김현우, 문경국
해외기획 우정민, 배혜림
펴낸곳 마음서재 **출판신고** 2006년 9월 25일 제406-2006-000210호
주소 서울시 마포구 월드컵북로 396 누리꿈스퀘어 비즈니스타워 18층
전화 02-6712-9800 **팩스** 02-6712-9810 **이메일** info@smpk.kr

ⓒ 모나 슐레(저작권자와 맺은 특약에 따라 검인을 생략합니다)
ISBN 979-11-6534-417-7 (03330)

쌤앤파커스(Sam&Parkers)는 독자 여러분의 책에 관한 아이디어와 원고 투고를 설레는 마음으로 기다리고 있습니다. 책으로 엮기를 원하는 아이디어가 있으신 분은 이메일 book@smpk.kr로 간단한 개요와 취지, 연락처 등을 보내주세요. 머뭇거리지 말고 문을 두드리세요. 길이 열립니다.

* 이 책의 표지와 본문에 '을유1945' 서체를 사용했습니다.